JN418394

응답하라 영문법

박용순

도서출판 두남

Contents

7. 분 사 / 125

8. 부정사 / 143

9. 동명사 / 161

10. 접속사 / 179

11. 일치·화법 / 197

12. 비 교 / 217

13. 특수구문 / 235

14. 대명사 / 249

15. 전치사 / 277

16. 부 사 / 292

17. 형용사 / 305

18. 명 사 / 317

19. 관 사 / 337

1 문장의 기본 5형식

제 1형식 동사

■ 주어(S) + 동사(V)

완전자동사란 [주어(S) + 동사(V)]로 이루어진 문장의 형식을 가지고 있다. 이런 동사들은 스스로 동사를 완성하기 때문에 뒤에 형용사나 명사(구)가 올 필요가 없다. 다만 부사는 원래 동사를 수식하므로 1형식동사에 얼마든지 올 수 있다.

▸ **완전해서 보어 불필요, 자동이니깐 목적어 불필요**

- Birds <u>fly</u> in the sky. (새들이 하늘을 난다.)
- The bird <u>sang</u> joyfully. (새가 즐겁게 노래했다)
- Young Newton <u>daydreamed</u>. (젊은 뉴턴은 백일몽을 꾸었다)
- I <u>go</u> to school with my elder brother every morning.
  (나는 매일 아침 형과 함께 등교한다.)
- I <u>arrived</u> just in time for my date. (나는 데이트 시간 안에 겨우 도착했다.)

▸ **주의해야 할 1형식 문장**

- There is/are(was/were) 구문에서 there는 형식상 주어처럼 취급될 뿐 주어는 아니다. be동사 다음에 오는 말이 실질적인 주어이므로 이 문장은 [주어 +

동사]의 1형식 문장이 된다.

• There was a big castle on the hill. (언덕 위에 큰 성이 하나 있었다.)

  * a big castle(주어), was(동사), on the hill(수식어)

• There is a beggar in front of the building. (빌딩 앞에 거지 한 명이 있다.)

  * a beggar (주어), is(동사), in front of the building. (수식어)

▸ 자동사·타동사가 가능한 동사

• **read**

  * 목적어가 오면 타동사, 그렇지 않으면 자동사이다.

  * I'm reading. (나는 읽고 있다) → 자동사

  * I'm reading a book. (나는 책을 읽고 있다.) → 타동사

• **stop**

  목적어 쓰면 타동사, 그 목적어가 주어로 오면 자동사로 쓰인다.

  * The car stopped. (그 차가 멈췄다.) → 자동사

  * He stopped the car. (그는 차를 멈추게 했다.) → 타동사

제 2형식 동사

■ 주어(S) + 동사(V) + 보어(C)

주어와 동사만으로 문장이 성립되지 않아서 주어를 보충해주는 명사 또는 형용사를 보어(보충어)로 불러들이는 동사를 완전 불완전자동사(2형식동사)라고 한다. 주격보어(C)는 주어(S)를 보충하는 말로서 S=C의 관계가 성립한다. 보어로는 주로 명사와 형용사가 쓰인다.

▸ 불완전해서 보어가 필요, 자동이니깐 목적어가 불필요

▌불완전 자동사의 종류

① be, become

• She became queen in 1952. (그녀는 1952년에 여왕이 되었다.)

• They <u>are</u> all good teachers. (그들은 모두 좋은 선생님이다.)

② stay, keep, remain, appear

• I <u>stayed</u> three nights at my cousin~ house.
(나는 사촌 집에서 사흘 밤을 묵었다.)

• She <u>kept</u> the children amused for hours.
(그녀는 몇 시간 동안 계속 아이들을 즐겁게 해 주었다.)

• They <u>remained</u> in Mexico until June.
(그들은 6월까지 멕시코에 남아 있었다.)

• He <u>appears</u> a perfectly normal person.
(그는 지극히 정상적인 사람처럼 보인다.)

③ look, seem, appear, taste, feel, smell, sound

• She <u>looked</u> at me and smiled. (그녀가 나를 보고 웃었다.)

• He <u>seems</u> satisfied with the outcome.
(그는 그 결과에 만족해하는 것 같다.)

• Good medicine <u>tastes</u> bitter to the mouth.(좋은 약은 입에 쓰다.)

• The rose <u>smells</u> sweet. (향기롭게 냄새가 난다.)

• Jane <u>sounded</u> angry when I spoke to him on the phone.
(제인은 내가 전화할 때 화난 것처럼 들렸다.)

▸ 2형식 동사의 뒷자리는 **명사와 형용사**만 올 수 있다.

• They kept silent. (그들은 계속 조용히 있었다.)
silently(x)

제 3형식 동사

■ 주어(S) + 동사(V) + 목적어(O)

목적어를 필요로 하는 동사 뒤에 목적어가 오지 않으면 말이 성립되지 않게 된다. 따라서 목적어가 필요하다.

목적어(O)는 동작의 대상이 되는 말로서 우리말의 '~을[를]'에 해당하는 말이다.

▸ 완전해서 보어 불필요, 타동이니깐 목적어가 필요

- His writings have influenced the lives of millions.
  (그의 글은 수백만 명의 삶에 영향을 주어 왔다.)
- She can play many instruments. (그녀는 많은 악기들을 연주할 수 있다.)
- Everyone knows the answer. (모든 사람은 그 답을 알고 있다.)
- I explained the project to her.
  (나는 그녀에게 그 프로젝트를 설명해 주었다.)
- We enjoyed singing and dancing. (우리는 노래와 춤을 즐겼다.)
- I have something to ask him.(나는 그에게 물어볼 것이 있다.)

(1) 자동사로 오인하기 쉬운 타동사

다음 단어들은 뜻과는 달리 **전치사 없이** 단독으로 사용된다.

accompany (동반하다)	**address** (연설하다)
approach (접근하다)	**attend** (참석하다)
enter (들어가다)	**greet** (맞이하다)
marry (결혼하다)	**mention** (언급하다)
reach (도달하다)	**resemble** (닮다)

- Jim will marry Kristen. (Jim은 Kristen과 결혼할 것이다.)
  → [marry with(x)]
- Someone entered the room behind me. → [enter into(x)]
  (내 뒤를 따라 누군가가 방으로 들어왔다.)
- I attend school for almost all days a week. → [attend to(x)]
  (나는 거의 매일 학교에 다닌다.)
- Sales reached $6 billion for the first time last year. → [reach at(x)]
  (매출이 작년에 처음으로 60억 달러에 이르렀다.)

• They approached the castle in the dark. → [approach to(x)]
(그들은 어둠 속에서 성으로 접근했다.)

• We discussed the matter with him. → [discussed about(x)]
(우리는 그와 함께 그 문제를 논의했다.)

• I don't want to mention it. → [mention about(x)]
(난 그것에 대해 언급하고 싶지 않아.)

(2) 타동사로 혼동하기 쉬운 자동사

graduate from ~를 졸업하다.	**add to** ~을 증가시키다.
complain of ~을 불평하다.	**decide on** ~으로 결정하다.
interfere with ~을 방해하다.	**account for** ~을 설명하다.
succeed to ~을 계승하다.	**succeed in** ~에 성공하다.
attend on ~를 시중들다.	**enter into** ~을 시작하다.
hope for ~을 바라다.	**looked at** ~을 쳐다보다.
subscribe to ~을 정기구독하다.	

• I'm due to graduate from college in just a few months.
→ [graduate(x)]
(몇 달 후에 대학을 졸업할 예정이다.)

• I don't have the authority to decide on this matter. → [decide(x)]
(이 건에 대해서는 저는 결정권이 없습니다.)

• I don't hope for anything. → [hope(x)]
(나는 아무것도 바라지 않는다.)

• She looked at the criminal and did not bat an eyelid. → [looked(x)]
(그녀는 눈썹 하나 까딱 않고 범인을 바라보았다.)

• I didn't subscribe to it and I wouldn't pay for it. → [subscribe(x)]
(난 그것을 구독하지 않았었고, 돈을 지불하지 않았을 것이다.)

▸ 목적어와 보어의 구별

보어는 주어와 동일인이거나 주어의 성질을 설명하지만 목적어는 주어와 이런 관계가 성립되지 않는다.

• She became a scientist. (그녀는 과학자가 되었다.)
  ▸ She(주어) = a scientist(보어)
• She loves the scientist. (그녀는 그 과학자를 사랑한다.)
  ▸ She(주어) ≠ the scientist (목적어)

제 4형식 동사

■ 주어(S) + 동사(V) + 간접목적어(I.O) + 직접목적어(D.O)가 있는 문장

4형식은 2개의 목적어를 가지고 있다. "~ 에게"가 간접목적어이고, "~ 을, 를"이 직접목적어이다. 4형식에 나오는 완전 타동사를 수여동사라고 한다. 수여동사는 기본적으로 'A에게 B를 주다'라는 의미를 가지므로 받는 대상(간접목적어)와 주어지는 대상(직접목적어)이 필요하다.

▸ 완전해서 보어 불필요, 타동이니깐 목적어가 필요
• I gave him a book. (나는 그에게 책을 주었다.)
• Grandma told me a story. (할머니는 나에게 이야기를 들려 주셨다.)
• She writes him a letter every week. (그녀는 그에게 매주 편지를 쓴다.)
• He handed her a wedding ring.(그는 그녀에게 결혼반지를 건넸다.)
• I reserved her a seat. (나는 그녀에게 자리를 예약했다.)

(1) 4형식의 3형식의 전환

[주어 + 동사 + 간접목적어 + 직접목적어]의 4형식 문장은 [주어 + 동사 + 직접목적어 + to/for/of + 간접목적어]의 3형식 문장으로 바꾸어 쓸 수 있다.

① "to"가 수반되는 동사 (~에게)

give (주다)	**bring** (가져다주다)	**hand** (건네주다)
lend (빌려주다)	**send** (보내다)	**offer** (제공하다)
tell (말해주다)	**pay** (지불하다)	**teach** (가르치다)

• She sent him a letter.

→ She sent a letter to him. (그녀는 그에게 편지를 보냈다.)

• I lent him my bicycle.

→ I lent my bicycle to him. (나는 그에게 자전거를 빌려 주었다.)

② "for"가 수반되는 동사 (~을 위하여)

choose (고르다, 골라 주다)	**buy** (사다, 사주다)
make (만들다, 만들어 주다)	**find** (찾다, 찾아 주다)

• He bought me a present.

→ He bought a present for me. (그가 나를 위해 선물을 사 주었다.)

• She made Jim a meal.

→ She made a meal for Jim. (그녀는 짐을 위해 식사를 준비했다.)

③ "of"가 수반되는 동사

ask (요청하다)	**beg** (간청하다)
inquire (문의하다)	**demand** (요구하다)

• She asked me a question.

→ She asked a question of me. (그녀는 나에게 질문을 했다.)

(2) 3형식으로 바꿔 쓸 수 없는 4형식 동사

cost (비용이 들다)	**grudge** (원한을 품다)
envy (부러워하다)	**pardon** (용서하다)
forgive (용서하다)	**save** (~을 덜어 주다)

• I envy you your great success.

→ I envy your great success to you. (x) (나는 당신의 성공이 부럽습니다.)

• God, forgive me my sin.

→ God, forgive to me my sin. (x) (신이여, 나의 죄를 용서하소서.)

◎ 제 5형식 동사

■ 주어(S) + 동사(V) + 목적어(O) + 목적격보어(O.C.)

주어 + 동사 + 목적어만으로 완전한 문장이 되지 않아서 목적어를 보충해줄 보어를 불러들이는 동사를 **제5형식동사** 또는 **불완전타동사**라고 한다.

목적격보어(C)는 목적어를 보충하는 말이다. O와C 사이에는 **O=C**, 즉 '주술관계'가 성립하여 'O가 C하다' 또는 "O는 C이다'등으로 해석된다.

▸ **완전해서 보어 불필요, 타동이니깐 목적어가 필요**

[5형식 동사의 종류]

keep ~한 상태로 유지하다	**like** 원하다
find 발견하다	**allow** 허락하다
elect 선출하다	**persuade** 설득하다
get 시키다	**intend** ~로 만들려고 하다
forbid 금하다	**require** 요구하다

(1) 목적보어로 명사·형용사가 오는 경우

• His effort has made him what he is.
(그의 노력이 그를 현재의 그로 만들었다.)

• A refrigerator keeps meat fresh.
(냉장고는 고기를 신선하게 유지시켜 준다.)

(2) 목적보어로 분사가 오는 경우

• I saw him crossing the road. (나는 그가 길을 건너는 것을 보았다.)

• He kept the door closed. (그는 문을 계속 닫아 두었다.)

(3) 목적보어로 to부정사를 취하는 동사

allow (허락하다)	**cause** (야기하다)	**compel** (강요하다)
encourage (장려하다)	**enable** (가능케 하다)	**expect** (기대하다)
force (강요하다)	**get** (시키다)	**inspire** (고무하다)
permit (허용하다)	**require** (필요로 하다)	

- I expect him to pass the examination.
  (나는 그가 그 시험에 합격하기를 기대한다.)
- This dictionary enables you to understand English words.
  (이 사전은 네가 영어 단어를 이해할 수 있게 해준다.)

(4) [목적어+as보어]를 취하는 동사

- Teacher regarded her as a genius.
  (선생님은 그녀를 천재라고 간주하셨다.)
- He always referred to his house as his "cave".
  (그는 항상 자신의 집을 "동굴"이라고 불렀다.)

(5) 사역동사

사역동사는 "~하게 하다"라는 의미를 갖는 동사 중에서 5형식 문장을 만드는 동사로 **make, have, let, get, help** 등 있다.

- They made me repeat the whole story.
  (그들은 내게 그 이야기 전체를 반복하게 만들었다.)
- I had the waiter bring me a towel.
  (나는 웨이터에게 수건을 가져오게 했다.)
- I let them talk away.
  (그들로 하여금 멋대로 지껄이게 했다.)

▸ 사역동사 make, let, have는 목적격 보어로서 to부정사를 취하지 못하고 **원형부정사·과거분사**를 취한다.

- She said she would help me (to) find a job. → to 생략가능
  (그녀는 내가 일자리를 찾는 것을 도와주겠다고 말했다.)
- I got my son to eat the vegetable.
  (나는 내 아들이 야채를 먹게 했다.)

▸ 준사역동사 help, get은 목적격보어로 **원형부정사 혹은 to부정사**를 취한다.

(6) 지각동사

지각동사란 "보다, 듣다, 느끼다" 등의 의미를 갖는 동사 중에서 5형식 문장을 만드는 동사로 **see, watch, look at, hear, notice**등이 있다.

- I saw you put the key in your pocket.
  (네가 그 열쇠를 네 호주머니에 넣는 것을 내가 봤어.)
- I saw him playing baseball.
  (나는 그가 야구하고 있는 것을 보았다.)
- I saw the trunk carried.
  (나는 트렁크가 옮겨지는 것을 보았다.)
- I heard several birds sing on the roof.
  (나는 지붕 위에서 여러 마리의 새들이 지저귀는 소리를 들었다.)

▸ 목적어와 목적격보어의 관계가 능동·진행이면 **원형부정사와 현재분사**를, 수동·완료이면 **과거분사**를 목적격보어로 사용한다.

※ 4형식과 5형식의 구별

두 낱말 사이에 대등하거나 보완적인 설명관계가 성립하면 목적어와 보어의 관계이고, 그렇지 않으면 간접목적어와 직접목적어의 관계로 보면 된다.

- She made me a dress. (그녀는 나에게 옷을 만들어 주었다.)
  ▸ 간접목적어 me ≠ 직접목적어 a dress
- She made me a doctor. (그녀는 나를 의사로 만들었다.)
  ▸ 목적어 me = 목적보어 a doctor

문장의 기본 5형식

01. 문법적으로 올바른 문장을 고르시오.

① I was listening the music.
② I play violin, but not piano.
③ I told them not to make a noise.
④ He did not speak loud and clear.

02. 밑줄 친 부분이 틀린 것을 고르시오.

①There is several people in the ②meeting room ③waiting for the meeting ④to begin.

03. 밑줄 친 부분이 틀린 것을 고르시오.

The board of trustees ①are meeting tomorrow to ②discuss about the proposal that the company, instead of ③stopping recruiting, ④should lessen the workload.

04. 밑줄 친 부분이 틀린 것을 고르시오.

Jesus Dureza, chairman ①of the government negotiating panel, ②says him that the talks ③"are not yet focused ④on a political settlement, but on development of the conflict areas."

05. 밑줄 친 부분이 틀린 것을 고르시오.

We went on to discuss(①) the issue of who(②) should represent for us(③) in the negotiations(④).

06. 밑줄 친 부분이 틀린 것을 고르시오.

As a nation becomes more ① democracy, one ② would expect to see writers ③ from all social classes ④ emerge.

07. 밑줄 친 부분이 틀린 것을 고르시오.

John sat(①) the heavy box of books down(②) and looked around(③) for(④) his brother's car.

08. 문법적으로 올바른 문장을 고르시오.

Our patient seems ______________ today; he must be feeling better.

① more liveliness
② more liver
③ more livelily
④ more lively

09. 밑줄 친 부분이 틀린 것을 고르시오.

To the poet(①) the world appears still more beautifully(②) as he gazes at(③) flowers that are doomed(④) to wither.

10. 밑줄 친 부분이 틀린 것을 고르시오.

The city's(①) extraordinary variety(②) makes it seems(③) like the marvellous(④) product of an aesthetic form.

11. 밑줄 친 부분이 틀린 것을 고르시오.

Thanks to(①) the often dreadful, although lifesaving, nature of diagnostic tests, many of us are becoming experts at the art(②) of procrastination. Who can be blamed for letting "colonoscopy" to slip(③) to the bottom of the to-do list(④)?

12. 밑줄 친 부분이 틀린 것을 고르시오.

The number(①) of foreign workers that are allowed(②) to enter into(③) the country has(④) decreased.

13. 밑줄 친 부분이 틀린 것을 고르시오.

Aspirin seems ① helpfully in reducing the risk of stroke ② in people ③ whose upper heart chambers ④ beat irregularly.

14. 다음 빈칸에 들어갈 말로 알맞은 것을 고르시오.

We asked the manager ________ the restaurant would still be open at 10 p.m.

① that ② when ③ whether ④ which

15. 다음 빈칸에 들어갈 말로 알맞은 것을 고르시오.

She has been ________ from the office for over a week.

① absent ② here ③ present ④ presently

16. 다음 중 틀린 것을 고르시오.

① I'd better be prepared.

② I'll give you a hand with them.

③ My sister wants to marry with a rich man.

④ Where do you want me to drop you off?

17. 밑줄 친 부분이 틀린 것을 고르시오.

During the past ten years, her school has grown rapid.
① ② ③ ④

18. 밑줄 친 부분이 틀린 것을 고르시오.

If he had laid quietly under the tree as he had been instructed to
① ② ③
do, we would have found him.
④

19. 밑줄 친 부분이 틀린 것을 고르시오.

Protests against the government have been grown since the collapse
① ②
of high risk investment schemes, in which nearly every Albanian family
③ ④
lost money.

20. 밑줄 친 부분이 틀린 것을 고르시오.

You will begin to feel sleepy as the drug enters into the blood.
① ② ③ ④

21. 밑줄 친 부분이 틀린 것을 고르시오.

The Government feels the fee ①being fair since it ②goes toward ③paying for the services the Government ④provides to new immigrants ⑤such as language classes.

22. 다음 빈칸에 들어갈 말로 알맞은 것을 고르시오.

> ______________________, all set in the Chihuahuan Desert, offer scenery ranging from underground caves to high mountain peaks.

① The national parks of the Southwest are
② The national parks of the Southwest
③ Not only are the national parks of the Southwest
④ In the national parks of the Southwest

23. 다음 빈칸에 들어갈 말로 알맞은 것을 고르시오.

> She was made __________ for hours.

① wait ② waiting ③ to wait ④ waited

24. 밑줄 친 부분이 틀린 것을 고르시오.

The children ①were surprised when the teacher ②had them ③to close their books ④unexpectedly.

25. 다음 중 틀린 것을 고르시오.

① He was killed in the Vietnamese War.
② William is called Bill for short.
③ His father is resembled by John.
④ This bed was not slept in.

26. 밑줄 친 부분이 틀린 것을 고르시오.

> The laborer ①laid down for a ②nap before he ③went ④to work.

27. 다음 중 틀린 것을 고르시오.

① I knew it to be her by the tone of her voice.
② The audience took their seats as soon as the lights went off.
③ Everyone has a right to his own opinion.
④ Why don't you let him lay down on the sofa?

28. 밑줄 친 부분이 틀린 것을 고르시오.

> You should make ① the other fellow ② to feel comfortable, if you want to ③ get along with him and have him ④ like you.

29. 밑줄 친 부분이 틀린 것을 고르시오.

Because(①) Sally thought she was failing in(②) her school work, she felt badly(③) and tried to work more diligently(④).

30. 밑줄 친 부분이 틀린 것을 고르시오.

The ground felt so smooth(①) that she had no need for(②) a mattress; she laid down(③) and went to sleep effortlessly(④).

31. 밑줄 친 부분이 틀린 것을 고르시오.

> Changes in family and ① social structures ② surround around us. The 21st century ③ has made change ④ unavoidable.

32. 다음 빈칸에 들어갈 말로 알맞은 것을 고르시오.

> It is imperative that your signature ________ on your ID card.

① appear ② appears
③ has appeared ④ is appearing

33. 다음 중 틀린 것을 고르시오.

① Without additional qualifications, it will be impossible for you to get ahead in your career.
② For some reason, he didn't want to marry with her.
③ I'd like to find out why nobody likes me.
④ You should have no difficulty in passing the exam.

34. 다음 빈칸에 들어갈 말로 알맞은 것을 고르시오.

Thanks to the newly invented vaccine, the liver disease _________.

① has now been disappeared ② has now disappeared
③ now disappeared ④ had now been disappeared

35. (A), (B), (C) 각 네모 안에서 어법에 맞는 표현을 골라 짝지은 것으로 가장 적절한 것은?

On most subway trains, the doors open automatically at each station. But when you are on the Métro, the subway in Paris, things are different. I watched a man on the Métro (A) [try / tried] to get off the train and fail. When the train came to his station, he got up and stood patiently in front of the door, waiting for it (B) [opened / to open]. It never opened. The train simply started up again and went on to the next station. In the Métro, you have to open the doors yourself by pushing a button, depressing a lever or (C) [slide / sliding] them.

	(A)	(B)	(C)
①	try	opened	sliding
②	try	opened	slide
③	try	to open	sliding
④	tried	to open	slide
⑤	tried	opened	sliding

36. 다음 글의 밑줄 친 부분 중, 어법상 틀린 것은?

The Greeks' focus on the salient object and its attributes led to ① <u>their failure</u> to understand the fundamental nature of causality. Aristotle explained that a stone falling through the air is due to the stone having the property of "gravity." But of course a piece of wood ② <u>tossed</u> into water floats instead of sinking. This phenomenon Aristotle explained as being due to the wood having the property of "levity"! In both cases the focus is ③ <u>exclusively</u> on the object, with no attention paid to the possibility that some force outside the object might be relevant. But the Chinese saw the world as consisting of continuously interacting substances, so their attempts to understand it ④ <u>causing</u> them to be oriented toward the complexities of the entire "field," that is, the context or environment as a whole. The notion ⑤ <u>that</u> events always occur in a field of forces would have been completely intuitive to the Chinese.

* salient: 현저한, 두드러진 ** levity: 가벼움

37. 다음 글의 밑줄 친 부분 중, 어법상 틀린 것은?

The word 'courage'takes on added meaning if you keep in mind that it is derived from the Latin word 'cor' ① <u>meaning</u> 'heart.' The dictionary defines courage as a 'quality which enables one to pursue a right course of action, through ② <u>which</u> one may provoke disapproval, hostility, or contempt.' Over 300 years ago La Rochefoucauld went a step further when he said: "Perfect courage is to do unwitnessed what we should be capable of doing before all men." It is not easy ③ <u>to show</u> moral courage in the face of either indifference or opposition. But persons who are daring in taking a wholehearted stand for truth often ④ <u>achieving</u> results that surpass their expectations. On the other hand, halfhearted individuals are seldom distinguished for courage even when it involves ⑤ <u>their</u> own welfare. To be courageous under all circumstances requires strong determination.

* provoke: 유발하다

2 시 제

동사의 시간에 관한 정보는 동사의 형태 변화로 나타내며 이를 시제라고 한다. 이는 세 가지 기본시제에 진행형·완료형이 결합되어 총 12가지 시제가 만들어진다.

현재 시제

현재 시제는 과거에도 그렇고, 현재에도 그렇고, 미래에도 그럴 것 이라는 것을 말한다. 즉 과거, 현재, 미래를 모두 합친 것이다.

(1) 현재 시재의 상황

① 일반적인 사실, 불변의 진리

- Korea has four seasons. (한국은 4계절이 있다.)
- The sun rises in the east and sets in the west.
  (해는 동쪽에서 떠서 서쪽으로 진다.)

② 일상적인 습관, 현재의 상태나 동작을 말할 때

- He usually gets up at 8 every morning. (그는 대개 아침 8시에 일어난다.)
- I go jogging in the park every morning.
  (나는 매일 아침 공원에 조깅하러 간다.)

• They watch TV every day. (그들은 TV를 매일 본다.)

③ 격언·속담 말할 때

• The early bird catches the worm. (일찍 일어나는 새가 벌레를 잡는다.)
• Honesty is the best policy (정직이 최선의 정책이다.)

(2) 왕래 발착 동사

왕래발착동사는 시제일치의 예외로서 현재시제가 가까운 미래를 대신하는 동사이다. 확실한 스케줄이 정해져 있는 경우, 왕래 발착 동사는 현재로 미래를 표현할 수 있다.

▸ 왕래발착 동사 종류

come (오다)	**go** (가다)	**leave** (떠나다)
start (출발하다)	**arrive** (도착하다)	

• She starts for London tomorrow morning.
 = will start (그는 내일 아침 런던을 향하여 출발할 것이다.)
• We leave for Seoul tomorrow.
 = will leave (우리는 내일 서울을 향하여 떠난다.)

(3) 시간·조건의 부사절에서 미래의 대용

① 시간이나 조건의 부사절에서는 미래 시제를 현재 시제로 대체한다.

[시간의 부사절을 이끄는 접속사]

when ~때	**before** ~전에	**after** ~후에
while ~동안	**until** ~까지	**as soon as** ~하자마자
by the time ~인 시점에		

• I will go see him before it rains. (o)
→ I will go see him before it will rain. (x)
(비가 오기 전에 그를 만나러 갈 것이다.)

[조건의 부사절을 이끄는 접속사]

if / provided 만약 **unless** ~가 아니라면
as / so long as ~인 한, ~라면

- If it rains tomorrow, I will study. (o)
  → If it will rain tomorrow, I will study. (x)
  (만약 내일 비가 온다면, 나는 공부할 것이다.)

② 명사절과 형용사절로 쓰일 때 미래는 미래 시제를 표현한다.

- I don't know if he will come to the party.
  (그가 파티에 올지 잘 모르겠다.)
- Do you know the time when she will be back?
  (당신은 그녀가 돌아올 시간을 알고 있나요?)

과거시제

① 과거의 사실이나 상태, 동작

- When young, he liked soccer very much.
  (젊었을 때, 그는 축구를 매우 좋아했다.)
- I forgot to tell her that we were out of gas.
  (난 그녀에게 가스가 떨어졌다는 말을 한다는 것을 깜박했다.)

② 과거의 습관적 동작·반복적 행위

- During the summer vacation, I got up at six every morning for tennis.
  (여름방학 중 난 테니스를 치기 위해 매일 아침 6시에 일어났다.)
- She never skipped a class when she attended a junior high school.
  (그녀는 중학교 시절에는 한 번도 수업을 빼먹은 적이 없었다.)

③ 역사적 사실 : 항상 과거시제

- My teacher said that the Korean War broke out in 1950.
  (한국전쟁이 1950년에 발생했다고 나의 선생님은 말했다.)

• The Civil War broke out in 1861 and ended in 1865.
(남북전쟁은 1861년에 시작되어 1865년에 끝났다.)

▸ 과거완료 시제의 대용
after, when, before, until, by the time, as soon as 등의 시간의 전후 관계를 나타내는 접속사가 있는 문장에서는 과거완료 대신에 과거를 쓰는 경우가 많다.
→ 시간의 전후관계가 명확하기 때문

• After he (had) finished his homework, he began to read the novel.
(그는 숙제를 끝마친 후에 소설을 읽기 시작했다.)
• The bus (had) started before I reached the bus stop.
(내가 버스정류장에 도착하기 전에 그 버스는 출발하였다.)

미래시제

미래시제는 단순미래와 의지미래로 나누고, 이를 인칭이나 수에 따라 **will**이나 **shall**을 써서 나타낸다.

(1) 단순미래

단순미래란 시간이 지나면 이루어질 일을 나타낸다.
• I will be 30 next year. (내년이면 30살이 된다.)
• You will pass the exam no doubt. (넌 틀림없이 시험에 합격할 것이다.)

(2) 의지미래

• They won't lend us any more money.
(그들이 우리에게 돈을 더 빌려 주지는 않을 것이다.)
• I will give it another try.
(난 그것을 다시 한 번 시도해볼 것이다.)

(3) 미래 대용표현

① be to + 동사원형 : ~할 예정이다.

- We <u>are to</u> have lunch at the airport.
  (우리는 공항에서 점심을 먹을 예정이다.)

② be about to + 동사원형 : 막 ~하려 하다.

- People <u>are about to</u> enter the hall.
  (사람들이 홀 안으로 막 들어서려고 한다.)
- The road <u>is about to</u> open. (도로를 막 개통하려고 한다.)

③ be going to + 동사원형 : ~할 예정이다.

- My parents <u>are going to</u> dine forth tonight.
  (부모님은 오늘 밤 식사하러 나가실 예정이다.)
- The band <u>is going to</u> be huge next year.
  (그 악단은 내년에 크게 유명해질 것이다.)

현재진행 (am/are/is + ~ing)

(1) 현재진행 시제는 말하는 시점(now, at the moment 등)에 일어나고 있는 행위, 상황을 나타낸다.

- They <u>are playing</u> basketball on an empty lot.
  = They <u>are playing</u> basketball on an empty lot now.
  (그들은 공터에서 농구를 하고 있다.)
- The woman on the sidewalk <u>is reading</u> a magazine.
  (인도에 있는 여자는 잡지를 읽고 있다.)

(2) 가까운 미래에 하기로 예정된 일을 나타낸다.

- My wife and I <u>are leaving</u> the party at six.
  (내 아내와 나는 6시에 자리를 뜰 예정이다.)

• We are going to the movies tonight.
(우리는 오늘 저녁에 영화 보러 갑니다.)

(3) 현재의 습관을 나타냄.

* always, usually, constantly 등의 상습의 부사가 동반된다.

• I am getting up at 7 this week.
(나는 이번 주에는 7시에 일어나고 있다.)

• He is constantly complaining of a headache.
(그는 항상 머리가 아프다고 불평이다.)

• He is always helping the door.
(그는 항상 가난한 사람들을 돕는다.)

과거진행(was/were + ~ing)

과거의 어느 시점에서 진행 중 이었던 동작을 나타낸다.

• It was raining all the afternoon.
(오후 내내 비가 오고 있었다.)

• I was taking a shower when she called.
(그녀가 전화를 했을 때 난 샤워 중이였다.)

• I was writing all day yesterday.
(나는 어제 하루 종일 원고를 썼다.)

미래진행(will be + ~ing)

미래의 어떤 시점에 동작이 진행 중일 것이라고 추측해서 말하는 것.

• I will be saying about subject next time
(다음 시간에 그 주제에 관해 얘기할 겁니다.)

• Isabel and her mom will be writing more books.
(이자벨과 엄마는 더 많은 책을 쓸 것이다.)

• We will be enjoying the sunlight of Hawaii next week.
(우리는 다음 주면 하와이 태양빛을 즐기고 있을 것이다.)

• The train will be arriving soon.
(그 기차는 곧 도착할 것이다.)

현재완료 (have/has + p.p)

현재 완료는 과거에서 출발해서 현재까지 행하여지고 있는 것을 나타낸다.

(1) 완료 : (최근, 지금, 막) ~해버렸다.

과거에 일어났었던 일이 현재에 와서 "완료" 되었음을 나타냄.

• He has just written this letter. (그가 이 편지를 막 다 썼습니다.)

• I have already finished my homework. (나는 이미 숙제를 끝냈다.)

[현재완료와 함께 쓰는 부사]

just (방금)
already (이미, 벌써)
today up to now (지금까지)
lately[recently] (최근에)
now (지금)
yet (이제, 아직)
this week[month, year]

(2) 결과 : ~해서 (그 결과)지금 ~인 상태이다.

과거에 행한 동작의 결과가 현재에 나타나고 있음을 나타낸다.

• He has lived here for ten years. (그는 여기에 10년간 살아 왔다.)

• The man has broken his leg. (남자는 다리가 부러졌다.)

• Everything has gone down the drain. (모든 게 수포로 돌아갔습니다.)

(3) 경험 : (지금까지) ~해본 일이 있다.

과거부터 현재까지의 경험을 나타낸다.

- He has once visited Korea. (그는 한때 한국을 방문한 적이 있다.)
- Have you ever seen an elephant? (너는 코끼리를 본 적이 있느냐?)

[경험]을 나타내는 현재완료와 자주 쓰이는 부사

ever (이전에)	**never** (한번도 ~않다)
often (자주)	**frequently** (빈번하게)
before (전에)	**sometimes** (때때로)
once (한번)	**twice** (두번)
seldom (거의 ~않다)	

(4) 계속 : (지금까지 계속) ~해왔다, 하고 있다.

과거에 시작된 일이 현재까지 계속되는 상태나 동작을 말함.

- How long have you stayed here? (얼마나 오래 이곳에 있었습니까?)
- She has been ill since last Friday.
  (그녀는 지난 금요일 이후로 앓고 있다.)
- Tim has been a problem in class since the beginning of term.
  (Tim은 학기 시작이래 반의 골칫거리이어 왔다.)

▌발생한 때와 과거/현재 완료와의 관계

① 발생한 때를 언급하는 경우 → 과거만 가능

- I saw the movie last Saturday. (o)
  (발생한 때 last Saturday 를 언급하고 있으므로 과거를 사용.)
- I have seen the movie last Saturday. (x)
  (발생한 때 last Saturday 를 언급하고 있으므로 현재완료 사용 불가.)
- When did you see the movie?
  (발생한 때 When 을 언급하고 있으므로 과거를 사용.)

• When have you seen the movie? (x)
(발생한 때 When을 언급하고 있으므로 현재 완료 사용 불가.)

▸ **현재완료는 특정과거부사와 함께 쓸 수 없다.**
주어 + have(has)p.p. + yesterday (x), when (x), then (x),
in년도(현재이전의 년도) (x)

② 발생한 때를 언급하지 않는 경우 → 과거와 현재 완료 모두 가능
• I saw the movie.
(발생한 때를 언급하지 않는 경우 과거 사용 가능.)
• I have seen the movie.
(발생한 때를 언급하지 않고 있으므로 현재 완료를 사용 가능.)

현재완료의 특별용법

since와 for

① since

'…이후로 (지금까지)'라는 뜻으로 과거의 특정시점에 시작되었던 일이 현재까지 계속되고 있음을 나타낸다. since 뒤에는 일이 시작된 **구체적인 시점**(시각, 요일, 월, 년도 등)이 나온다.

• They have been married since ten years ago. (o)
→ They have been married since ten years.(x)
(그들이 결혼한 지 10년 되었다.)

② for

'…동안'이라는 뜻으로 for 뒤에는 시간의 길이가 온다. -s로 끝나는 복수명사(minutes, hours, days, weeks, years 등)가 올 경우에는 **시간을 나타내는 표현**으로 since가 아닌 for가 쓰인다.

• I have lived here for six months.(o)
→ I have lived here for six months ago.(x)
(이곳에 산 지 6개월이 되었다.)

과거완료(had p.p)

과거완료는 과거에 일어났던 일 중에서 다른 일보다 앞서 일어났던 동작이나 상태를 나타내며, 현재완료처럼 완료·경험·계속·결과의 의미를 나타낸다.

(1) 완료 : (그 전에) ~한 상태였다

• When I arrived at the station the train had already started.
(내가 정거장에 도착하였을 때, 그 기차는 이미 떠나고 없었다.)
• The train had already left when I got to the station.
(내가 역에 도착했을 때, 그 기차는 벌써 떠났었다.)
• When I got to the airport, the plane had already left.
(내가 공항에 도착했을 때는 비행기가 이미 떠나 버렸다.)

(2) 경험 : (그때까지) ~한적 있다

• I knew him at once, for I had seen him before.
(나는 그를 곧 알아보았다. 왜냐하면, 전에 그를 본 적이 있었기 때문에.)
• She had never used a table cloth before.
(그는 전에 식탁보를 결코 사용해 본 적이 없다.)
• I recognized the girl at once, since I had met her before.
(이전에 그녀를 만난 적이 있었기 때문에 나는 그녀를 곧 알아 볼 수 있었다.)

(3) 계속 : (그때까지 계속) ~하고 있었다.

• He had been sick for a week when I came back.
(내가 돌아왔을 때, 그는 1주일 동안 아파 있었다.)

- He had lived there for five years when his father died.
  (그의 아버지가 사망했을 때 그는 5년 동안 그곳에서 살고 있었다.)
- He had studied French for three years before he went to France.
  (그는 프랑스로 가기 전에 3년 동안 불어를 공부했었다.)

(4) 결과 : ~해서 (그때) ~인 상태였다.

- I found that she had gone to America.
  (나는 그 여자가 미국으로 가 버린 것을 알았다.)
- She had lost the watch when I met her.
  (내가 그녀를 만났을 때 그녀는 그 시계를 잃어버리고 없었다.)
- I had run 10 miles before it grew dark.
  (나는 어두워지기 전에 10마일을 뛰었다.)

대과거

과거의 어떤 때보다 먼저 일어난 동작은 과거완료로 나타낸다.

- I sold the watch which I had bought the previous day.
  (나는 전날에 샀던 시계를 팔았다.)
- He pretended that something had happened to him.
  (그는 자신에게 어떤 사정이 생겼던 것처럼 행동했다.)
- He couldn't ask for sleep because he had had too much coffee.
  (그는 커피를 너무 많이 마셔 잠을 청할 수 없었다.)

▸ 대과거의 형식은 과거완료와 동일하지만, 연속상의 시제 개념이 아니라 마치 기본시제처럼 과거 그 이전의 특정한 시점만을 가리킨다. 그러나 흔히 과거 완료시제의 완료·결과 용법과 뚜렷이 구분되지 않는다.

미래완료(will have + p.p.)

미래의 특정한 시점을 기준으로 그 이전에 발생한 일이 완료되거나 영향을 미칠 때 사용한다. 즉 미래에 발생할 일보다 먼저 일어날 일을 나타낼 때를 의미한다.

(1) 완료 : (그때까지는)다 ~하게 될 것이다.

- I expect you will have changed your mind by tomorrow.
  (나는 네가 내일까지는 마음을 바꾸게 되리라고 생각한다.)
- She will have finished the work by the time you come.
  (네가 올 때까지는 그녀는 그 일을 끝마칠 것이다.)

(2) 결과 : ~해서(그 결과 그때까지는) ~인 상태일 것이다.

- Our puppy will have grown up when you get out of prison.
  (네가 출감할 때면 우리 강아지는 다 자라 있을 것이다.)
- I shall have started here by the time you visit me.
  (네가 나를 방문할 때까지는 나는 여기를 출발했을 것이다.)

(3) 계속 : (그때까지) 계속 ~한 것이 될 것이다.

- They will have been married for twenty five years next month.
  (다음 달이면 그들은 결혼한 지 25년이 되게 되는 것이다.)
- I shall have lived here for five years by next year.
  (내년이면 나는 이곳에[여기에] 5년 동안 살고 있을 것이다.)

(4) 경험 : (그때까지) ~을 (몇 번) 해 본 것이 될 것이다.

- I will have been to Australia twice if I visit there this summer.
  (올 여름 호주를 방문하게 되면 난 호주를 두 번 방문한 것이 될 것이다.)
- I shall have met her three times when I meet her again.
  (내가 그녀를 다시 만난다면[만날 때는]그녀를 세 번 만나는 것이 될 것이다.)

현재완료진행(have/has been + ~ing)

(과거부터 현재까지) 쭉~ 중이다

현재완료진행은 과거에 발생한 일이 현재까지 계속해서 진행되고 있을 때를 의미한다.

• I have been studying chinese for more than seven years.
(난 7년이 넘도록 중국어를 공부해오고 있다.)

• Kristen hasn't been teaching here for a long time.
(크리스틴는 이곳에서 오랫동안 가르치지 않았다)

• How long have they been staying at the beach?
(그들은 얼마나 오랫동안 해변에서 머물러 오는 중이니?)

• I have been reading at least 1 book a week since I was 10 years old.
(나는 10살부터 지금까지 쭉 일주일에 적어도 한 권의 책을 읽고 있다.)

▸ 계속적 용법의 현재완료와 현재완료진행의 차이

계속을 나타내는 현재완료는 동작의 계속과 상태의 계속을 모두 나타내지만, 현재완료진행은 동작의 계속만을 나타낸다. 특히 현재완료의 계속적 의미를 강조할 때는 현재완료진행을 쓴다.

• We have been living in Seoul since 1980.
(우리는 1980년 이후로 서울에서 살고 있다.)

cf. We have lived in Seoul since 1980.
(우리는 1980년 이래로 줄곧 서울에서 살았다.)

과거완료진행(had been + ~ing) : (대과거부터 과거까지)쭉 ~중이었다.

과거완료진행은 과거에 발생한 일이 과거의 한 시점까지 계속해서 진행되었을 때를 의미한다.

• She had been waiting for me for three hours when I got there.
(내가 그곳에 도착했을 때 그녀는 3시간 동안 나를 기다리고 있었다.)

- She had been saving money for her children.
  (그 여자는 자녀를 위해 돈을 계속 저축하고 있었다.)
- We had been planning a surprise party for her when she walked in.
  (우리는 그녀가 걸어 들어왔을 때 그녀를 위한 깜짝 파티를 준비해오는 중이었다.)

▌미래완료진행(will have been+~ing) : (미래를 기준으로 그 이전부터 미래까지) 쭉 ~중일 것이다.

미래완료진행 미래에 발생할 일이 미래의 한 시점까지 계속해서 진행될 때를 의미한다.

- Bill will have been working for this company for 30 years next March.
  (Bill은 다음 3월이면 이 회사에 30년 동안 근무하고 있는 것이 된다.)
- I will have been studying for two hours by the time my mother arrives.
  (엄마가 도착할 시간쯤에는 나는 2시간째 공부하고 있는 중일 것이다.)

▌진행형으로 쓸 수 없는 동사

상태를 나타내는 동사들은 동작이 없으므로 진행형이 불가능하다.

① 상태동사

appear ~로 보이다	**depend on** ~에 달려있다
remain ~인 상태이다	**be** ~이다
exist 존재하다	**resemble** 닮다
consist of ~로 구성되다	**get** ~이 되다

② 감각동사 및 지각동사

feel 느끼다	**see** 보다	**smell** 냄새가 나다
hear 들리다	**seem** 보이다	**taste** 맛이 나다

③ 감정동사

believe 믿다	**hate** 싫어하다
need 필요하다	**dislike** 싫어하다
like 좋아하다	**wish** 바라다
love 사랑하다	**want** 원하다

④ 소유동사

belong to ~속하다	**own** 소유하다
have 가지다	

⑤ 인식동사

agree 동의하다	**know** 알다
understand 이해하다	

- What she wants for her birthday is a new bike. (o)
  → What she is wanting for her birthday is a new bike. (x)
  (그녀가 생일 선물로 원하는 것은 새 자전거이다.)
- The earth goes to round the sun. (o)
  → The earth is going to round the sun. (x)
  (지구는 태양 주위를 돈다.)

▌진행형이 불가능한 동사이나 진행형이 가능한 경우

① 상태 동사라 하더라도 일시적 상태를 나타낼 경우
- She is being kind today.
  (그녀는 오늘따라 친절하게 군다.)
- I'm thinking of going to Hawaii.
  (하와이에 갈까 하고 생각중이다.)

② 의미가 변하는 경우 : 의지적, 구체적 상태를 나타낼 경우

- I'm feeling the grass with my hand.
  (나는 손으로 잔디밭을 만지고 있다.)
- They are seeing the sights of Seoul.
  (그들은 서울 구경을 하고 있다.)

시 제

01. 다음 밑줄 그은 부분이 <u>틀린</u> 것을 고르시오.

Albany, <u>a</u>① city on <u>the</u>② Hudson River, <u>is</u>③ <u>the</u>④ capital of New York State since 1797.

02. 다음 빈칸에 들어갈 말로 알맞은 것을 고르시오.

> The Baltimore and Ohio Railroad ________ the first air conditioning system for trains in 1931.

① has installed ② installed
③ was installed ④ installing

03. 문법적으로 <u>틀린</u> 문장을 고르시오.

① I prefer hamburgers to cheeseburgers.
② John eats dinner now.
③ She hardly ate anything.
④ He has been married for six years.

04. 문법적으로 <u>틀린</u> 문장을 고르시오.

The president said that the economy has <u>improved</u>① <u>greatly</u>② <u>before</u>③ he was elected to office <u>in March</u>④.

05. 다음 빈칸에 들어갈 말로 알맞은 것을 고르시오.

> The high-quality scanners ________ to gain popularity a few years ago.

① is starting ② starts ③ started ④ will start

06. 다음 밑줄 그은 부분이 틀린 것을 고르시오.

It is① 20 years ago today that② Scott Fahlman taught③ the Net how④ to smile.

07. 다음 빈칸에 들어갈 말로 알맞은 것을 고르시오.

> The New York branch of our company __________ five years ago today.

① opens ② has opened
③ was opening ④ opened

08. 다음 빈칸에 들어갈 말로 알맞은 것을 고르시오.

> Their assignment has to be completed __________ next Friday.

① to ② until ③ by ④ when

09. 다음 빈칸에 들어갈 말로 알맞은 것을 고르시오.

> A: Environment is an ever-worsening problem.
> B: You said it. By the end of next year, I guess it is likely that the seas of the country ______________ by all the rubbish poured into them.

① have polluted ② are polluted
③ have been polluted ④ will have been polluted
⑤ will pollute

10. 다음 빈칸에 들어갈 말로 알맞은 것을 고르시오.

Three years ___________ since I met her.

① have passed　　② passed
③ has passed　　④ had passed

11. 다음 중 틀린 것을 고르시오.

① If only we knew where to look for him!
② I hoped he will have finished before we got back.
③ Ann wants to see Peter, but I'd rather she didn't.
④ Had you obeyed orders this disaster would not have happened.

12. 다음 밑줄 그은 부분이 틀린 것을 고르시오.

The early Korean newspaper has consisted① almost entirely② of③ what we call④ leading articles.

13. 다음 빈칸에 들어갈 말로 알맞은 것을 고르시오.

By the time my son ___________ to the park, I hope that it will have stopped raining.

① will get　② has got　③ get　④ gets

14. 다음 밑줄 그은 부분이 틀린 것을 고르시오.

Professor Kim will① depend on his research assistants② while he will take③ a leave of absence④ next year.

15. 다음 밑줄 그은 부분이 틀린 것을 고르시오.

> The report, conducted by the Internet security firm Riptech Inc. of Alexandria, ① indicated that the information backbone ② upon which many countries rely ③ remain vulnerable ④ to cyber-attacks.

16. 다음 밑줄 그은 부분이 틀린 것을 고르시오.

Key West, which is the southernmost(①) city in the United States, spread(②) over a small island, four miles(③) long and less than(④) two miles wide.

17. 다음 빈칸에 들어갈 말로 알맞은 것을 고르시오.

> Packing Department employees need to take more care in doing their work, as many packages ________ be returned the past month due to damage.

① are having
② had
③ have got to
④ had to

18. 다음 빈칸에 들어갈 말로 알맞은 것을 고르시오.

> While I was studying in one room of our apartment, my roommate ________ in the other room.

① had had a party
② was having a party
③ is having a party
④ would have had a party

19. 알맞은 형태로 결합되어진 것은?

> Back in 1969, he wrote a paper on smallpox vaccinations, saying that smallpox itself (see) in the U.S. since 1948, yet thousands of children (suffer) adverse reactions to the vaccine.

① were not seen — suffered
② had not seen — had been suffered
③ had not been seen — were suffering
④ would not be seen — had suffered
⑤ would not have been seen — had been suffering

20. 다음 빈칸에 들어갈 말로 알맞은 것을 고르시오.

> No matter what we do now, it is apparent that the population of the earth ________ considerably larger by the middle of the next century.

① will have been ② will be
③ is ④ be

21. 다음 밑줄 그은 부분이 틀린 것을 고르시오

The boys usually(①) arrived(②) before(③) I was opening(④) the office.

22. 다음 밑줄 그은 부분이 틀린 것을 고르시오

Internet-search engines are around(①) for the better part of a decade, but with the emergence of(②) Google, something profound(③) has happened(④).

23. 다음 빈칸에 들어갈 말로 알맞은 것을 고르시오.

> When the rain ________, she'll go out for a walk.

① will stop ② stop ③ stops ④ stopped

24. 다음 빈칸에 들어갈 말로 알맞은 것을 고르시오.

Prof. Kim asked Soon-mi what ___________ doing since her graduation.

① she had been ② she is
③ she will be ④ she can be

25. 다음 중 틀린 것을 고르시오.

① The rocks of the Cambrian period of prehistory were formed 500 to 600 million years ago.
② A great many legends existed about various fish that have been living to a ripe old age.
③ Blue whales can be 100 feet long and weigh more than any dinosaur that ever lived.
④ With the advent of the motor car, travel became more accessible to the population.

26. 다음 중 틀린 것을 고르시오.

The old man ①had lived in the house ②since two years, ③yet ④there wasn't a soul he knew in the whole neighborhood.

27. 다음 중 틀린 것을 고르시오.

More than(①) a year before(②), famous Japanese authors like(③) novelist Masahiro Mita began advocating(④) for the British system.

28. 다음 중 틀린 것을 고르시오.

Isadora Duncan ①has had ②little success in ③the United States when she ④first created dances based on Greek classical art.

29. 다음 중 틀린 것을 고르시오.

> ① In general, ② newspapers emphasize current news, ③ whereas magazines ④ dealt more with background materials.

30. 다음 빈칸에 들어갈 말로 알맞은 것을 고르시오.

> Susan and Kevin will be having lunch when Richard ________ tomorrow.

① will come ② comes

③ come ④ will have come

31. 다음 밑줄 그은 부분이 틀린 것을 고르시오.

> He ① served ② as ③ conductor of the Seoul Symphony Orchestra ④ since five years.

32. 다음 밑줄 그은 부분이 틀린 것을 고르시오.

Professor Epstein will depend on(①) his research assistants(②) while he will take(③) a leave of absence(④) next year.

33. 다음 밑줄 그은 부분이 틀린 것을 고르시오.

When he retires,(①) Professor Jones will be teaching(②) here for over(③) thirty years, but his classes are never dull(④).

34. 다음 빈칸에 들어갈 말로 알맞은 것을 고르시오.

> By this time tomorrow we _______ the meeting.

① will have ② will have had
③ are having ④ will had had

35. 다음 빈칸에 들어갈 말로 알맞은 것을 고르시오.

> The brochures and the business cards _________.

① have been never printed ② never have printed been
③ have never been printed ④ have been printed never

36. 다음 빈칸에 들어갈 말로 알맞은 것을 고르시오.

> When I came home, the house was quiet. Everybody ________.

① has gone to bed ② had gone to bed
③ was going to bed ④ will have gone to bed

37. 다음 빈칸에 들어갈 말로 알맞은 것을 고르시오.

> Kelly and I (A) _________ friends since college, for more than ten years. Kelly loves to talk, and she always suggests some idea (B) _________ us. And I am the one (C) _________ smiles and agrees with whatever she says.

	(A)	(B)	(C)		(A)	(B)	(C)
①	were	to	who	②	were	for	whoever
③	have been	to	who	④	have been	for	whoever
⑤	have been	to	whoever				

38. 다음 밑줄 그은 부분이 틀린 것을 고르시오.

① The girls in this sixth grade class in East Palo Alto, California, ② all have the same access to computers as boys. But researchers say, ③ by the time they will get to high school, they are victims of what the researchers ④ call a major new gender gap in technology.

39. 다음 밑줄 그은 부분이 틀린 것을 고르시오.

About(①) 200 million(②) years before(③), all the continents were part(④) of one vast land mass called Pangaea.

40. 다음 중 밑줄 친 부분이 틀린 것을 고르시오.

He has learned(①) Chinese since 5 years ago(②), but he still can't(③) speak it well(④).

41. 다음 중 밑줄 친 부분이 틀린 것을 고르시오.

When the US ① observed the centennial of the birth of George Washington in 1832, ② the proposal for the ③ removal of his body to the Capitol ④ has revived.

42. 다음 중 밑줄 친 부분이 틀린 것을 고르시오.

Ever since I proved(①) he'd made(②) a mistake in the accounts, he is gunning for(③) me, trying to get me dismissed(④).

43. 다음 중 밑줄 친 부분이 틀린 것을 고르시오.

Scientists had previously(①) estimated that the Grand Canyon in America is(②) ten million years old, but now, by using(③) a modern dating method, they agree that the age is closer to six million years(④).

44. 다음 중 밑줄 친 부분이 틀린 것을 고르시오.

① No person ② have done more for this firm than Tom, ③ who has worked 40 hours a week ④ for the past few years.

45. 다음 빈칸에 들어갈 말로 알맞은 것을 고르시오.

The students will be required to hand in their papers when they ___________ writing them.

① will have finished
② have finished
③ shall have finished
④ had finished
⑤ finish

46. 다음 중 틀린 것을 고르시오.

① Have you seen her since we last met?
② I have known her during a very long time.
③ They remained calm throughout the negotiations.
④ I hope to get to your house by 7:00 at the latest.

47. 다음 중 밑줄 친 부분이 틀린 것을 고르시오.

The committee has met(①) yesterday, but Mr. Moon was(②) not ready to make(③) his presentation(④).

48. 다음 중 밑줄 친 부분이 틀린 것을 고르시오.

From 1923 to(①) 1929, Calvin Coolidge, known as(②) a man of few words(③), was being(④) president of the United States.

49. 다음 중 밑줄 친 부분이 틀린 것을 고르시오.

I'll ① never go camping ② again, because ③ on our last camping trip we ④ have never taken a single bath.

50. 다음 중 밑줄 친 부분이 틀린 것을 고르시오.

Next Year Professor Daly will ① be teaching philosophy for ② more than thirty years; ③ however, his classes are never dull but exciting and ④ challenging.

51. (A), (B), (C)의 각 네모 안에서 어법에 맞는 표현을 골라 짝지은 것은?

Mom was an extraordinarily clean person. After feeding my brother and me breakfast, she would scrub, mop, and (A) [dust / to dust] everything. As we grew older, Mom made sure we did our part by keeping our rooms (B) [neat / neatly] . Outside, she would tend a small flower garden, which was the envy of the neighborhood. With Mom, everything she touched (C) [turned / turning] to gold. She didn't believe in doing anything halfway. She often told us that we always had to do our best in whatever we did.

	(A)	(B)	(C)
①	dust	neat	turned
②	dust	neat	turning
③	dust	neatly	turned
④	to dust	neat	turned
⑤	to dust	neatly	turning

52. 다음 밑줄 친 부분 중, 어법상 틀린 것은?

Former U.S. President Jimmy Carter, ① who promotes Habitat or Humanity, has toured various countries ② since 1994. In the summer of 2001, he ③ has visited Asan, Korea, to participate in a house-building project. It was part of Habitat for Humanity International's campaign ④ to build houses for homeless people. He worked along with volunteers for the program, which is ⑤ named after him — the Jimmy Carter Work Project 2001.

53. 밑줄 친 부분 중 어색한 곳은?

The fact that someone is ⓐ interested enough to give help to poor villagers ⓑ often work wonders. The villagers become interested in helping themselves. They become ⓒ less discouraged when they realize that they themselves can ⓓ help make a better future.

① 어색한 곳 없다
② ⓐ
③ ⓑ
④ ⓒ
⑤ ⓓ

3 조동사

- 조동사는 본동사를 도와 본동사만으로 나타내기 어려운 문자의 형식과 의미를 나타낸다.
- 본동사는 주어와 상응해서 문장의 의미를 나타내는 주동사이다.

can/could의 용법

(1) 능력, 가능 (~할 수 있다.)

- He can hold his breath for more than 2 minutes.
  (그는 2분 이상 숨을 쉬지 않고 있을 수 있다.)
- Can you speak any foreign languages? (외국어를 할 수 있습니까?)
- The stadium can be emptied in four minutes.
  (경기장을 4분 만에 비울 수 있다.)
- The child can't walk yet. (그 아이는 아직 걸을 수 없다.)

(2) 추측(~일지 모른다.)

- It cannot be true. (그것은 사실일리가 없다.)
- She can be in her office now. (그녀는 지금 사무실에 있을 수도 있다.)

• He cannot have said so. (그가 그런 말을 했을 리가 없다.)

(3) 허가 (~해도 좋다.)

• Can I use your car this Sunday?
(이번 일요일에 당신 차 좀 써도 될까요?)
• Can[could]I borrow your pen for a minute?
(잠시만 당신의 펜을 좀 쓸 수 있을까요?)
• You can take the car, if you want.
(그러고 싶으면 그 차를 가져가도 돼.)

(4) 관용적인 표현

① cannot help ~ing ~하지 않을 수 없다.

= cannot but + 동사원형

= cannot keep[abstain, refrain] from -ing

= cannot (help[choose]) but + 동사원형

= can do nothing but + 동사원형

= have nothing to do but + 동사원형

= have no (other) choice[alternative, option, resort, substitute, way] to 동사원형

= There is nothing[no help] for it but to 동사원형

= Nothing remains but to 동사원형

• You have nothing to do but wait.
(기다릴 수밖에 딴 도리가 없다.)
• I cannot help admiring her beauty.
(나는 그녀의 아름다움을 칭찬하지 않을 수 없다.)
• She could not but accept their offer.
(그녀는 그들의 제안을 수락하지 않을 수 없었다.)

② cannot ~too : 아무리 ~해도 ~지나치지 않다

• We cannot stress its importance too much.
(우리는 그 중요성을 거듭 강조해야 한다.)

• People cannot be too careful in driving a car.
(차를 운전할 때는 아무리 주의해도 지나치지 않다.)

may, might의 용법

(1) 허가 (~해도 좋다.)

• You may come in if you wish. (원하신다면 들어와도 좋아요.)

• You may have this Saturday off (넌 이번 토요일을 쉬어도 된다.)

• You may wait in my office but you may not smoke.
(제 사무실에서 기다리셔도 됩니다만 담배는 피우시면 안 됩니다.)

(2) (불확실한)추측·가능 (~일 지도 모른다.)

• He is absent. He may be still working.
(그는 아직 집에 안 왔다. 그는 아직도 일하고 있을지도 모른다.)

• She may be in her office now
(그녀는 지금 사무실에 있을 수도 있다.)

• She may have left yesterday.
(그녀는 어제 떠났을지 모른다.)

(3) 기원문(~이기를 기원하다)

• May God be with you!
(신이 당신과 함께 하시기를!)

• May your business be a great success!
(당신의 사업이 번창하길 빕니다.)

• May she rest in peace. (그녀가 편히 잠들기를)

(4) 양보 구문(비록 ~라 하더라도)

• He may be clever, but he hasn't got much common sense.
(그는 똑똑할지 모르겠으나 상식은 부족하다.)

- However rich you may be, you should not be idle.
  (아무리 부유하다 할지라도 게을러서는 안 된다.)

(5) 관용표현

① may (might) as well A as B : B 하느니 차라리 A 하는 게 낫다.

- 실현 가능한 일에는 : **may** as well ~ as
- 실현 불가능한 일에는 : **might** as well ~ as
- You may as well not know a thing at all as know it imperfectly.
  (그것을 불완전하게 아느니, 차라리 전혀 모르는 것이 낫다.)
- You might as well reason with the wolf as try to persuade him.
  (그를 설득하려고 시도하는 것은 이리를 설득하려는 것과 같다.)

② may well ~하는 것이 당연하다.

= have good reason to do

- She may well be proud of her son.
  (그녀가 아들을 자랑하는 것도 당연하다.)
- There may well be many more. (더 있는 것이 당연하다)

③ may as well ~하는 게 좋다.

= had better = would rather

- She may as well ask a question. (그녀는 질문을 해도 좋다.)
- You had better not meet such a man.
  (너는 그런 남자는 만나지 않는 편이 좋다.)

▸**may**와 **might**의 구별

may와 might는 사실상 구분할 필요 없이 모든 곳에 같이 쓸 수 있다.

ex) I may go to America = I might go to America.

(나 미국에 갈지도 몰라)

그러나 현재의 사실과 반대되는 가정의 상황을 이야기할 때에는 might만을 써야하고, may는 쓸 수 없다.

ex) If I knew how to solve the problem, I might ace the test.
(그 문제를 어떻게 푸는지 알았더라면 나는 시험에서 만점을 받았을지도 몰라.)

must의 용법

(1) 의무, 필요: ~해야 한다.

- You must take 12 more classes to graduate.
(너는 졸업하기 위해서 12개 수업을 더 들어야 한다.)
- You must submit the report by noon.
(넌 보고서를 정오까지 제출해야 한다.)
- Everybody must wear a seat belt in a car.
(모든 사람들은 좌석 벨트를 차 안에서 착용해야 한다.)

(2) 추측: ~임에 틀림없다.

- He hasn't eaten anything all day. He must be hungry.
(그는 하루 종일 아무것도 먹지 않았다. 틀림없이 배가 고플 것이다.)
- He must be at home. I see his car in his garage.
(그의 차가 차고에 있는 것으로 보아, 그가 집에 있음이 틀림없다.)
- He must have killed the monster.
(그가 그 괴물을 죽였음에 틀림없다.)

(3) 금지 : must not (~해서는 안 된다.)

- You must not go there.(너는 그곳에 가면 안 된다.)
- You must not cross the street here. (여기서 길을 건너면 안 된다.)
- You must not relax for a moment while working here.
(여기서 일하는 동안 한시라도 긴장을 풀어서는 안 된다.)

must와 have to 차이

① must는 말하는 사람의 주관적인 의지·명령 들을 나타낼 때
have to는 구속력이 있는 객관적인 의무를 나타낼 때

- Korean men must serve in the army.
  (한국 남자들은 병역에 복무해야 한다.)
- First, you have to think logically about your fears.
  (먼저 자신이 두려워하는 것들에 대해 논리적으로 생각해 보아야 한다.)

② must의 부정은 금지
have to의 부정은 불필요

- You must not do such a thing.
  (너 그런 짓하면 못써.)
- I don't have to cook no more.
  (나는 더 이상 요리할 필요가 없다.)

③ have to는 본동사로 사용되기 때문에 시제나 인칭에 따라 형태가 변한다.
- I had to choose only one person among those people.
  (그 사람들 중에서 오직 한 사람만 뽑아야 했다.)
- You will have to teach me. I don't know the dance.
  (네가 나 가르쳐 주면 되겠다. 나 그 춤은 잘 몰라.)

will/would 용법

(1) 미래 시제 표현 : ~이 될 것이다, ~할 것이다.

- I will do what I want to do.
  (나는 하고 싶은 일은 할 것이다.)
- I will be seventeen next year.
  (나는 내년이면 열일곱 살이 될 것이다.)

• You will be in time if you hurry.
(서두르면 시간에 맞출 수 있을 것이다.)

• By next year all the money will have been spent.
(내년쯤이면 그 돈은 다 쓰고 없을 것이다.)

(2) 제의·권유·부탁 : ~해 주시겠어요?

• Will you pass me the sugar? (설탕을 건네주시겠습니까?)

• Will you show me the way to the post office?
(우체국으로 가는 길을 가리켜 주시겠습니까?)

• Will you send this letter for me, please?
(내 대신 이 편지 좀 부쳐 주겠니?)

(3) 고집·습성·주어의 강한 의지 : ~하기 마련이다, ~ 하려고 하다

• The dog will bark when a stranger comes near it.
(개는 모르는 사람이 가까이 오면 짖는다.)

• Accidents will happen. (사고란 일어나기 마련이다.)

• They won't lend us any more money.
(그들이 우리에게 돈을 더 빌려 주지는 않을 것이다.)

(4) 불규칙적인 습관 : ~하곤 했다

• Sometimes he would ask me about my father.
(때때로 그는 나의 아버지에 대해 물어보곤 했다.)

• He would spend hours on the telephone.
(그는 전화통을 붙들고 몇 시간씩 보내곤 했다.

• Every morning he would go for a long walk.
(매일 아침 그는 오랫동안 산책을 가곤 했다.)

• She will listen to music, alone in her room, for hours.
(그녀는 혼자 자기 방에서 몇 시간이고 음악을 듣곤 한다.)

(5) 관용표현

① would like to : ~하고 싶다.

- I would like to be a part of your project.
  (당신의 프로젝트에 참가하고 싶습니다.)
- I would like to drink a cup of coffee.
  (나는 커피 한 잔을 마시고 싶다)
- I would like to talk to you for a minute.
  (잠시 이야기 좀 하고 싶습니다.)

② would rather~(than) : (~하느니 차라리) ~하고 싶다.

= would sooner ~ (than)

= had better ~ (than)

= may as well ~ (than)

= prefer to ~ (than)

- I would rather kill myself than do such mean things.
  = I had better kill myself than do such mean things.
  = I would sooner kill myself than do such mean things.
  = I may as well kill myself than do such mean things.
  = I prefer to kill myself than do such mean things.
  (나는 그런 비열한 짓을 할 바에 차라리 자살하겠다.)

- I would rather go skiing tomorrow than today.
  (나는 오늘이 아니라 내일 스키 타러 가는 게 좋아.)

③ would you mind+~ing : ~해도 괜찮겠습니까?

- Would you mind showing me around the building?
  = Do you mind if you show me around the building?
  = Would you mind if you showed me around the building?
  (제게 건물 좀 구경시켜주지 않으시겠습니까?)
- Would you mind working the morning shift next month?
  (다음 달에 오전조로 근무하는 건 어때요?)

▌will / would 차이

① will은 보통 의지를 나타낼 때. would는 보통 거부나 거절을 나타낼 때

- I will lend you money anymore.
  (나는 너에게 더 이상 돈을 빌려주지 않을 거야)
- I wouldn't change it, although I knew it was wrong.
  (나는 그것이 잘못 됐음을 알았지만, 그것을 바꾸려 하지 않았다.)

② will은 그냥 평범한 요청, 주로 친구사이나 친한 사이한테 will 을 쓰고, would는 공손하고 정중한 요청이 된다.

- Will you give it to me? (그것 좀 나한테 줄래?)
- Would you hand it to me? (저한테 그것 좀 건네주시겠습니까?)

should /ought to의 용법

(1) 의무·필요 (~해야 한다)

- You should treat employees with respect.
  (당신은 직원들을 존중해야 합니다.)
- You should not get angry so easily.
  (너는 그렇게 쉽게 화를 내서는 안 된다.)
- You shouldn't drink and drive. (음주 운전은 하지 말아야 한다.)
- He should have been more careful. (그는 좀 더 조심했어야 했다.)

(2) 추측·당연 (당연히 ~이어야 한다)

- He should[ought to]be back shortly.
  (그는 (당연히)곧 돌아올 것이다.)
- Kristen is a good cook, so the food should be good.
  (크리스틴은 요리를 매우 잘하므로 음식이 맛있을 것이다.)

• We should arrive before dark.
(우리가 어두워지기 전에 도착할 수 있을 것이다.)
• I should have finished the book by Friday.
(내가 금요일까지는 그 책을 다 읽을 수 있을 것이다.)

(3) 주장·요구·명령·제안의 표현

[주장, 요구, 명령, 제안의 동사 + that + 주어 + (should) + 동사원형]

▸ 주장, 요구, 명령, 제안의 동사

suggest (제안하다)	**order** (명령하다)	**insist** (주장하다)
require (요구하다)	**advise** (충고하다)	**decide** (결정하다)

• He insisted that you (should)be present at the meeting.
(그는 네가 그 회의에 꼭 참석해 달라고 요구했다.)
• I suggested that the meeting(should) be postponed.
(나는 회의를 연기해 줄 것을 제의했다.)
• He requested us that we (should) pay attention to the fact.
(그는 우리에게 그 사실에 유의하도록 요청했다.)

(4) 주관적인 판단이나 감정 강조

[이성적 / 감성적 판단의 형용사 + that + 주어 + (should) + 동사원형]

▸ 이성적/감성적 판단의 형용사

natural (당연한)	**necessary** (필요한)	**important** (중요한)
essential (중요한)	**right** (옳은)	

• It is necessary that you (should) attend the meeting today.
(당신은 오늘 모임에 꼭 참석해야 합니다.)

• It is <u>important</u> that we(should) remain absolutely neutral.
(우리가 절대적으로 중립을 지키는 것은 중요하다.)
• It is <u>essential</u> that he (should) be prepared for this.
(그가 이 일에 마음의 준비를 하고 있는 것은 긴요한 일이다.)
• It is <u>natural</u> that she (should) get angry.
(그녀가 화내는 것은 당연하다.)

need·dare의 용법

need(~할 필요가 있다), dare(감히 ~하다)는 긍정문일 때는 항상 본동사로 쓰이고 예외적으로 부정문과 의문문에서는 need, dare 으로 와서 조동사로 쓰일 수 있다.

■ need의 용법

(1) 일반 동사

• He <u>needs</u> to win this game to stay in the match.
(그가 시합에서 탈락하지 않으려면 이번 경기를 이겨야 한다.)
• She <u>needs</u> to do so. (그녀는 그렇게 할 필요가 있다.)

(2) 의문문

• <u>Need</u> she work so hard? → 조동사
= Does she need to work hard? → 일반 동사
(그녀는 그렇게 열심히 할 필요가 있나요?)

(3) 부정문

• You <u>needn't</u> go to the dentist. → 조동사
• You <u>don't need</u> to the dentist. → 일반 동사
(너는 치과에 갈 필요가 없어)

■ dare의 용법

(1) 일반 동사

- He dares to say a rude thing.
  (그는 감히 그렇게 건방진 말을 한다.)
- She dares to go into that old house.
  (그녀는 감히 그 낡은 집엘 들어가려고 한다.)

(2) 의문문

- How dare you say such a thing to my face? → 조동사
  = How do you dare to say such a thing to my face? → 일반 동사

(3) 부정문

- I dare not tell him. → 조동사
- I don't dare to tell him. → 일반 동사 (나는 감히 그에게 말할 수 없다.)

조동사 + have p.p.

조동사를 이용하여 과거를 표현하고자 할 때는 조동사의 과거형으로 표현하는 것이 아니라 [조동사 + have p.p.]로 표현한다.

(1) 과거 사실에 대한 후회·유감

- **should + have p.p.** : ~했어야 했다.
- **ought to + have p.p.** : ~했어야 했다.
- **need not + have p.p.** : ~할 필요가 없었다.
- **could + have p.p.** : ~했을 수도 있다.
- **would rather + have p.p.** : ~하는 게 나았을 텐데

- He should have brought cheese home yesterday.
  (어제 그가 치즈를 가져왔어야 했어.)

- I need not have participated in the party tonight.
  (난 오늘밤 그 파티에 참석할 필요가 없었는데.)
- He would rather have attended the meeting last week.
  (그가 지난주 회의에 참석하는 편이 나았을 것 그랬다.)

(2) 과거 사실에 대한 추측·의지

- **would + have p.p.** : ~했을 것이다.

- Years ago, that would have been a problem.
  (몇 년 전이었더라면 그것이 문제가 됐을 겁니다.)

(3) 과거 사실에 대한 확실한 추측

- **must + have p.p.** : ~했음이 틀림없다.
- **cannot + have p.p.** : ~했을 리가 없다.

- You must have spent the entire afternoon in the garden.
  (오후 내내 정원에 계셨겠군요.)
- She cannot have done such a thing.
  (그녀가 그런 짓을 했을 리가 없다.)

(4) 과거 사실에 대한 불확실한 추측

- **may + have p.p.** : ~했을 지도 모른다.
- **might + have p.p.** : ~했을 지도 모른다.

- Some may have died, not most.
  (일부는 죽었는지도 모르지만, 대부분은 살았다.)
- This accident might have been caused by reckless driving.
  (이 사고는 부주의한 운전에 의해 초래됐을지도 모른다.)

조동사

01. 밑줄 친 부분이 틀린 것을 고르시오.

Office buildings and ①even cities may lose ②some of their importance because the Internet and corporate intranets ③will be enable workers to communicate, share information, store data, and collaborate ④regardless of where they are.

02. 밑줄 친 부분이 틀린 것을 고르시오.

When he ①visited the doctor, the doctor ②told John that he ③should gone to the hospital ④immediately.

03. 밑줄 친 부분이 틀린 것을 고르시오.

①You'd better ②leaving now before ③you cause ④any more trouble.

04. 다음 빈칸에 들어갈 말로 알맞은 것을 고르시오.

> The judge assented to the suggestion that ______________.

① the suspect will be set free

② the criminal shall be put to death

③ the suspect be set free

④ the criminal is sentenced to death

05. 다음 빈칸에 들어갈 말로 알맞은 것을 고르시오.

His doctor suggested that he _________ a short leave of absence.

① take ② took
③ be taken ④ will take
⑤ would take

06. 다음 빈칸에 들어갈 말로 알맞은 것을 고르시오.

They laughed a lot last night. The film ______ very funny.

① should have been ② must have been
③ was to be ④ should be

07. 다음 빈칸에 들어갈 말로 알맞은 것을 고르시오.

Could you ___________ me a favor this afternoon?

① do ② perform ③ get ④ give

08. 다음 빈칸에 들어갈 말로 알맞은 것을 고르시오.

___________ you like to go for a walk with me?

① Can ② Could ③ Will ④ Would

09. 다음 빈칸에 들어갈 말로 알맞은 것을 고르시오.

Mr. Brown insisted that the proposal ___________.

① rewrite ② is rewritten
③ be rewritten ④ will be rewritten

10. 다음 중 틀린 것을 고르시오.

① Our instructor suggested that we tried to imitate the style of the article just studied.

② I could see very little resemblance between them even though they were twins.

③ Some students tend to put off writing their term papers until the last minute.

④ According to the current rate of exchange, one British pound is equivalent to one dollar and a half.

11. 다음 빈칸에 들어갈 말로 알맞은 것을 고르시오.

His family doctor suggested to him that he ___________ a walk every day.

① took ② take ③ takes ④ is taking

12. 다음 빈칸에 들어갈 말로 알맞은 것을 고르시오.

Let's start at once, ___________?

① will we ② won't we ③ shall we ④ shan't we

13. 다음 빈칸에 들어갈 말로 알맞은 것을 고르시오.

High-income countries require that most of their citizens _______.

① education ② educational ③ be educated ④ are educated

14. 밑줄 친 부분이 <u>틀린</u> 것을 고르시오.

The relatives of Koreans who ①<u>were conscripted</u> by the Japanese army ②<u>during World War Ⅱ</u> demanded Saturday that the names of their kin ③<u>are removed</u> from the list of veterans ④<u>honored</u> at a shrine to Japan's war dead.

15. 다음 글의 흐름으로 보아, 밑줄 친 부분 중 어법상 자연스럽지 못한 것은?

> It is often believed that the function of school is ①to produce knowledgeable people. If schools ②only provide knowledge, however, they may destroy creativity, ③producing ordinary people. We often ④hear stories of ordinary people who, if education had focused on creativity, could have become great artists or scientists. Those victims of education ⑤should receive training to develop creative talents while in school. It really is a pity that they did not.

memo

4 가정법

사실에 반대가 되거나 두드러지게 현실과 차이가 있는 가정, 사상, 희망을 나타낼 때는 동사의 용법이 바뀌고 이 바뀐 동사의 변화를 가정법이라고 한다. 가정법은 대개 **조건 절(if절)**과 **주절**로 구성된다.

가정법 현재 (만약 ~ 한다면, ~할 것이다)

가정법 현재는 현재나 미래에 대한 **단순한 가정** 혹은 **불확실한 사실의 추측**을 나타낸다.

[형태] If + 주어 + 현재동사, 주어 + 조동사 현재 + 동원
(will, can, shall)

- If it doesn't snow tomorrow, I will go out.
  (만약 내일 눈이 오지 않으면 나는 외출하겠다.)
- If you do not breakfast, you will feel hungry and tired.
  (아침을 먹지 않으면 허기와 피곤을 느끼게 될 것이다.)
- If it is fine tomorrow, we will go on a picnic.
  (만약 내일 날씨가 좋으면, 우리는 소풍 갈 거야.)

▌가정법 현재의 응용

주절의 동사가 주장·제안·명령·요구·희망·권고를 뜻하는 동사일 때 종속절에는 [(should) + 동사원형]의 형태를 취한다.

- It is natural that you (should) attend the lecture.
  (강의에 참석해야 하는 것은 당연하다.)
- He insisted that she (should) see a lawyer.
  (그는 그녀가 변호사를 만나야 한다고 주장했다.)
- The commander ordered that he captive (should) be set free.
  (그 지휘관은 포로를 풀어줄 것을 명했다.)

가정법 과거 (만약 ~ 한다면, ~할 것이다)

가정법 과거는 **현재 사실과** 반대되는 가정·상상·소망이나 **현재나 미래의 실현가능성이 희박한** 일의 가정·상상·소망을 If로 표현하는 if절의 동사의 형식을 말한다.

[형태] If + 주어 + 과거동사, 주어 + 조동사 과거 + 동원
(would, should, could)

- If he knew the result, he would quit his plan.
  (만일 그가 결과를 안다면, 자신의 계획을 포기할 텐데.)
- If he had the money, he would buy the book.
  (만일 그가 그 돈을 가지고 있다면, 그가 그 책을 살 수 있을 텐데.)
- If I had the book, I could lend it to you.
  (내가 그 책을 갖고 있다면, 너에게 빌려줄 수 있을 텐데.)
- If I were you, I would apply for the job.
  (제가 당신이라면 그 일에 지원하겠습니다.)
  → 조건절의 be동사는 주어의 인칭과 수에 상관없이 **were**를 쓴다.

◎ 가정법 과거완료 (만약 ~했었더라면, ~했었을 것이다)

가정법 과거완료는 **과거 사실의 반대를 가정**할 때 쓰인다. 과거 사실과 관계된 일이지만 가정법 과거완료라고 부르는 이유는 조건절(if절)의 동사를 과거완료형(had p.p.)으로 쓰기 때문이다.

[형태] **If + 주어 + had p.p., 주어 + 조동사 과거 + have p.p.**
(would, should, could, might)

- If I <u>had known</u> the truth, I <u>wouldn't have punished</u> him.
  (내가 그 진실을 알았더라면, 그를 처벌하지 않았을 텐데.)
- If I <u>had known</u> that you were coming, I <u>would have met</u> you at the airport.
  (당신이 오는 줄 알았더라면 공항에서 만났을 텐데.)
- If he <u>had had</u> much experience, I might <u>have employed</u> him.
  (그가 경험이 많았더라면 난 그를 고용했을지도 모른다.)
- If you <u>had</u> not <u>helped</u> me, I <u>would have failed</u>.
  (당신이 도와주지 않았더라면 나는 실패했을 것이다.)

■ 혼합가정 (과거에)만약 ~했더라면 (지금) ~할 텐데, (지금) ~하다면(과거에) ~했을 텐데

혼합가정은 **가정법 과거완료**와 **가정법 과거**의 혼합된 가정법이다. 주절이 현재 사실의 반대임을 암시해주는 current, no, still, today 등이 흔히 수반된다.

[형태] **If + 주어 + 동사의 과거완료형, 주어 + would + 동원**
(should, could, might)
If + 주어 + 동사의 과거형, 주어 + would + have p.p.
(should, could, might)

• If it had not rained last night, the road would not be muddy now.
(만약 어젯밤에 비가 오지 않았더라면 지금 길이 질지 않을 텐데.)
→ 여기서 if절에는 과거부사 last night이 있고, 주절에는 현재의 부사 now가 있어 대개 이를 암시한다.

• If he were alive now, he would have written to me earlier.
(가정법 과거) (가정법 과거완료)
(만약 그가 지금 살아있다면 더 일찍이 내게 편지를 썼었을 터인데.)

• If My elder brother had not been killed ten years ago, he would be thirty five years old now.
(만일 나의 손위의 형이 10년 전에 전사하지 않았더라면 그는 지금 35세일 텐데.)
→ 여기서 If절에는 과거의 부사절 ten years ago가 이고 주절에는 현재의 부사 now가 있다.

• If they had made me a better offer, the contract would still be valid.
(그들이 더 좋은 제의를 했었다면 계약은 아직도 유효할 것이다.)

■ I wish + 가정법

현재의 실현 불가능한 소망이나 과거에 이루지 못한 소망을 나타낼 때

(1) I wish+가정법 과거 : ~이라면 좋을 텐데

• I wish that I knew it now. (내가 지금 그것을 알고 있으면 좋을텐데.)
• I wish I didn't have to work. (일은 안 할 수 있으면 좋겠다.)
• I wish (that) I were in better shape. (내가 보다 건강하다면 좋을 텐데)

(2) I wish+가정법 과거완료 : ~였다면 좋을 텐데

• Do you wish you had studied science instead of languages?
(너 혹시 언어 대신에 과학을 공부했더라면 하고 바라는 것이니?)
• I wish I had had a sports car.
(나에게 스포츠카가 있었다면 좋았을 텐데)
• I wish (that) I had kept the story to myself.
(그 이야기를 나 혼자만 알고 있었더라면 좋았을 텐데.)

■ as if[though] + 가정법

'마치 ~인 것처럼'의 <가정·상상>이라는 의미를 나타낸다.

(1) as if + 가정법 과거 : 마치 ~인 것처럼 ~하다(현재 사실의 반대)

- I felt as if I were floating in the air.
  (나는 마치 몸이 공중에 떠 있는 것 같은 착각을 일으켰다.)
- He talks as if he knew all about it.
  (그는 마치 모든 걸 알고 있는 것처럼 말한다.)
- My girlfriend talks as if she were my mother.
  (여자 친구는 마치 우리 엄마인 것처럼 얘기한다.)

(2) as if + 가정법 과거완료 : 마치 ~였던 것처럼 ~하다(과거 사실의 반대)

- He looks as if he had seen a ghost.
  (그는 마치 귀신을 본 것 같은 모습이다.)
- He talked as if(though) he had read the great novel by Tolstoy.
  (그는 톨스토이의 그 위대한 소설을 마치 읽어 본 적이 있는 것처럼 말한다.)
- Everybody acted as if nothing had ever happened.
  (모두들 마치 아무 일도 없었던 것처럼 행동했다.)

■ 특수구문

(1) If 대용어구

① 부정사가 조건절을 대신하는 경우

- To hear him speak Korean, you would take him for a Korean.
  = If you heard him speak Korean, you would take him for a Korean.
  (그가 한국말 하는 것을 듣는다면, 넌 그를 한국인으로 착각할 것이다.)
- I should be very glad to accompany you.
  = I should be very glad if I could accompany you.
  (너와 함께 갈 수 있다면 기쁠 텐데.)

② 분사가 조건절을 대신하는 경우

- Turning to the right, you would have found it.
  = If you had turned to the right, you would have found it.
  (오른쪽으로 돌았다면, 당신은 그것을 찾았을 것이다.)
- Left alone, he wouldn't have survived.
  = If you had been left alone, he wouldn't have survived.
  (혼자 남겨졌더라면 살아남지 못했을 텐데.)

③ 부사·부사구가 조건절을 대신하는 경우

- I would not go in your place.
  = I would not go if I were in your place.
  (만일 내가 당신의 입장에 있다면 가지 않을 텐데)
- With your assistance, I would certainly succeed.
  = If I had your assistance, I would certainly succeed.
  (네가 도와준다면 나는 틀림없이 성공할 텐데.)

④ 명사 주어가 조건절을 대신하는 경우

- A man of sense would not have said such a thing.
  = If he had been a man of sense, he would not have said such a thing.
  (지각 있는 사람이라면 그러한 말은 하지 않았을 것이다.)

(2) If절 생략

가정법 문장의 조건절에서 접속사 if는 생략이 가능하며, if 가 생략될 경우 주어와 (조)동사가 도치된다. 즉 **were, had, should**가 문장의 맨 앞으로 나간다.

- Had I caught the bus, I would not have been late for the meeting.
  = If I had caught the bus, I would not have been late for the meeting.
  (그 버스를 탔다면, 회의에 늦지 않았을 것이다.)

- Should you meet him, please say my hello to him.
  = If you should meet him, please say my hello to him.
  (그를 만나면 내 안부를 전해 주세요.)
  → 의문문이 아닌데 **should**로 시작되면 가정법 문장이라고 생각한다.
- Were it not for your help, I should fail.
  = If it were not for your help, I should fail.
  (당신의 도움이 없다면 나는 실패할 것이다.)

(3) 관용표현

① If it were not for : (지금) ~이 없다면(가정법 과거)

- If it were not for water, we could not live.
  = Without[But for]water, we could not live.
  (물이 없다면 우리는 살 수 없을 것이다.)
- If it were not for air, all living things would die.
  (공기가 없다면 모든 생물은 죽을 것이다.)

② It is (high)time : ~해야 할 때다.(가정법 과거)

- It is (high)time you went to bed.(이제 잠자리에 들 시간이다.)
- It is (high)time that you were converted. (네가 회개할 시간이다.)
- It is (high)time I was in bed (내가 잘 시간이다.)
  → It's time 구문에서 주어가 I, he, she, it 이고, be 동사일 경우 were를 쓰지 않고 was를 사용한다.

③ If it had not been for : (그때) ~이 없었다면 (가정법 과거완료)

- If it had not been for your help, I should have failed.
  = But for[without] your help, I should have failed.
  = Had it not been for your help, I should have failed.
  = If there had been no your help, I should have failed.
  (당신의 도움이 없었다면, 나는 실패했었을 텐데.)

가정법

01. 다음 빈칸에 들어갈 말로 알맞은 것을 고르시오.

> 1. I wish we ________ to get to know one another better in the time we had.

① will be able ② would have been able
③ were able ④ had been able

02.

> M: How was the party?
> W: Wonderful. If you ________ with us, you would have had a good time.

① would come ② came ③ had come ④ were coming

03. 빈칸에 들어갈 말로 알맞은 것을 고르시오.

> The teacher recommended that the student ________ his essay as soon as possible.

① finishes writing ② should finish the writing
③ finish writing ④ finished writing

04. 밑줄 친 부분이 틀린 것을 고르시오.

If the camel has(①) to go without(②) food for a period(③) of time, the fat in the hump could nourish it for several days(④).

05. 밑줄 친 부분이 틀린 것을 고르시오.

> If Mary ① studied harder ② for the test last year, she ③ would be working for me now ④ as a competent doctor.

06. 다음 빈칸에 들어갈 말로 알맞은 것을 고르시오.

> If I __________ that you wanted to go, I would have dropped in at your house.

① had known ② knew ③ knows ④ have known

07. 밑줄 친 부분이 틀린 것을 고르시오.

> Why ① do U.S. golf clubmakers still use Chinese factories? "If we ② don't," ③ says Adams, "your $400 driver ④ would cost $1,000."

08. 다음 빈칸에 들어갈 말로 알맞은 것을 고르시오.

> It will never be known whether the agents __________ the attacks if they had received the green light earlier.

① can prevent
② have prevented
③ had prevented
④ could have prevented

09. 다음 빈칸에 들어갈 말로 알맞은 것을 고르시오.

> I wish that I __________ with you last night.

① go
② went
③ have gone
④ could go
⑤ could have gone

10. 다음 빈칸에 들어갈 말로 알맞은 것을 고르시오.

> If ___________, I'm sure I could have gotten some tickets for you.

① I knew ② I had known
③ I had been known ④ I have known

11. 다음 빈칸에 들어갈 말로 알맞은 것을 고르시오.

> We could not survive, ______________.

① if it had not been for water ② without having no water.
③ if it were not for water. ④ if water is not.

12. 밑줄 친 부분이 틀린 것을 고르시오.

> My roommates ①have all gone to the party. I decided ②not to go with them, ③but now I wish I ④have gone with them.

13. 밑줄 친 부분이 틀린 것을 고르시오.

> I had hoped _________ my letter.

① her to answer ② of her to answer
③ her answering ④ that she answer
⑤ that she would answer

14. 다음 빈칸에 들어갈 말로 알맞은 것을 고르시오.

> As soon as microbes enter the body, they would kill all living matter, _________ the tiny defenders that rush immediately to fight them.

① if it is not for ② if it were not for
③ if it has not been for ④ if it had not been for

15. 다음 빈칸에 들어갈 말로 알맞은 것을 고르시오.

> ______________ the baby-sitter, they would not have been able to go to the rock concert last night.

① Were It not for
② If it has not been for
③ If it had not been for
④ Having it not been for
⑤ Being it not for

16. 밑줄 친 부분이 틀린 것을 고르시오.

If any signer of the Constitution ①was to return to life ②for a day, his opinion ③of our amendments ④would be interesting.

17. 다음 빈칸에 들어갈 말로 알맞은 것을 고르시오.

> If it________tomorrow, I will stay at home.

① rains
② is rain
③ will rain
④ will be rain

18. 밑줄 친 부분이 틀린 것을 고르시오.

If the sun ①was ②to rise ③in the west. I would not change ④my mind.

19. 밑줄 친 부분이 틀린 것을 고르시오.

①I would have gladly given him the money I owe him if ②he has come to my office ③as he said ④he would.

20. 다음 빈칸에 들어갈 말로 알맞은 것을 고르시오.

> If men had not used this method, laws of nature__________.

① remained unknown
② remained unknowing
③ remains unknown
④ would have remained unknown

21. 다음 빈칸에 들어갈 말로 알맞은 것을 고르시오.

> _________Charles never lived abroad, English literature would still have turned toward an ideal of simplicity and elegance.

① Had ② If ③ Though ④ Still

22. 다음 빈칸에 들어갈 말로 알맞은 것을 고르시오.

> ___________your help, I would not have succeeded.

① But that ② But for ③ But if ④ Thanks to

23. 밑줄 친 부분이 <u>틀린</u> 것을 고르시오.

I wish I <u>was</u>① <u>as lucky</u>② <u>as</u>③ my <u>friend Mary</u>④.

24. 다음 중 밑줄 친 부분이 <u>틀린</u> 것을 고르시오.

<u>If</u>① television had been invented <u>a thousand</u>② years ago, <u>will</u>③ nations be significantly more homogeneous than <u>they are</u>④ now?

5 수동태

태

동작의 관점의 차이에 의해 생기는 동사의 표현 형식을 **"태"**라고 한다.

(1) 능동태

동작하는 주체를 주어로 두는 동사 형태로, 동작주에 관심이 있음

(2) 수동태

수동적으로 동작의 영향을 받거나 당하는 주체를 주어로 두는 동사 형태로, 동작의 영향을 받는 대상에 관심이 있다.

▌수동태로 글을 쓰는 이유

① 동작의 주체를 잘 모를 때 = 행위자가 분명치 않을 때

- He was killed in the war.
  (그는 전쟁 중에 죽었다.)

② 동작의 주체가 일반인 일 경우

- English is spoken in Canada.
  (캐나다에서는 영어를 쓴다.)

③ 동작의 객체를 강조할 때

- Harry Potter is written by J. K. Rowling.
  (해리포터는 J. K. Rowling.에 의해 쓰여졌다.)

④ 수동태의 주어에 더 관심이 있을 때

- Our roof was damaged in last night's storm.
  (어젯밤 폭풍에 우리 집 지붕이 파손되었다.)

▌수동태를 만드는 방법

S + V + O → S' + be + p.p. + by + O'

- They open the gate. (그들은 문을 열었다) - 능동태
  → The gate is opened by them. (그 문은 그들에 의해 열렸다.) - 수동태

① 능동태의 목적어를 주격으로 바꾸어 수동태의 주어로 바꾼다.
② 능동태의 동사를 be + p.p.의 형태로 바꾼다.
be동사는 주어의 인칭·수에 일치시키고, 시제는 능동태의 시제와 같게 한다.
③ 능동태의 주어를 목적격으로 바꾸고 by + 목적격의 형태로 바꾼다.

3형식 문장의 수동태

▌문장의 수동태 전환 : (S+ V + O → O + be p.p. + by S)

- Everyone likes him. (모든 사람이 그를 좋아한다.)
  → He is liked by everyone.
- He approached the chairman of the board.
  (그는 위원회의 의장에게 다가갔다.)
  → The chairman of the board was approached by him.
- Young people like this music.
  (젊은 사람은 이 음악을 좋아한다.)
  → This music is liked by young people.

▌절이 목적어인 경우의 수동태의 전환

- We expected that she would call.
  (우린 그녀가 전화할 것으로 기대했다.)
  → It was expected (by us) she would call.
- They believe that the wanted man is living in New York.
  (그들은 그 현상범이 뉴욕에 살고 있다고 생각한다.)
  → It is believed that the wanted man is living in New York.

▸that절이 목적어인 능동태 문장의 수동태는 가주어 it을 주어로 하여 나타낸다.

4형식 문장의 수동태

■ 문장의 수동태 전환 : (S + V + I.O. + D.O. → I.O. + be p.p + D.O + by)

(1) 두 목적어 모두를 주어로 하여 수동태가 가능한 동사

give (주다)	teach (가르치다)	promise (약속하다)
tell (말하다)	allow (허락하다)	offer (제공하다)
show (보여주다)	lend (빌려주다)	

- It gives some poor people money to live in hotels.
  (이는 일부 가난한 사람들에게 호텔에서 살아갈 돈을 지급한다.)
  → Some poor people <u>are given</u> money to live in hotels.
  → Money to live in hotels <u>is given</u> (to) some poor people.
- My uncle gave me this computer.
  (나의 삼촌이 나에게 이 컴퓨터를 주었다.)
  → I <u>was given</u> this computer by my uncle.
  → This computer <u>was given</u> (to) me by my uncle.

(2) 직접목적어만을 수동태의 주어로 쓰는 경우

answer (대답하다)	do (하다)	read (읽다)
sing (노래하다)	buy (사다)	make (만들다)
send (보내다)	write (쓰다)	

- He sent me a book. (그는 나에게 책 한 권을 보냈다.)
  → A book was sent (to) me by him.
  → I was sent a book by him. (x)
- He bought her a small gift.(그는 그녀에게 작은 선문을 사주었다.)
  → A small gift was bought for her by him. (o)
  → She was bought a small gift by him. (x)

▸ 직접목적어가 수동태의 주어로 될 때, 수여동사에 따른 각 전치사**(to/for/of)**

① to를 사용하는 수여동사 : give, send, tell, lend. show, teach, write등

② for를 사용하는 수여동사 : make, buy, get, cook 등

③ of를 사용하는 수여동사 ; ask, require, inquire 등

(3) 간접목적어만을 수동태의 주어로 쓰는 경우

call (~라고 부르다)	answer (대답하다)	deny (부인하다)
kiss (키스하다)	refuse (거절하다)	envy (부러워하다)

- Every one envied us our victory.(모두가 우리의 승리를 부러워했다.)
  → We were envied our victory by everyone. (o)
  → Our victory was envied us by everyone. (x)
- My mother kissed me good night.
  (어머니가 나에게 잘 자라는 키스를 했다.)
  → I was kissed good night by my mother. (o)
  → Good night was kissed me by my mother. (x)

5형식 문장의 수동태

■ 문장의 수동태 전환 : (S+V+O+O.C. → O+be p.p+O.C+by S)

(1) 5형식 문장의 수동태 → 2형식 문장

• She called me a little big man. (그녀는 나를 작은 거인이라고 불렀다.)
→ I was called a little big man by her.

• Experts expect house prices to rise sharply.
(전문가들은 주택 가격이 급격히 상승할 것을 예상한다.)
→ House prices are expected to rise sharply by experts.

▸ **5형식문장의 목적격보어는 수동태로 전환되면 주격보어가 된다.**

(2) 지각·사역동사의 수동태

지각동사와 사역동사가 수동태로 쓰이면 **동사원형을 to부정사**로 바꾸어 준다.

• Mom made me clean the room. (엄마는 내게 방 청소를 시켰다.)
→ I was made to clean the room by Mom.

• The man made James confess his faults.
(그 남자는 James가 잘못을 털어놓도록 만들었다.)
→ James was made to confess his faults by the man.

• I saw a girl entering the room.
(나는 어떤 여자아이가 그 방에 들어가고 있는 것을 보았다.)
→ A girl was seen entering the room by me.

▸ 지각동사의 목적격 보어로 **현재분사 또는 과거분사**가 오는 경우는 수동태로 전환해도 현재분사 또는 과거분사의 형태가 그대로 쓰인다.

시제에 따른 수동태

■ 단순시제의 수동태 (be + p.p.)

(1) 현재시제의 수동태(am/are/is p.p. : 당하다)

- Jack builds the house.
  → The house is built Jack. (현재)

(2) 과거시제의 수동태(was/were p.p. : 당했다.)

- Jack built the house.
  → The house was built by Jack. (과거)

(3) 미래시제의 수동태(will be+p.p. : 당할 것이다.)

- Jack will build the house.
  → The house will be built by Jack. (미래)

완료시제의 수동태 (have been + p.p.)

완료	**have p.p.**	~해왔다.
수동	**be p.p.**	당하다
완료 + 수동	**have been p.p.**	당해왔다.

(1) 현재완료시제의 수동태 (have/has p.p : 당해왔다.)

- He has written a letter.
  → A letter has been written by him.

(2) 과거완료시제의 수동태 (had+p.p. : 당해 왔었다.)

- He had written a letter.
  → A letter had been written by him.

(3) 미래완료시제의 수동태 (will have been+p.p : 당하게 될 것이다.)

• He will have written a letter.

→ A letter will have been written by him.

단순진행시제의 수동태 **(be being + p.p.)**

진행 **be -ing**	~하고 있는 중이다.
+ 수동 **be**	**p.p.** 당하다.
진행 + 수동 **be being**	**p.p.** 당하고 있는 중이다.

(1) 현재진행시제의 수동태 (am/are/is being+p.p. : 당하는 중이다.)

• He is writing a letter.

→ A letter is being written by him.

(2) 과거진행시제의 수동태(was/were being+p.p. : 당하는 중이였다.)

• He was writing a letter.

→ A letter was being written by him.

조동사의 수동태 (조동사 + be + p.p.)

• You must contact the agency. (넌 그 대행사에 연락을 해야 한다.)

→ The agency must be contacted by you.

• I will tell you the secret. (내가 너에게 비밀을 알려주겠다.)

→ You will be told the secret by me.

타동사구 수동태

타동사구 자체가 하나의 동사단위로 쓰이므로, 수동태가 될 때 반드시 과거분사 뒤에 전치사가 있어야 한다.

(1) 자동사+전치사

laugh at (비웃다)	**run over** (~을 치다)
send for (~을 부르러 보내다)	**do without** (~없이 지내다)
add to (증가시키다)	**depend on** (~을 믿다)
account for (설명하다)	**deal with** (다루다)
look into (조사하다)	**ask for** (요구하다)
hear of (소문을 듣다)	**rely on[upon]** (의지하다)

- Everybody laughed at him. (모든 사람이 그를 비웃었다.)
  → He was laughed at by everybody.
- The car ran over a boy.(그 차가 한 소년을 치었다.)
  → A boy was run over by the car.

(2) 자동사+부사+전치사

look up to (~을 존경하다.)	**look forward to** (~을 기대하다)
speak well of (~을 칭찬하다.)	**put up with** (~을 참다.)
made up for (~을 보상하다.)	**catch up with** (~을 따라잡다.)
look down on (~을 경멸하다.)	**do away with** (~을 제거하다.)

- I look forward to Valentine Day. (나는 발렌타인데이를 기다린다.)
  → Valentine Day is looked forward to by me.
- My wife always speaks well of me. (내 아내는 항상 나를 칭찬한다.)
  → I am always spoken well of by my wife.

(3) 타동사+명사+전치사

take care of (~을 돌보다)	**take advantage of** (~을 이용하다.)
make use of (~을 이용하다.)	**pay attention to** (~에 유의하다.)
take notice of (~을 알아차리다.)	**find fault with** (~을 비난하다.)
make fun of (~을 비웃다.)	**make much of** (~을 중시하다.)

- He found fault with some politicians.
  (그는 몇몇 정치인들을 비난했다.)
  → Some politicians were found fault with by him.
- I took advantage of his weakness.
  (나는 그의 약점을 이용했다.)
  → His weakness was taken advantage of by me.

의문문의 수동태

먼저 평서문으로 고친 다음 수동태로 바꾼다. 그리고 다시 의문문의 어순을 취한다.

(1) 의문사가 없는 의문문의 수동태

- Did Hemingway write this book? (헤밍웨이가 이 책을 썼나요?)
  → Hemingway wrote this book. ① 의문문을 평서문으로 전환
  → This book was written by Hemingway. ② 평서문을 수동태로 전환
  → Was this book written by Hemingway? ③ 다시 의문문으로 전환

(2) 의문사가 있는 의문문의 수동태

- Who has broken the window? (누가 창문을 깼느냐?)
  → The window has been broken by whom. ① 수동태의 어순
  → Has the window been broken by whom? ② 의문문으로 전환

→ Who(m) has the window been broken? ③ 전치사 뒤의 의문사를 문두로 위치

= by whom has the window been broken? ④ 전치사와 의문사를 함께 문두로 위치

명령문의 수동태

명령문의 수동태는 **let**을 활용한다. 능동태 명령문에서 주어 you를 생략하듯이 수동태 명령문에서도 you를 생략한다.

(1) 긍정 명령문(let + o + be + p.p.)

- Post this letter at once. (당장 이 편지를 부쳐라.)
  → Let this letter be posted at once.
- Close the window right now. (창문을 닫아라.)
  → Let the window be closed right now.

(2) 부정 명령문(Don't let+o+be+p.p. =let+o+not be p.p.)

- Don't do it at once. (그것을 즉시 하지 마라.)
  → Don't let it be done at once.
  → Let it not be done at once.
- Don't forget to water these plants. (이 식물들 물 주는 것을 잊지 마라.)
  → Let it not be forgotten to water these plants.
  → Don't let it be forgotten to water these plants.

by 이외의 전치사를 쓰는 수동태

수동태의 형식을 취하지만 by 이외의 의미가 필요한 때 다른 전치사가 사용된다.

be married to ~에게 시집/장가가다. **be moved to** ~로 감동받다.
be caught in ~에 사로잡히다. **be dressed in** ~로 차려 입다.
be acquainted with ~와 친하다.
be known to ~에게 알려져 있다. (대상)
be known as ~로서 알려져 있다.(자격)
be known by ~으로 판단되다(판단)
be cover with ~로 덮여있다.
be interested in ~에 관심이 있다.
be known for ~ 때문에 알려져 있다.(이유)

• His name is known to all the people.
(그의 이름은 모든 사람들에게 알려져 있다.)
• He is well known as cartoonist.
(그는 만화가로서 잘 알려져 있다.)
• A man is known by the company he keeps.
(사람은 그가 사귀는 친구를 보면 알 수 있다.)
• Kristen was known for her beauty.
(크리스틴은 미모로 유명하다.)
• The mountain is covered with snow.
(그 산은 눈으로 덮여 있다.)
• I am interested in this mystery novel.
(나는 이 추리 소설에 관심 있다.)

수동태

01. 다음 중 틀린 것을 고르시오.

① It is essential that we be alert to the situation.
② He was swallowed up by the sand while taking a nap.
③ The sewage has dumped in a huge lake above the city.
④ The editors need to salvage pieces that were inscrutable to me.

02. 밑줄 친 부분이 틀린 것을 고르시오.

The traditional lawn has(①) been replaced by(②) low-cost terracing(③), with raising(④) pool and waterfall.

03. 밑줄 친 부분이 틀린 것을 고르시오.

Members of the staff of the District Attorney(①) made more than $100,000 from a get-rich-quick(②) scheme in which investors bilked(③) of about $1 million(④).

04. 다음 빈칸에 들어갈 말로 알맞은 것을 고르시오.

> The first systematic chart ever made of an ocean current ________ by Benjamin Franklin.

① published　　② publishing
③ to publish　　④ was published
⑤ has published

05. 밑줄 친 부분이 틀린 것을 고르시오.

There is a nationwide campaign in Australia to cover up(①) in the sun to combat(②) the likelihood of skin cancer. No longer is it fashionable to lie(③) in the sun and develop a deep sun tan. Hats are usually to wear(④) by everyone when out in the sun.

06. 밑줄 친 부분이 틀린 것을 고르시오.

The scientific study of the motion of bodies ① and the action of forces ② that change or ③ cause motion ④ calls dynamics.

07. 밑줄 친 부분이 틀린 것을 고르시오.

When both mother and father work outside the home, the lives of all the family members change ① quite a bit. Dad must ② help out more at home. The older children may ③ ask to help the housework and ④ take care of the younger children.

08. 다음 빈칸에 들어갈 말로 알맞은 것을 고르시오.

Please make sure that the experiment was carefully __________.

① control ② controls ③ controlled ④ controlling

09. 밑줄 친 부분이 틀린 것을 고르시오.

The money should spend(①) on a new football stadium so that(②) the local team has a(③) better chance to compete(④) at national and international level.

10. 밑줄 친 부분이 틀린 것을 고르시오.

Coral atolls, those ① ring-shaped islands that ② surround a lagoon, ③ made up of the skeletons of ④ numerous marine animals.

11. 밑줄 친 부분이 틀린 것을 고르시오.

The postwar decade ① marked by the advent ② of television as the twenties ③ were by ④ that of radio.

12. 밑줄 친 부분이 틀린 것을 고르시오.

Dialect ① differences tend to ② be increased ③ proportionally ④ to the degree of communicative isolation between the groups.

13. 밑줄 친 부분이 틀린 것을 고르시오.

High ① volume production can ② be maintaining only ③ for ④ a limited period.

14. 밑줄 친 부분이 틀린 것을 고르시오.

She ① brought up in the belief that pleasures ② were sinful. ③ As a result, she now ④ leads an ascetic life.

15. 밑줄 친 부분이 틀린 것을 고르시오.

The ① homeless man ② arrested and charged ③ with ④ pickpocketing the commuters.

16. 밑줄 친 부분이 <u>틀린</u> 것을 고르시오.

Amazing connections <u>get</u>① made that way ; questions that never <u>would ask</u>② otherwise are <u>raised</u>③ - and <u>sometimes</u>④ answered.

17. (A), (B), (C) 각 네모 안에서 어법에 맞는 표현을 골라, 짝지은 것은?

> Possibly the most effective way to focus on your goals is to (A) [write them down / write down them]. Although this may sound like an obvious first step, it is a step that many people ignore. As a result, their goals often remain unfocused, and therefore unrealized. Go to a fairly quiet place where you are not likely to (B) [disturb /be disturbed]. Make a list of every goal you have. Include goals about finances, relationships, and your career. Be as (C) [specifically/specific] as possible.

	(A)	(B)	(C)
①	write them down	disturb	specifically
②	write them down	be disturbed	specifically
③	write them down	be disturbed	specific
④	write down them	disturb	specifically
⑤	write down them	be disturbed	specific

18. 다음 빈칸에 들어갈 말로 알맞은 것을 고르시오.

> In many cases, the formerly mysterious origins of diseases ____________ through modern scientific techniques.

① have now identified　　② have now been identified

③ have now being identified　　④ have now been identifying

memo

6 관계사

관계대명사

선행사인 명사를 가리키는 대명사이면서 동시에 앞 문장과 연결하는 접속사의 기능을 갖는다. 선행사의 종류와 관계절에서 선행사 역할에 따라 관계대명사가 달라진다.

	사람	사물	사람·사물
주격 관계대명사	who	which	that은 사람, 사물
목적격 관계대명사	whom	which	that은 사람, 사물 목적격은 생략해도 됨
소유격 관계대명사	whose	whose	that (x)

■ 주격관계대명사

(1) 수식 받는 명사가 사람일 때 – who, that

• The girl is my sister. She is playing in the garden.
→ The girl <u>who</u> is playing in the garden is my sister.
→ The girl <u>that</u> is playing in the garden is my sister.
(정원에서 놀고 있는 소녀는 내 여동생이다.)

• The woman is attractive. She won the beauty contest.
→ The woman who won the beauty contest is attractive.
→ The woman that won the beauty contest is attractive.
(미인 대회에 우승한 그녀는 매력적이다.)

(2) 수식 받는 명사가 사물일 때 : which, that

• The magazines are mine. They are on the desk.
→ The magazines which are on the desk are mine.
→ The magazines that are on the desk are mine.
(책상 위에 있는 그 잡지들은 내 것이다.)

• The doll is mine. The doll is in the box.
→ The doll which is in the box is mine.
→ The doll that is in the box is mine.
(상자 안에 있는 그 인형은 내 것이다.)

▸ **<주격관계 대명사 + be 동사>는 생략 할 수 있다.**

• This is the picture (which was) painted by myself.
(이것은 내가 직접 그린 그림이다.)

■ 목적격 관계대명사

(1) 수식 받는 명사가 사람일 때 : whom, that, 생략

• This is Mr.Tom. I mentioned Mr.Tom a moment ago.
→ This is Mr.Tom whom I mentioned a moment ago.
→ This is Mr.Tom that I mentioned a moment ago.
→ This is Mr.Tom 생략 I mentioned a moment ago.
(이분은 좀 전에 내가 말한 탐 씨다.)

• He is the boy. I met him yesterday.
→ He is the boy whom I met yesterday.
→ He is the boy that I met yesterday.

→ He is the boy 생략 I met yesterday.
(그는 내가 어제 만났던 소년이다.)

(2) 수식 받는 명사가 사물일 때 : which, that, 생략

- The car is very expensive. He wants to buy it.
  → The car which he wants to buy is very expensive.
  → The car that he wants to buy is very expensive.
  → The car 생략 he wants to buy is very expensive.
  (그가 사기를 원하는 그 차는 대단히 비싸다.)
- The book is interesting. I bought the book yesterday.
  → The book which I bought yesterday is interesting.
  → The book that I bought yesterday is interesting.
  → The book 생략 I bought yesterday is interesting.
  (내가 어제 산 그 책은 재미있다.)

▸ 목적격 관계대명사는 생략가능하다.

■ 소유격 관계대명사

(1) 수식 받는 명사가 사람일 때 – whose

- The doctor likes to play chess. His office is near my house.
  → The doctor whose office is near my house likes to play chess.
  (나의 집 근처에 사무실이 있는 그 의사는 장기 두기를 좋아한다.)
- The woman needs a ride. Her car broke down.
  → The woman whose car broke down needs a ride.
  (차가 망가진 그 여자는 교통편이 필요하다.)

(2) 수식 받는 명사가 사물일 때 – whose

- I have found a book. Its cover is red.
  → I have found a book whose cover is red.
  (나는 표지가 빨간 책을 한 권 찾아냈다.)

• I've thrown away that table. Its legs are all broken.
→ I've thrown away that table whose legs are all broken.
(나는 다리가 모두 부서진 테이블을 버렸다.)

■ 관계대명사 that

(1) 일반적으로 쓰이는 관계대명사 that

관계대명사 that은 선행사가 사람과 사물 모두에 쓸 수 있어서 who, whom, which를 대신한다.

• The strange man is a well-known man that(who) shall be nameless.
(그 낯선 사람은 이름은 밝히지 않으나 유명한 사람이다.)

• This is the man that(who) teaches me.
(이 분은 나를 가르치는 분이다.)

(2) 선행사가 최상급의 형용사나 서수, the only [very, same] 등으로 수식되는 경우

• That is the only way that we can now turn to.
(그것이 우리가 지금 의존할 수 있는 유일한 방법이다.)

• This is the very pen that he used when he was writing the book.
(이것이 그가 그 책을 쓸 때 사용했던 바로 그 펜이다.)

(3) all, no, little, -thing, -one, -body 등의 선행사를 포함할 때

• I lent to him all the money that I had yesterday.
(어제 내가 갖고 있던 모든 돈을 그에게 빌려주었다.)

• This is everything that they have at the moment.
(이것이 지금 그들이 가지고 있는 전부이다.)

(4) 선행사가 〈사람+사물〉인 경우

• He spoke of the men and the animals that he had seen.
(그는 자기가 봤던 사람들과 동물들에 관하여 말했다.)

• He remembers the girl and her cat that he met the other day.
(그는 일전에 만난 아가씨와 그녀의 고양이를 기억하고 있다.)

(5) who, which, what 등의 의문사가 바로 앞에 있는 경우

• Who that has common sense can believe it?
(상식을 가진 사람이라면 누가 그것을 믿을 수 있겠는가?)

• Who that is honest could do so?
(문에 기대 서 있는 그 사람은 누구니?)

(6) that을 쓸 수 없는 경우

① 계속적 용법에서는 사용 할 수 없다.

• I just called Jane, who was not there. (o)
• I just called Jane, that was not there. (x)
(방금 제인에게 전화했는데, 자리에 없었다.)

② 전치사 다음에는 쓸 수 없다.

• This is the house in which Shakespeare lived. (o)
• This is the house in that Shakespeare lived. (x)
(이 집은 셰익스피어가 살았던 곳이다.)

■ 관계대명사 what (~하는 것, ~하는 모든 것)

선행사를 포함하는 관계대명사로, the thing(s) which, that which, all that의 뜻을 갖는다.

관계대명사 what은 명사절을 이끌어 문장에서 **주어, 목적어,** 보어 역할을 하고 단수 취급한다.

• What is beautiful is not always good. → 주어인 경우
(아름다운 것이 언제나 좋은 것은 아니다.)

• That is what happened last night. → 보어인 경구
(그것은 어젯밤 일어났던 일이다.)

• They don't seem to understand what you are talking about.
→ 목적어인 경우
(그들은 네가 하고 있는 말을 이해하지 못하는 것 같다.)

■ **관계사 what을 포함한 관용어구**

① what + 주어 + be (주어의 인격, 상태)

• He is not what he was.
(그는 예전의 그가 아니다.)

• I owe what I am to my mother.
(오늘날의 나는 어머니 덕택이다.)

② what + 주어 + have (주어의 재산)

• what I am is more important than what I have.
(나의 인격은 나의 재산보다 더 중요하다.)

• You should not judge a man by what he has.
(사람을 재산으로 평가해서는 안된다.)

③ what be + 비교급 (더욱 ~한 것은)

• what is better 더욱 좋은 것은
• what is worse 설상가상으로
• what is more 더욱이, 게다가
• what is more important 더욱 중요한 것은

• She lost her way, and what was worse, it began to rain.
(그녀는 길을 잃었는데, 설상가상으로 비가 내리기 시작했다.)

• I'll carefully think about what is better for me.
(어떤 직업이 나에게 좋을까 신중히 생각해봐야겠어.)

④ what is called [= what we (you, they)call] = 소위, 이른바, 말하자면

• She is what we call a bookworm (그녀는 이른바 책벌레이다.)

• Such a woman is what we call a modern girl.
(저런 여자가 이른바 신여성이다.)

⑤ A is to B what [as] C is to D : A와 B의 관계는 C와 D의 관계와 같다.

- Parks are to the city what[as] lungs are to the body.
  (공원과 도시의 관계는 폐와 신체의 관계와 같다.)
- Reading is to the mind what[as] exercise is to the body.
  (독서의 마음에 대한 관계는 운동의 신체에 대한 관계와 같다.)

⑥ what with A and (what with) B : 한편으로 A 때문에, 또 한편으로 B 때문에

- What with hunger and (what with) cold, we could not walk any more.
  (배가 고프기도 하고 춥기도 해서, 우리는 더 이상 걸을 수가 없었다.)
- What with cold and (what with) anxiety, he became ill.
  (감기 때문이기도 하고 근심 때문이기도 해서 그는 병이 들었다.)

■ 관계대명사 what, that 과 명사절 that 구분법

(1) 관계대명사 what

① 뒤에 불완전한 절이 온다. (동사, 또는 주어 + 동사)
② 앞에 선행사가 없다.
③ 명사절을 이끈다. (주어, 목적어, 보어 역할)

- What the sales manager said cannot be true.
  (영업부장이 한말이 사실일 리가 없다.)
  → said의 목적어가 없다.

(2) 관계대명사 that

① 뒤에 불완전한 절이 온다. (동사, 또는 주어 + 동사)
② 앞에 선행사가 있다.
③ 형용사절을 이끈다.

- The restaurant that we normally go to is closed today.
  (우리가 주로 가는 식당이 끝났다.)
  → to 부정사의 목적어가 없다.

(3) 명사절 접속사 that

① 뒤에 완전한 절이 온다.
② 명사절을 이끈다. (주어, 목적어, 보어 역할)

• Nobody knows the fact <u>that</u> he is poor.
(아무도 그가 가난하다는 사실을 모른다.)

관계부사

관계부사는 시간, 장소, 방법을 나타내는 부사구가 앞으로 나가서 [접속사 + 부사]의 역할을 하는 것을 말한다. 문장을 이루는 필수 성분인 주어나 목적어 등이 아니라, 없어도 통하는 부사구가 앞으로 이동한 것이므로, 관계부사절은 관계대명사절과는 달리 주어, 목적어 등의 문장 구성요소를 다 갖춘 완전한 절이다.

관계부사의 종류

선행사	관계부사	전치사 + 관계대명사
시간(the time)	when	in/at/on + which
장소(the place)	where	in/at/on + which
이유(the reason)	why	for + which
방법(the way)	how	in + which

• This is the office. Mr. Jim worked in the office.
→ This is the office <u>which</u> Mr. Jim worked.
→ This is the office <u>in which</u> Mr. Jim worked.
→ This is the office <u>where</u> Mr. Jim worked.
(여기가 짐 씨가 일했던 사무실이다.)

① where의 용법 : 선행사가 장소일 때 (the place, the building, the city 등)

- This is the place where I stayed a year as a freshman.
  = This is the place in which I stayed a year as a freshman.
  (이곳은 내가 신입생으로 1년간 보냈던 곳이다.)
- I forgot the name of the hotel where my parents are staying.
  = I forgot the name of the hotel at which my parents are staying.
  (나는 우리 부모님이 묵고 계신 호텔 이름을 잊어먹었다.)

② when의 용법 : 선행사가 시간일 때 (the time, the day, the year 등)

- Saturday is the day when we are less busy.
  = Saturday is the day on which we are less busy.
  (토요일은 우리가 덜 바쁜 날이다)
- Tell me the day when your parents will come back.
  = Tell me the day on which your parents will come back.
  (네 부모님이 돌아오시는 날을 알려줄래.)

③ why의 용법 : 선행사가 이유일 때 (the reason)

- Nobody told me the reason why she came there.
  = Nobody told me the reason for which she came there.
  (아무도 그녀가 거기 간 이유를 말해 주지 않았다.)
- I don't know the reason why she didn't come.
  = I don't know the reason for which she didn't come.
  (나는 그녀가 오지 않은 이유를 모르겠다.)

④ how의 용법 : 선행사가 방법일 때 (the way)

- Tell me the way you did it.
  = Tell me how you did it.
  = Tell me the way in which you did it.
  (네가 어떻게 그것을 했는지 말해 다오.)

■ 관계대명사의 한정적 용법과 계속적 용법

(1) 제한적 용법 (that 대체가능)

선행사가 누구를(무엇을) 지칭하는지 알려주는 역할을 하며 관계대명사절을 통해 **선행사의 의미를 수식·한정**

- I met the boy who did not tell the news.
  (나는 그 소식을 말하지 않았던 소년을 만났다.)
- I had two sons who became doctors.
  (그는 의사가 된 두아들이 있었다.)

(2) 계속적 용법 (that 대체 불가능)

선행사가 누구를(무엇을) 지칭하는지 이미 쌍방이 알고 있는 경우 콤마(,)와 함께 관계대명사절을 써서 **선행사에 대한 추가 정보를 제공.**

- Mark snored during the class, which made everyone laugh.
  (Mark는 수업 중에 코를 골았고 그것이 모든 사람을 웃게 만들었다.)
- Jim, who entered here, signed the guest book.
  (Jim은 이곳에 들어와서 방목록에 서명했다.)

■ 계속적 용법에 사용된 which의 특별한 용법

① 앞에 나온 절의 전체 혹은 일부가 선행사인 경우

- She said she was ill, which was a lie.
  (그녀는 자기가 아프다고 했는데, 그것은 거짓말이었다.)
  ▸ 선행사 → she was ill

- She was rude, which angered me.
  (그녀는 무례했는데, 그것이 나를 화나게 했다.)
  ▸ 선행사 → She was rude

② 보어가 선행사인 경우

- He is rich, which I unfortunately am not.
  (그는 부자이나, 불행하게도 나는 부자가 아니다.)
  ▸ 선행사 → rich
- He looked like a doctor, which he really was.
  ▸ 선행사 → doctor

복합 관계사

(1) 복합관계 대명사

복합관계대명사는 관계대명사 what처럼 선행사를 포함하는 관계대명사로서 이들 앞에 선행가사 없으며, [~이든지, ~라도]의 의미를 갖는다.

① 복합관계대명사의 명사적 용법

- whoever = anyone who (~하는 사람 누구나)
- whosever = anyone whose (~하는 사람 누구나)
- whomever = anyone whom (~하는 사람 누구나)
- whichever = anything that (~하는 것은 어느 것이나)
- whatever = anything that (~하는 것은 무엇이나)

- 복합관계대명사가 명사절을 이끄는 경우 (어떤~라도, 누구이든지)
  → 주어·목적어·보어로 사용된다.

- Whoever wants to play baseball can do so.
  = Anyone who wants to play baseball can do so.
  (야구를 하고 싶은 사람은 누구든지 할 수 있다.)
- I like whatever is durable.
  = I like anything that is durable.
  (나는 무엇이든 오래 견디는 것을 좋아한다.)

- Whichever interests you is yours.
  = Anything that interests you is yours.
  (너의 관심을 끄는 것은 어떤 것이건 네 것이다.)

② 복합관계대명사의 양보의 부사적 용법 (~한다 할지라도)

- whoever = no matter who
- whosever = no matter whose
- whomever = no matter whom
- whichever = no matter which
- whatever = no matter what

- 복합관계대명사가 양보의 부사절을 이끄는 경우
  → 주절과의 사이에 콤마(,)가 있다.

- Whoever may violate this law, he will be punished.
  = No matter who may violate this law, he will be punished.
  (누가 이 법을 위반할 지라도, 그는 처벌을 받게 될 것이다.)
- You can give it to whomever you please.
  = You can give it to no matter whom you please.
  (그것을 네가 원하는 누구에게 주어도 좋다.)

(2) 복합 관계부사

관계부사에 <-ever>를 붙인 복합관계부사는 시간·장소, 양보의 부사절을 이끈다.

① 복합관계부사의 시간·장소의 부사절

- whenever = at any time when (~하는 언제든지)
  wherever = at any place where (~ 하는 어디든지)

- Take a seat wherever you like.
  = Take a seat at any place where you like.
  (어느 곳에건 원하는 곳에 앉아라)
- You may come whenever you like.
  = You may come at any time when you like.
  (너는 네가 원하는 때면 언제든지 올 수 있다.)

② 복합 관계부사의 양보의 부사절

- whenever = no matter when (언제 ~하더라도)
- wherever = no matter where (어디서 ~ 하더라도)
- however = no matter how (아무리 ~할지라도)

- Wherever you may go, I will follow you.
  = no matter where you may go, I will follow you.
  (네가 어디로 가더라도 나는 너를 따라가겠다.)
- However hard you try, the result will be the same.
  = No matter how hard you try, the result will be the same.
  (그녀가 제 아무리 어리석다고 해도 그것을 믿지는 않을 것이다.)
- Whenever he goes out, he takes his dog with him.
  = No matter when he goes out, he takes his dog with him.
  (그는 언제 외출하더라도 그의 개를 데리고 간다.)

■ 유사 관계대명사

관계대명사의 종류에는 포함되지 않지만, 접속사와 대명사의 역할을 겸하고 있어서 **관계대명사와 유사한 역할**을 하기 때문에 유사관계대명사라고 한다.

(1) as

선행사 앞에 as와 상관적으로 쓰일 때와 선행사 앞에 same이나 such가 붙는 경우, as는 관계대명사와 비슷한 역할을 한다. 즉 as 앞에 such, as, the same + 명사의 형태가 오면 관계대명사처럼 as를 쓴다.

① the same A as B : B와 같은 종류의 A

- This is the same watch as I lost yesterday.
  (이것은 내가 어제 잃어버린 것과 같은 종류의 시계이다.)
- This is the same bicycle as you were riding.
  (이것은 네가 타던 것과 같은 종류의 자전거다.)

② as A as B : B만큼 ~A한

- He is as great a man as ever lived.
  (그는 더할 나위 없이 위대한 사람이다.)
- They need as much information as he has.
  (그들에겐 그가 가진 만큼의 정보가 필요하다.)

③ such A as B : B와 같은 그러한 A

- Don't read such books as you cannot understand.
  (네가 이해할 수 없는 그런 책을 읽지 마라.)
- Beware of such people as flatter you.
  (너에게 아첨하는 그런 사람을 조심해라.)

(2) than

than은 주로 선행사 앞에 비교급 표현과 함께 쓰여 관계대명사의 역할을 한다.

- Children should not have more money than is needed.
  (아이들은 필요 이상의 돈을 가져서는 안 된다.)
- Such insult is more than I can bear.
  (나는 그러한 모욕을 견딜 수 없다.)

(3) but (=that not) ~하지 않는

주절과 관계사절에 부정어가 있어서 부정의 의미가 중복될 때, 관계사(that)와 관계사절의 부정어(not)를 but으로 바꾼 것이다.

- There is no rule but has some exceptions.
  = There is no rule that does not have some exceptions.
  (일부 예외가 없는 규칙은 없다.)
- Who is here among us but likes her?
  = There is no one here among us but likes her.
  (여기 우리들 중 그녀를 좋아하지 않는 사람이 누가 있겠나?)

관계사

01. 밑줄 친 부분이 틀린 것을 고르시오.

Mr. Kim is one of those men who ①appears to be ②kind; however, it is very difficult ③to deal with ④him.

02. 밑줄 친 부분이 틀린 것을 고르시오.

The White House was ①designed by James Hobar, ②an Irishman ③whom ④the proposal in the design competitions won $500.

03. 빈칸에 들어갈 말로 알맞은 것을 고르시오.

> He is one of those men ________, I am sure, always do their best, even in the most difficult time.

① whom ② who ③ what ④ which

04. 빈칸에 들어갈 말로 알맞은 것을 고르시오.

> The biggest nail is the boat spike, ________ more than a pound and is about fifteen inches long.

① its weight ② and weighs
③ which weighs ④ how it weighs

05. 빈칸에 들어갈 말로 알맞은 것을 고르시오.

We know very little about ____ Shakespeare was or ____ he lived.

① who - how
② what - who
③ which - how
④ which - what

06. 빈칸에 들어갈 말로 알맞은 것을 고르시오.

__________ begin their existence as ice crystals over most of the Earth seems likely.

① That raindrops
② If raindrops
③ What if raindrops
④ Raindrops

07. 밑줄 친 부분이 틀린 것을 고르시오.

Whitman wrote Leaves of Grass as a tribute to the Civil War soldiers who ① had laid on the battlefields and ② whom he ③ had seen ④ while serving as an army nurse.

08. 빈칸에 들어갈 말로 알맞은 것을 고르시오.

Thank you very much __________, whoever you are.

① for you did at me
② for what did you for me
③ for what you did for me
④ to what you did for me

09. 빈칸에 들어갈 말로 알맞은 것을 고르시오.

A desert is described as a region ________ an average of less than ten inches of rain falls in a year.

① in which
② which is
③ which has
④ in which is
⑤ there is

10. 밑줄 친 부분이 <u>틀린</u> 것을 고르시오.

In 1290 the government at Delhi, <u>which was</u>① made up of ex-slaves, <u>was replaced</u>② by <u>that of</u>③ the Turks, <u>it ruled</u>④ for the next thirty years.

11. 밑줄 친 부분이 <u>틀린</u> 것을 고르시오.

The woman, <u>of whom the</u>① red car is <u>parked</u>② <u>in front of</u>③ our house, is a prominent lawyer <u>in this city</u>④.

12. 빈칸에 들어갈 말로 알맞은 것을 고르시오.

The many people ________ must be willing to commute a long distance to work.

① wished to live in rural areas
② wished that they lived in rural areas
③ who wish to live in rural areas
④ those wishing to live in rural areas

13. 밑줄 친 부분이 <u>틀린</u> 것을 고르시오.

Farmers provide crops ① <u>with</u> manure in areas ② <u>which</u> long ③ <u>years of</u> cultivation has removed it ④ <u>from</u> the soil.

14. 빈칸에 들어갈 말로 알맞은 것을 고르시오.

Built in 1598 and destroyed by fire in 1644, the Globe Theater in London is __________ the playwright William Shakespeare wrote most of his plays.

① it where
② which is where
③ where
④ where is

15. 빈칸에 들어갈 말로 알맞은 것을 고르시오.

> When we breathe, oxygen is passed to special molecules in the blood, __________ it to the muscles.

① which carry ② carried
③ which is carried ④ will carry

16. 빈칸에 들어갈 말로 알맞은 것을 고르시오.

> No one knows exactly how big China's Internet police force is these days, although estimates run as high as 40,000. But _______________, its sophistication is greater than ever.

① whatever its size ② however its size
③ whatever it's size is ④ however it's size is

17. 밑줄 친 부분이 틀린 것을 고르시오.

Bangkok, Thailand, who(①) is nicknamed(②) the "Venice of Asia," has(③) many(④) canals.

18. 빈칸에 들어갈 말로 알맞은 것을 고르시오.

> Billie Holiday, _________ unique singing style made her famous, was also known as Lady Day.

① who has ② she is a
③ who ④ whom
⑤ whose

19. 빈칸에 들어갈 말로 알맞은 것을 고르시오.

> Who can claim that __________ pleases one man must necessarily please another?

① it
② that
③ what
④ which
⑤ if

20. 밑줄 친 부분이 틀린 것을 고르시오.

It is not <u>until you are</u>① in a foreign country <u>that</u>② you realize <u>what inconvenient</u>③ it is <u>to be unable to</u>④ make yourself understood.

21. 빈칸에 들어갈 말로 알맞은 것을 고르시오.

> Translating sacred texts has always been an important means by which ________ to posterity.

① are their culturally transmitted values
② transmit their values some cultures
③ some cultures their values transmit
④ some cultures transmit their values

22. 빈칸에 들어갈 말로 알맞은 것을 고르시오.

> In a two-track system, students would choose after the eighth grade _______ educational track they wanted to study-academic or vocational.

① when ② whom ③ which ④ where

23. 빈칸에 들어갈 말로 알맞은 것을 고르시오.

> Professor Lee wanted to find the student ________ had made the suggestion.

① whom ② whose ③ who ④ which

24. 빈칸에 들어갈 말로 알맞은 것을 고르시오.

> In addition to being a naturalist, Stewart E. White was a writer __________ the struggle for survival on the American frontier.

① whose novels describe
② he describes in his novels
③ who, describing in his novels
④ his novel describe

25. 밑줄 친 부분이 틀린 것을 고르시오.

> Every sound ① what occurs ② in human languages can be represented ③ by means ④ of the phonetic alphabets.

26. 밑줄 친 부분이 틀린 것을 고르시오.

> Wind power ① is an ancient source of energy ② on which we ③ may return in the ④ near future.

27. 밑줄 친 부분이 틀린 것을 고르시오.

> The price increases, ① that were intended ② to fill holes in state budgets, could keep more than ③ half a million kids ④ from taking up the habit of smoking.

28. 밑줄 친 부분이 틀린 것을 고르시오.

> They were not free ① to leave the ② estates ③ which they were born or ④ to change jobs.

29. 밑줄 친 부분이 <u>틀린</u> 것을 고르시오.

In 1927 <u>a</u>① revolution <u>struck</u>② the motion picture industry <u>which</u>③ the first important all-talking picture, The Jazz Singer, <u>was</u>④ a phenomenal success.

30. 밑줄 친 부분이 <u>틀린</u> 것을 고르시오

The ① <u>various</u> parts of the body require ② <u>so</u> different ③ <u>surgical</u> skills that ④ <u>many</u> surgical specialties have developed.

31. 빈칸에 들어갈 말로 알맞은 것을 고르시오.

Architecture is a profession __________ has always interested me.

① which ② in which ③ who ④ whose

32. 빈칸에 들어갈 말로 알맞은 것을 고르시오.

High and low atmospheric pressure systems are ________ cause changing weather patterns.

① what ② whose ③ that ④ which

33. 다음 중 틀린 것을 고르시오.

① The octopus is considered to be a unique animal because it has three functioning hearts.

② Water and petroleum are the only two liquids what occur in large quantities in nature.

③ A significant property of paint is its ability to adhere tightly to many different surfaces.

④ Because of their beautiful coloration, palomino horses are often chosen as show horses for parades.

34. 밑줄 친 부분이 틀린 것을 고르시오

① In the sixteenth century the Western church was ② torn asunder by a violent revolution ③ which it has ④ never fully recovered.

35. 밑줄 친 부분이 틀린 것을 고르시오

Which① really stimulates economic② growth is③ whether you believe in an afterlife, especially④ hell.

36. 밑줄 친 부분이 틀린 것을 고르시오

John is ① the only one of the boys ② whom as you know ③ is not ④ eligible.

37. 밑줄 친 부분이 틀린 것을 고르시오

China has been aggressively researching① tests and a possible vaccine for SARS, who② is believed to have originated③ in Guangdong in late 2002④.

38. 밑줄 친 부분이 틀린 것을 고르시오

A river ① delta refers to the ② mouth of a river and the alluvial land ③ where borders ④ it.

39. 밑줄 친 부분이 <u>틀린</u> 것을 고르시오

<u>Hidden</u>① inside our advance to a new production system is a potential <u>for</u>② social change <u>such</u>③ breathtaking in scope that few among us <u>have been willing</u>④ to face its meaning.

40. 빈칸에 들어갈 말로 알맞은 것을 고르시오.

> Fire safety in family houses, ______ most fire deaths occur, is difficult to achieve.

① where ② why ③ how ④ when

41. 빈칸에 들어갈 말로 알맞은 것을 고르시오.

> I'll never forget the day ________ I first met him.

① where ② what ③ when ④ Who

42. 빈칸에 들어갈 말로 알맞은 것을 고르시오.

> The impression _____ women talk too freely and too much in private situations is summed up in a word: gossip.

① that ② of ③ about ④ is

43. (A), (B), (C)의 각 네모 안에서 어법에 맞는 표현으로 가장 적절한 것은?

Many social scientists have believed for some time (A) [that / what] birth order directly affects both personality and achievement in adult life. In fact, people have been using birth order to account for personality factors such as an aggressive behavior or a passive temperament. One might say, "Oh, I'm the eldest of three sisters, so I can't help that I'm so overbearing," or "I'm not very successful in business, because I'm the youngest child and thus less (B) [aggressively / aggressive] than my older brothers and sisters." Recent studies, however, have proved this belief to be false. In other words, birth order may define your role within a family, but as you mature into adulthood, (C) [accepted / accepting] other social roles, birth order becomes insignificant.

	(A)	(B)	(C)
①	that	aggressively	accepting
②	that	aggressive	accepting
③	that	aggressive	accepted
④	what	aggressive	accepted
⑤	what	aggressively	accepted

44. 다음 글의 밑줄 친 부분 중, 어법상 틀린 것은?

In general, one's memories of any period necessarily weaken ① <u>as</u> one moves away from it. One is constantly learning new facts, and old ones have to drop out to ② <u>make</u> way for them. At twenty, I could have written the history of my school days with an accuracy which would be quite impossible now. But it can also happen that one's memories grow ③ <u>much</u> sharper even after a long passage of time. This is ④ <u>because</u> one is looking at the past with fresh eyes and can isolate and, as it were, notice facts which previously existed undifferentiated among a mass of others. There are things ⑤ what in a sense I remembered, but which did not strike me as strange or interesting until quite recently.

45. 다음 글에서 밑줄 친 부분 중, 어법상 틀린 것은?

Schubert spent his whole life ① in poverty. But he had one noble purpose in life. That was ② to write down the beautiful musical thoughts which seemed to flow from his brain in an endless rush of melody. As ③ one of the most productive composers, Schubert wrote music ④ as freely as one would write a friendly letter. He just produced ⑤ which was in him, and brought us a rich treasure of music.

memo

7 분 사

분사란 동사원형에 -ing나 -ed를 붙여 형용사처럼 쓰는 말이다. 분사의 종류에는 현재분사(ing)와 과거분사 (p.p.)가 있으며, 현재분사는 '능동·진행'의 의미를, 과거분사는 '수동·완료'의 의미를 나타내고, 형용사, 부사 역할을 한다.

■ 분사의 종류

(1) 현재분사(v–ing)

주어나 명사가 동사를 통해 **능동적**으로 다른 사물에 영향을 미칠 때 사용한다.

① 자동사(능동·진행) : ~하고 있는, ~하는

- a <u>growing</u> child (성장하고 있는 어린이)
- a <u>sleeping</u> baby (잠을 자고 있는 아기)

② 타동사(능동·사역) : (남을) ~하게 하는, ~시키는

- a <u>boring</u> teacher (학생들을)지루하게 하는 선생님
- an <u>interesting</u> subject (재미있는 과목)

(2) 과거분사(v–ed)

주어나 명사가 동사를 통해 **피동적**으로 영향을 받을 때 사용한다.

① 자동사(완료) : 이미 ~해버린, ~한

• a grown man (성장을 완료한 어른)

• fallen leaves (떨어진 나무 잎)

② 타동사(수동) : (남에 의해) ~되어진, ~받은, ~당한

• bored student (선생님에 의해) 지루하게 된 학생들

• a broken window (깨어진 창문)

■ 분사의 형용사적 용법

(1) 한정용법

분사가 형용사처럼 명사의 앞 또는 뒤에서 명사를 직접 수식하는 것을 한정용법이라고 한다. '수식받는 명사'가 '수시하는 분사'의 의미상 주어이므로 명사를 기준으로 분사의 (~ing,~p.p.)를 판단한다.

① 전치수식

분사가 단독으로 쓰여 명사를 수식[한정]할 때는 **명사 앞**에 위치하는 것이 원칙이다.

• Look at the running dog. (달려가는 개를 보아라.)
  = Look at the dog which is running.

• He threw a broken vase. (그는 깨진 꽃병을 던졌다.)
  = He threw a vase which was broken.

• The exhausted player desperately reached for the water bottle.
  (녹초가 된 그 선수는 필사적으로 손을 뻗어 물병을 잡았다.)

• She took care of a wounded soldier.
  (그녀는 부상당한 군인을 돌보았다.)

② 후치수식

분사가 의미상 목적어·보어를 취하거나, 부사(구) 등의 수식어구를 수반할 때는 **명사 뒤**에 위치해서 명사를 후치 수식한다.

- The girl reading a book is my niece.
  = The girl who is reading a book is my niece.
  (책을 읽고 있는 소녀는 내 조카이다.)
- She is a professor respected by every student.
  = She is a professor who is respected by every student.
  (그녀는 모든 학생에게서 존경받는 교수이다.)
- Who is the guy standing just in front of your wife?
  (네 아내 바로 앞에 서있는 저 사람은 누구냐?)
- The cars manufactured here are not good.
  (그녀는 부상당한 군인을 돌보았다.)

(2) 서술적 용법

형용사가 올 수 있는 **2형식의 주격보어 자리**와 **5형식의 목적격 보어 자리**에서 분사가 형용사처럼 주격보어·목적격보어 역할을 하는 것을 서술 용법이라고 한다. 한정 용법이 명사 앞·뒤에서 명사를 직접 수식하는 반면, 서술 용법은 주격보어·목적격보어 자리에서 분사가 서술어 역할을 하여 주어·목적어 자리에 있는 (대)명사를 간접적으로 수식한다.

① 주격 보어

주어가 주격보어로 오는 분사의 의미상 주어이므로 **주어를 기준**으로 분사의 <-ing, -p.p.>를 판단한다.

- She stood waiting for her son. (그녀는 아들을 기다리며 서 있었다.)
  → waiting은 주어 She를 보충 설명함
- He is not invited to the party. (그는 파티에 초대받지 못했다.)
  (그는 파티에 초대받지 못했다.)
  → invited은 주어 He를 보충 설명함

② 목적격 보어

목적어가 목적격보어로 오는 분사의 의미상 주어이므로 **목적어를 기준**으로 분사의 <-ing, -p.p.>를 판단한다.

• I saw him <u>carrying</u> a patient out of a car.
(나는 그가 환자를 차 밖으로 옮기는 것을 보았다.)
• She found the fence <u>painted</u> in yellow.
(그녀는 울타리가 노랗게 페인트칠 된 것을 발견했다.)
• I found him <u>excited</u> at the game.
(내가 보니 그는 그 경기에 흥분되어 있었다.)

■ 분사구문

분사구문이란 반복되는 말을 생략하기 위해 종속정의 접속사와 주어를 생략하고 동사를 분사로 바꿔서 간단히 만든 것을 말한다.

[접속사 + S + V ~, S + V ~] → [Ving ~, S + V]

▌분사구문 만드는 법

① 접속사 생략 (의미전달을 위해 접속사를 쓸 수 있다.)
② 종속절의 주어와 주절의 주어가 같을 때 → 종속절의 주어 생략
③ 주절의 주어와 다른 경우 → 종속절의 주어를 그대로 명시 (독립분사 구문)
④ 술어동사의 시제변화
- 종속절의 시제와 주절의 시제가 같은 경우 → 동사원형 + ing
- 종속절의 시제가 주절의 시제보다 하나 더 앞선 경우 → having + p.p.
- 분사의 형태가 being + p.p. → being 생략
- 분사의 형태가 having been p.p. → having been을 생략
- 종속절의 부정어(not, never) → 분사 바로 앞에 위치

• Because she had a fever, she couldn't go shopping.
↓ 접속사 생략
• she had a fever, she couldn't go shopping.
↓ 주어 생략 (부사절의 주어와 주절의 주어가 일치할 경우)
• had a fever, she couldn't go shopping.
↓ 부사절의 동사(동사원형 -ing)

• Having a fever, she couldn't go shopping.
(열이 나서 그녀는 쇼핑을 갈 수 없었다.)

▪ 분사구문의 의미

시간, 이유, 조건, 양보, 부대상황

주절을 수식하는 부사구인 분사구문은 시간, 이유, 조건, 양보 부대상황 등의 의미를 나타낸다.

(1) 시간의 부사구

when(~할 때), while(~하는 동안), after(~한 후에)등으로 시작하는 시간의 부사절을 압축한 것.

• While he was walking along the street, he met an old friend.
→ Walking along the street, he met an old friend.
(그 길가를 따라서 걷는 그는 오랜 친구를 만났다.)

• When the thief saw a policeman, the thief ran off.
→ Seeing a policeman, the thief ran off.
(경찰을 보자 그 도둑은 달아났다.)

• When we finished the work, we turned on the TV.
→ finishing the work, we turned on the TV.
(일을 끝내자 우리는 TV를 틀었다.)

(2) 이유의 부사구

as, since, because (~하므로, ~라기 때문에)등으로 시작하는 이유의 부사절을 압축한 것

• As I had no money with me, I could not buy the book.
→ Having no money with me, I could not buy the book.
(돈이 없어서 나는 그 책을 살 수 없었다.)

• As he was wounded in his legs, he couldn't walk.
→ Wounded in his legs, he couldn't walk.
(그는 다리에 부상을 입었기 때문에, 그는 걸을 수 없었다.)

• Because I had nothing more to do, I went to bed.
→ Having nothing more to do, I went to bed.
(더 이상 할 일이 없어서 나는 잠자리에 들었다.)

(3) 조건의 부사구

if(만약 ~한다면)등으로 시작하는 조건의 부사절을 압축한 것

• If you turn to the left, you will find the house without fail.
→ Turning to the left, you will find the house without fail.
(왼쪽으로 돌면, 너는 실패 없이 그 집을 발견하게 될 것이다.)

• If I meet her tomorrow, I shall be glad.
→ Meeting her tomorrow, I shall be glad.
(내일 그녀를 만난다면 나는 기쁠 것이다.)

(4) 양보의 부사구

though(비록 ~ 할지라도)등으로 시작하는 양보의 부사절을 압축한 것

• Although my grandfather had a lot of money, my grandfather didn't live a happy life.
→ Having a lot of money, my grandfather didn't live a happy life.
(돈이 많았지만, 할아버지는 행복한 삶을 살지 못했다.)

• Though I admit what you say, I still don't believe it.
→ Admitting what you say, I still don't believe it.
(네가 말한 것을 인정하더라도, 나는 여전히 그것을 못믿겠다.)

(5) 부대상황

주절에 대한 부수적인 표현으로, 두 가지 동작이 동시에 일어나거나 동작이나 사건이 연속적으로 일어날 때 쓴다.

① 동시동작(~하면서, ~한 채)

• As[while] the girl pointed to the door, she began to cry bitterly.

→ Pointing to the door, she began to cry bitterly.

(문을 가리키면서 그 소녀는 심하기 울기 시작했다.)

② 연속동작(~하고, 그리고)

• The express train left Seoul at 6:00 and arrived in Busan at 9:00.

→ The express train left Seoul at 6:00, arriving in Busan at 9:00.

(고속 열차는 6시에 서울을 떠나 8시 40분에 부산에 도착했다.)

■ 분사구문의 시제

(1) 단순분사 구문 (동사원형 -ing)

종속절의 시제와 주절의 시제가 같을 경우, 종속절을 분사구문으로 바꿀 때에는 [동사원형-ing]형태의 단순분사구문을 사용한다.

• As I live in the country, I am very healthy.

→ Living in the country, I am very healthy.

(시골에 살기 때문에 나는 매우 건강하다.)

• If other conditions are equal, this is better than that.

→ Other conditions being equal, this is better than that.

(다른 조전이 같다면 이것이 저것보다 더 낫다.)

▸ 주절과 동일한 때에 일어난 일을 나타냄

(2) 완료분사 구문 (having p.p.)

종속절의 시제가 주절의 시제보다 앞선 경우, 종속절을 분사구문으로 바꿀 때에는 [having + p.p.]형태의 완료분사구문을 사용한다.

• As I lost my wallet before, I have no money.

→ Having lost my wallet before, I have no money.

(나는 전에 지갑을 읽어버려서 (현재) 돈이 전혀 없다.)

• After I took the course, I now feel confident in my writing skills.
→ Having taken the course, I now feel confident in my writing skills.
(그 수업을 듣고 나니 나는 이제 글쓰기에 자신이 있다.)
‣ 주절의 동사보다 이전에 일어난 일을 나타냄

(3) 수동분사구문 [being+p.p., having been p.p.]

일반적으로 being 과 having been이 생략되고 p.p.만 사용된다.

• As the book was written in easy English, the book was very popular among young kids.
→ (being)Written in easy English, the book was very popular among young kids.
(쉬운 영어로 쓰여서, 그 책은 어린아이들에게 매우 인기가 있었다.)

• As I had been deceived by him, I couldn't trust him.
→ (having been) Deceived by him, I couldn't trust him.
(속은 적이 있어서, 나는 그를 신뢰할 수 없었다.)

■ 분사구문의 부정

• As I did not know the fact, I was confused.
→ Not knowing the fact, I was confused.
(나는 그 사실을 몰랐기 때문에 혼란스러웠다.)

• As I have never read the book, I cannot criticize it at all.
→ Never having read the book, I cannot criticize it at all.
(그 책은 전혀 읽지 않아 나는 그것을 전혀 비평할 수 없다.
‣ 분사 바로 앞에 not 이나 never를 붙인다.

▌with+목적어+분사 : ~가 ~한 채로 (부대상황)

[with + 목적어 + 분사]의 형태로 동시상황(~인 채로, ~하면서)의 의미를 나타낸다. 주절 외에 동시에 일어나고 있는 다른 상황을 추가할 때 사용된다. 여기에는 목적어는 분사의 의미상 주어이므로 명사와 분사의 관계를 따져 능동이면

현재분사, 수동이면 과거분사를 쓴다.

(1) with+목적어+현재분사

- With the crowds cheering, the royal party drove to the palace.
 (군중들이 환호하는 가운데 왕의 행렬 차량이 궁전으로 들어갔다.)
- It was a misty morning, with little wind blowing.
 (바람이 거의 불지 않는 안개 낀 아침이었다.)
 ▸ 목적어와 분사의 관계가 능동인 경우는 -ing를 쓴다.

(2) with+목적어+과거분사

- He stood there, with his eyes closed.
 (그는 그곳에 서 있었고, 그의 눈은 감겨 있었다.)
- Why do you stare at me with your eyebrows raided?
 (너는 왜 눈을 치켜 뜬 채로 나를 쳐다보니?)
 ▸ 목적어와 분사의 관계가 수동 경우 -ed를 쓴다.

■ 비인칭 독립분사 구문

분사구문의 의미상 주어가 일반인일 때는 생략한다.

Compared with (~와 비교하면) **Considering** (~으로 고려해 보건데)
Judging from (~로 판단하건대) **Frankly speaking** (솔직히 말해서)
Generally speaking (일반적으로 말해서)
Roughly speaking (대략 말해서)
Strictly speaking (엄격하게 말해서)
Talking of (~에 관한 이야기라면)

- Judging from what people say, he must be a great scholar.
 (사람들의 말로 판단하자면, 그는 위대한 학자임에 분명하다.)
- Strictly speaking, he is not an amateur, a professional.
 (엄격히 말하면 그는 아마추어가 아니라 프로이다.)

• Considering his age, his knowledge of math is above the average.
(그의 나이를 고려해볼 때 수학에 대한 그의 지식은 평균 이상이다.)
• Roughly speaking, that is the state of the case.
(실정은 대략 이렇습니다.)
• Generally speaking, there are four stages of culture shock.
(일반적으로 말해서 문화 충격에는 4단계가 있다.)

분 사

01. 문법적으로 <u>틀린</u> 문장을 고르시오.

① Stand as it is on a hill, the apartment commands a fine view.
② Please call me whenever it is convenient for you.
③ Don't read such books as will do you harm.
④ I'd rather you didn't come with me.

02. 밑줄 친 부분이 <u>틀린</u> 것을 고르시오.

Every <u>few</u>① years the El Nino current is warmer than normal, causing greater ocean <u>warming</u>② and consequently <u>change</u>③ the normal <u>patterns</u>④ of sea and surface temperatures.

03. 밑줄 친 부분이 <u>틀린</u> 것을 고르시오.

I did not <u>stay</u>① for the <u>entire presentation</u>② because it was not <u>interested</u>③ for <u>me</u>④.

04. 밑줄 친 부분이 <u>틀린</u> 것을 고르시오.

This liquid medicine removes deeply <u>embedding</u>① dirt and grease, <u>allowing</u>② your <u>horse's skin</u>③ to breathe more <u>easily</u>④.

05. 빈칸에 들어갈 말로 알맞은 것을 고르시오.

> ______________________, they would (on average) have done just as well.

① Having chosen colleges with lesser nameplates
② Had they chosen colleges with lesser nameplates
③ Choosing colleges with lesser nameplates
④ To choose colleges with lesser nameplates

06. 빈칸에 들어갈 말로 알맞은 것을 고르시오.

> A few species of mushrooms cause death or serious illness ____________.

① being eaten ② having eaten
③ are eaten ④ when eaten
⑤ that they are eaten

07. 빈칸에 들어갈 말로 알맞은 것을 고르시오.

> When I tried the spicy mexican chicken last night, I had to keep my mouth open for minutes, _______ it with my hand.

① fanning ② fanned ③ fan ④ with fanning

08. 밑줄 친 부분이 틀린 것을 고르시오.

Our society has gotten to the point(①) where(②) we might soon become less and less shocking(③) by any kind of violence which would be getting prevalent(④).

09. 빈칸에 들어갈 말로 알맞은 것을 고르시오.

> Researchers won approval from the committee to field-test plants _____ to resist certain diseases.

① gene engineering ② genetically engineered
③ genetic engineering ④ genetic engineer

10. 빈칸에 들어갈 말로 알맞은 것을 고르시오.

> EC environment ministers adopted a new system to award an "ecolabel" to products __________ friendly to the environment.

① deemed ② which deem ③ deeming ④ deem

11. 밑줄 친 부분이 틀린 것을 고르시오.

It is not necessary, as (①) some teachers seem to think, to get away (②) from traditional materials in order to (③) make schoolwork interested. (④)

12. 빈칸에 들어갈 말로 알맞은 것을 고르시오.

> A sheet of clear glass, ________ with a film of metal, results in a luminously clear mirror.

① when backed ② it is backed
③ is backed ④ when is it backed

13. 밑줄 친 부분이 틀린 것을 고르시오.

The elephants (①) in the circus (②) performed (③) some amused (④) tricks.

14. 밑줄 친 부분이 <u>틀린</u> 것을 고르시오.

<u>Having not</u>① met him <u>before</u>②, I made up my mind <u>to watch</u>③ him <u>from a distance</u>④ for a while.

15. 빈칸에 들어갈 말로 알맞은 것을 고르시오.

> Information ___________ can predict problems like soil erosion and floods.

① collected by satellites ② satellites to collect
③ is collected by satellites ④ satellites collecting

16. 빈칸에 들어갈 말로 알맞은 것을 고르시오.

> ________ considered a ruthless predator, the grizzly bear eats mainly grass, berries, and roots.

① It can be ② Though ③ It is ④ For which

17. 밑줄 친 부분이 <u>틀린</u> 것을 고르시오.

> The ① <u>seven-member</u> ② <u>crew</u> of the space shuttle set out on an ③ <u>eleven-day</u> mission to repair the ④ <u>damaging</u> Hubble Space telescope.

18. 빈칸에 들어갈 말로 알맞은 것을 고르시오.

> _______ in 1939, the museum still strikes the eye as new and unusual.

① Because opening ② Despite opened
③ Although opening ④ Although opened

19. 빈칸에 들어갈 말로 알맞은 것을 고르시오.

> I fell asleep ______ the light on.

① with ② while ③ when ④ as

20. 밑줄 친 부분이 틀린 것을 고르시오.

> ① While standing at a side, ② an airplane ③ flew over our heads with a ④ deafening roar.

21. 빈칸에 들어갈 말로 알맞은 것을 고르시오.

> He couldn't make himself _________ by his students.

① understand ② understood
③ to understand ④ understanding

22. 밑줄 친 부분이 틀린 것을 고르시오.

> Some reports argue that students ① who used to using a calculator ② may forget ③ how to do mental ④ calculations.

23. 밑줄 친 부분이 틀린 것을 고르시오.

> Many of the lessons of project experience ① covering in the tenth Annual Review ② are similar to those ③ noted in earlier reviews: the importance of full understanding and agreement ④ between the bank and the borrower on project objectives.

24. 밑줄 친 부분이 틀린 것을 고르시오.

> ① Within a short time John ② attracted many new students ③ interesting in ④ joining the Software magic Club.

25. 밑줄 친 부분이 틀린 것을 고르시오.

> ① Lake Baikal, located in Siberia, is the ② world's deepest lake, containing more water than ③ all five of the Great Lakes of North America ④ putting together.

26. 밑줄 친 부분이 틀린 것을 고르시오.

> From 1898 to 1933, the U.S. Weather Bureau obtained information about the weather from ____________ to box kites.

① devices attached ② attached to devices
③ devices were attached ④ attached devices

27. 빈칸에 들어갈 말로 알맞은 것을 고르시오.

> Many people living on the North American frontier in the mid-1800's ____________________ the bowie knife.

① were carried a weapon called
② carried a weapon was called
③ were carried a weapon which called
④ carried a weapon called

28. 다음 글의 밑줄 친 부분 중, 어법상 틀린 것은?

> To be a mathematician you don't need an expensive laboratory. The typical equipment of a mathematician ① is a blackboard and chalk. It is better to do mathematics on a blackboard ② than on a piece of paper because chalk is easier to erase, and mathematical research is often filled with mistakes. One more thing you need to do is to join a club ③ devotes to mathematics. Not many mathematicians can work alone; they need to talk about what they are doing. If you want to be a mathematician, you had

better ④ <u>expose</u> your new ideas to the criticism of others. It is so easy to include hidden assumptions ⑤ <u>that</u> you do not see but that are obvious to others.

29. (A), (B), (C) 각 네모 안에서 어법에 맞는 표현을 골라, 짝지은 것은?

(A) [Situating / Situated] at an elevation of 1,350m, the city of Kathmandu, which looks out on the sparkling Himalayas, enjoys a warm climate year- round that makes (B) [living / to live] here pleasant. Kathmandu sits almost in the middle of a basin, forming a square about 5km north-south and 5km east-west. It was the site of the ancient kingdom of Nepal. It is now the capital of Nepal and, as such, the center of (C) [its / it's] government, economy, and culture.

	(A)	(B)	(C)
①	Situated	living	its
②	Situated	to live	its
③	Situated	living	it's
④	Situating	to live	it's
⑤	Situating	living	it's

memo

8 부정사

동사를 가지고 다른 쓰임(명사, 형용사, 부사)으로 쓸 수 있도록 만든 것을 부정이라 한다. 부정사는 보통[to + 동사원형] 의 형태로 쓰지만 to가 없는 원형부정사를 쓰는 경우도 있다.

• 부정사의 동사적 특성

① 목적어를 가질 수 있음 <3, 5형식으로 쓰임 → 목적어, 목적어 + 목적격보어>

② 보어를 가질 수 있음

③ 부사 및 부사구의 수식을 받음

◎ 명사적 용법

■ 주어, 보어, 목적어의 역할

(1) 주어역할

"~하는 것은"으로 해석되면 문두에 위치

- To break a bad habit requires a lots of patience.
  = It requires a lots of patience to break a bad habit.
  (나쁜 습관을 없애는 것은 많은 인내를 요한다.)
- To exercise too much is not good.
  = It is not good to exercise too much.
  (운동을 너무 많이 하는 것을 원치 않는다.)
- To love and to be loved is the greatest happiness in this world.
  = It is the greatest happiness in this world to love and to be loved.
  (사랑하고 사랑 받는 것은 세상에서 가장 커다란 행복이다.)

▸ 가주어 **it**의 사용

to 부정사가 이끄는 주어가 길 경우 대명사 **it**을 **가주어**로 사용하고 **to**부정사는 **진주어**로 맨 뒤에 위치시킨다.

(2) 보어역할

"~하는 것이다"라고 해석되며 be동사 다음에 위치

① 주격보어

- My plan is to study more in depth in the US.
  (내 계획은 미국에서 보다 깊이 공부하는 것이다.)
- His dream is to be the President of his own country.
  (그의 꿈은 자기 나라의 대통령이 되는 것이다.

② 목적격 보어

- I want you to come into the library for a moment.
  (나는 당신이 도서관에 잠시 와주기를 원한다.)
- I never knew him to tell a lie.
  (나는 그가 거짓말 할 줄은 결코 몰랐다.)
- I hoped for her to come. (나는 그녀가 오기를 바랐다.)

(3) 목적어역할

"~하는 것을"이라고 해석되면 타동사 다음에 위치

• He decided to resign his post.
(그는 그 직책을 사임할 것을 결심했다.)
• I want to buy a new digital camera.
(새 디지털 카메라를 사고 싶다.)
• I make it a rule to keep early hours on weekdays.
(나는 주중에 일찍 자고 일찍 일어나는 것을 습관으로 하고 있다.)

▸ **find, think, make, believe, feel, consider** 등과 같은 5형식 동사의 목적어로 to부정사가 올 때는, **[동사 + it(가목적어) + 형용사 + to부정사(진목적어)]**의 어순으로 쓴다.

(4) 의문사+to부정사

명사구로 **주어, 보어, 목적어** 역할을 한다.

• How to live is the most important thing. [주어]
= How we should live is the most important thing.
(우리가 어떻게 살아야 할지는 가장 중요한 것이다.)
• The problem was where to set up the tent. [보어]
= The problem was where we should set up the tent.
(문제는 어디에 텐트를 칠 것인가였다.)

▸ [의문사 + to 부정사] → [의문사 + S + should + V]로 고칠 수 있다.

• I couldn't decide whether to go or turn back. - [목적어]
(나는 가야할지 되돌아가야하지 결정할 수 없었다.)

형용사적 용법

형용사는 문장 내에서 명사를 수식하거나 주어나 목적어에 대한 보어의 역할을 하는데, to부정사가 이러한 역할을 수행할 때가 있다. 이러한 경우를 to부정사의 형용사적 용법이라고 한다.

(1) 한정적 용법 (=명사 수식)

to부정사가 '~해야 할, ~할'이란 뜻으로 쓰여 명사를 수식한다.

- He is not a person to act like that.
  (그는 그렇게 행동할 사람이 아니다.)
- Mr.Jim has the ability to carry out the project.
  (짐 씨는 프로젝트를 수행할 능력이 있다.)
- I looked for some shade to take a rest in.
  = I looked for some shade in which to take a rest.
  (나는 휴식을 취하기 위한 그늘을 찾았다.)

▸ 수식받는 명사가 전치사의 목적어 관계 → **[전치사 + 관계대명사 + to V]**

(2) 서술적 용법

▌be to 부정사

① 예정 : ~할 예정이다, ~ 하기로 되어 있다.

- He is to meet me here at five this afternoon.
  (그는 오늘 오후 5시에 이곳에서 날 만나기로 되어있다.)
- We are to get married in one or two years.
  (우리는 1, 2년 후에 결혼할 예정이다.)

② 의무 : ~해야 한다

- You are to examine the report carefully by tonight.
  (너는 오늘 밤까지 그 보고서를 신중하게 검토해야 한다.)
- At that time am I to be here?
  (내가 몇 시에 이곳에 와야 합니까?)

③ 가능 : ~할 수 있다

- Nothing is to be had without efforts.
  (노력 없이는 어느 것도 얻을 수 없다.)
- The missing boy was nowhere to be found.
  (실종된 소년은 어느 곳에서도 발견되지 않았다.)

④ 운명 : ~할 운명이다.

- That contract was to be a failure from the beginning.
  (그 계약은 애초부터 실패할 수밖에 없는 운명이었다.)

⑤ 의도 : 하고자 하다.

- If you are to succeed, you must work hard.
  (성공하려면 열심히 공부해야 한다.)
- Work hard if you are to pass the exam.
  (만일 그 시험에 합격코자 한다면, 열심히 공부해라.)

부사적 용법

부사는 동사, 형용사, 부사 그리고 문장 전체를 수식하는 등 다양한 기능을 가진 품사이다. to부정사 역시 **형용사, 다른 동사 또는 문장 전체를 수식**할 수 있는데, 이러한 경우를 to부정사의 부사적 용법이라고 한다.

① 목적

주어가 의지가 들어가는 '의지동사'의 뒤에서 (~하기 위해) [= in order to, so as to]

- I studied hard to pass the test.
  = I studied hard in order to pass the test.
  = I studied hard so as to pass the test.
  (나는 시험을 합격하기 위해 열심히 공부했다.)

• He came here <u>to meet</u> her.

= He came here <u>in order to</u> her.

= He came here <u>so as to</u> her.

(그는 그녀를 만나기 위해 이곳에 왔다.)

② 원인

주로 '감정'을 나타내는 형용사 뒤에서 (~하기 때문에, ~해서)

• I am sorry <u>to inform</u> you that the book is out of print.

(책이 절판되었음을 알려드리게 되어 유감입니다.)

• We are so sorry <u>to give</u> you so much trouble.

(저희들이 당신께 너무 많은 폐를 끼쳐 드려서 매우 죄송합니다.)

③ 판단·이유

주로 단정을 나타내는 [must be, cannot be]의 뒤나, 감탄문에서 (~하다니)

• He cannot be a gentleman <u>to say</u> like that.

(그와 같이 말하다니 그는 신사일 리가 없다.)

④ 조건

가정·조건 절의 문장 중·앞 (~한다면)

• <u>To hear</u> him speak Korean, you would take him for a Korean.

= You would take him speak Korean to hear him for a Korean.

= If you heard him speak Korean, you would take him for a Korean.

(그가 한국어를 말하는 것을 들으면 넌 그를 한국인으로 착각할 것이다.)

⑤ 정도

형용사·부사·동사 수식 (~할 정도로, ~하기에)

• He is learned enough <u>to answer</u> all the questions you ask.

(그는 네가 질문하는 모든 질문에 답을 할 수 있을 만큼 박식하다.)

⑥ 결과

무의지동사 뒤에서 보통 only, never 등과 함께 사용된다.(~해서 ~하였다.)

• He left his country, never to return.
(그는 조국을 떠나 다시는 돌아오지 않았다.)

• I awoke to find myself still lying in her room.
(깨어 보니 내가 여전히 그녀 방에 누워 있었다.)

■ **관용표현**

(1) too ~ to [너무 ~해서 ~할 수 없다(결과), ~할 수 없을 만큼 ~하다(정도)]

=so+형용사[부사]+that+주어+cannot

• We were too late to watch the beginning of the show.
= We were so late that we could not watch the beginning of the show.
(우리는 너무 늦어서 쇼의 시작 부분을 볼 수가 없었다.)

• This problem is too difficult for me to solve.
= This problem is so difficult that I cannot solve it.
(이 문제는 너무나 어려워서 내가 풀 수가 없다.)

(2) enough to (~하기에 충분할 만큼 ~한)

=so+형용사[부사]+that+주어+can

• He was kind enough to lend me the money.
= He was so kind that he could lend me the money.
(그는 그 돈을 나에게 빌려줄 만큼 착했다.)

• You are old enough to go to school.
= You are so old that you can go to school.
(그는 너무 정직하여 거짓말을 할 수 없었다.)

■ 독립부정사

문장 전체를 수식하는 to부정사

to tell the truth : 사실을 말하면
to be frank with you : 솔직히 말해
to be sure : 확실히
to make matters worse : 설상가상으로
so to speak : 말하자면
strange to say : 이상하게 들리겠지만
needless to say : 말할 필요도 없이
to sum up : 요약하면
to begin with : 우선은
to cut a long story short : 간단히 말해서
to say nothing of ~ = not to speak of ~ = not to mention ~ : ~은 말할 것도 없이

- To tell the truth, I don't agree with you.
  (사실을 말하면, 나는 당신에게 동의하지 않는다.)
- The man is, so to speak, a grown-up baby.
  (그는 말하자면 다 큰 아기다.)
- He can speak German, not to speak of English.
  (그는 영어는 말할 것도 없이, 독일어를 말할 수 있다.)
- To cut a long story short, I don't really like her.
  (간단하게 말하자면, 나는 그녀를 좋아하지 않는단 말이야.)
- To sum up, this report creates a negative impression.
  (요약하자면, 이 보고서는 부정적인 인상을 만든다.)

■ to부정사의 시제

(1) 단순부정사(to+ 동사원형)

본동사의 시제와 일치하거나 미래시제를 갖는다.

• She seems to be ill now.
= It seems that she is ill now.
(그녀는 지금 아픈 것처럼 보인다.)

(2) 완료부정사 (to+ have + p.p.)

본동사의 시제보다 한 시제 앞선다.

• I'm sorry to have kept you waiting long.
= I'm sorry that I have kept you waiting long.
(오래 기다리게 해서 미안하다.)

▸ **과거에 이루지 못한 소망**

expect, hope, would like, intend, be 등과 동사의 [과거형 + 완료부정사] or [과거완료형 + 단순부정사]는 **'과거에 이루지 못한 사실'**을 나타낸다.

• I hope to meet her yesterday, but I couldn't.
= I had hoped to meet her yesterday.
= I hope to have met her yesterday.
= I had hoped that I would meet her yesterday.
(나는 어제 그녀를 만나기를 희망했으나 만나지 못했다.)

■ to부정사의 수동태

(1) 단순형 수동태 [to be+p.p. : ~받는 것]

→ 문장 동사와 동일 시점 + 수동

• I hope to be offered a job.
(일자리 제의 받으면 좋겠다.)

(2) 완료형 수동태 [to have been+p.p. : 받았던 것]

→ 문장 동사보다 이전 시점 + 수동

• Eric was proud to have been chosen captain of the team.
(에릭은 팀의 주장으로 뽑힌 것을 자랑스럽게 여겼다.)

▸ **to부정사의 진행형 [to be + ~ing : ~하는 중인 것]**
→ 문장 동사와 동일 시점 + 진행

• He seems to be enjoying the basketball game.
(그는 농구 경기를 즐기는 중인 것처럼 보인다.)

▸ **to부정사의 부정형** : 부정사 앞에 not, never를 놓는다.

• He advised me not to be late for school.
(그는 내게 학교에 지각하지 말라고 충고했다.)
• They told him never to attend the meeting.
(그들은 그에게 모임에 참석하지지 말라고 했다.)

■ to부정사의 의미상 주어

(1) 생략하는 경우

의미상의 주어가 일반인일 경우나 그 문장 안에서 이미 주어나 목적어로 쓰이고 있을 경우에는 의미상의 주어를 쓰지 않는다.

① 문장의 주어와 to부정사의 의미상의 주어가 같은 경우
• He worked hard to support his family.
(그는 가족을 부양하기 위해 열심히 일했다.)
→ to support의 주어가 문장의 주어 he이다.

② 목적어와 to부정사의 의미상 주어가 같은 경우
• They persuaded him to join their club.
(그들은 그들의 클럽에 가입하도록 그를 설득했다.)
→ to join의 주어가 문장의 목적어 him이다.

③ to부정사의 의미상 주어가 일반적인 사람을 가리키는 경우
• It is difficult to learn French. (프랑스어를 배우는 것은 어렵다)
→ to learn의 주어가 일반인이다.

(2) [for + 목적격]으로 나타낸 경우

의미상의 주어를 따로 표시해야 하는 경우 [for + 목적격]으로 나타낸다.

easy, difficult, hard, (im)possible, dangerous, necessary, natural, important 등

- It will be necessary for you to meet the president of the club.
  (내가 그 모임의 회장을 만나는 것이 필요할 것이다.)
- Thank to the internet, it is easier for the public to form an opinion.
  (인터넷 덕분에 대중들이 여론을 형성하는 것이 쉽다.)

(3) [of + 목적격]으로 나타낸 경우

사람의 성질을 나타내는 형용사가 오면 의미상 주어를 of + 목적격]으로 나타낸다.

kind, nice, honest, brave, careless, cruel, polite, rude, stupid, silly, good 등

- It is kind of you to say so. (칭찬의 말씀 고맙습니다.)
- It is very kind of him to help the poor.
  (가난한 사람을 돕다니 그는 매우 친절하다.)

■ 원형부정사

"to" 없이 동사원형만 쓰는 것을 원형부정사라고 하고, 그 역할이 한정되어 있어서, 조동사 뒤와 사역·지각동사 뒤에서 쓰인다.

(1) 조동사

- The text of the song may sing well.
  (그 가사는 노래 부르기가 좋을 것이다.)
- You had better do it at once.
  (너는 당장 그것을 하는 게 좋겠다.)

(2) 지각동사

지각동사 + 목적어 + 원형 부정사
see, watch, look at, hear, listen to, feel, notice, observe

- I didn't <u>see</u> you <u>come</u> in last night.
  (나는 지난 밤 당신이 들어오는 것을 보지 못했습니다.)
- We observed tears <u>come</u> into her eyes.
  (우리는 그녀의 눈에서 눈물을 흐르는 것을 보았다.)
- I heard someone <u>unlock</u> the door.
  (나는 누군가가 문을 따는 소리를 들었다.)

▸ 목적어가 원형부정사의 의미상의 주어가 된다.

(3) 사역동사

사역동사 + 목적어 + 원형 부정사
make, let, have, help

- They <u>let</u> their children <u>stay</u> up late at weekends.
  (그들은 주말에는 자녀들이 늦게 자는 것을 허용한다.)
- I will <u>have</u> him <u>carry</u> this suitcase upstairs.
  (나는 그가 이 가방을 위층으로 나르도록 시켰다.)
- What <u>made</u> you <u>change</u> your mind?
  (무엇이 널 마음 고쳐먹게 했니?)

■ 관용어구

(1) cannot(choose)but+동사원형 : ~하지 않을 수 없다.

- I <u>could not but</u> get angry with him. (그에게 화내지 않을 수 없었다.)

(2) do nothing but+동사원형 : ~ 하기만 한다.

- She <u>does nothing but</u> grumble (그녀는 늘 불평만 한다.)

(3) had better/ had rather/ had sooner＋동사원형 : ~하는 게 더 낫다.

• You'd better go to the doctor about your cough.
(너 그 기침 때문에 병원에 가 보는 게 좋을 거야.)

(4) let go (of) : 놓아주다.

• Don't let go the rope.(줄을 놓아서는 안 돼.)

(5) make believe : ~하는 체하다.

• He made believe that he didn't know the fact.
(그는 그 사실을 모르는 체했다.)

(6) 전치사 but[except]＋동사원형(주절이 do 동사일 때)

• I do nothing but watch television on weekends.
(나는 주말이면 텔레비전만 볼 뿐 아무 일도 하지 않는다.)

부정사

01. 밑줄 친 부분이 틀린 것을 고르시오.

After much discussion, the negotiators decided not making an offer
① ②
until they looked over the contract.
③ ④

02. Determined to meet the appointment as agreed, the union leader left
① ②
for catching a flight to Geneva.
③ ④

03. 빈칸에 들어갈 말로 알맞은 것을 고르시오.

> The Cubists were concerned with how ____________ a given subject from different points of view simultaneously.

① represented
② do they represent
③ to represent
④ representing

04. 빈칸에 들어갈 말로 알맞은 것을 고르시오.

> Fog is caused by the cooling of air until its water vapor condenses ____________ microscopic water droplets or ice-crystals.

① to form
② forming
③ forms
④ to be formed

05. 빈칸에 들어갈 말로 알맞은 것을 고르시오.

> I would like ________________ the meeting in my place.

① you to attend ② attending you

③ to attend you ④ you attend

06. 밑줄 친 부분이 틀린 것을 고르시오.

Trenches in the ocean floor are of great interest① because they are lines where② the earth's crust③ often is so weak④ to resist the impact of frequent earthquakes.

07. 빈칸에 들어갈 말로 알맞은 것을 고르시오.

> Once in a chat room, others can contact you by e-mail. Some online services monitor their chat rooms and encourage children ________ offensive chatter.

① report ② to report

③ reporting ④ have reported

08. 밑줄 친 부분이 틀린 것을 고르시오.

Children whose parents are alcoholics are more likely① than other② children of becoming③ alcoholics themselves④.

09. 밑줄 친 부분이 틀린 것을 고르시오.

Even when① exhausted, an② Olympic gymnast continues③ to work out and performing④.

10. 빈칸에 들어갈 말로 알맞은 것을 고르시오.

> Though I lived in Mexico for many years, I never ___________ the spicy food.

① got used to ② used to
③ was used to ④ use to

11. 빈칸에 들어갈 말로 알맞은 것을 고르시오.

> ___________ bricks, workers press clay into blocks and bake them to the requisite hardness in a kiln.

① Made ② To make
③ Being made ④ The making of

12. 밑줄 친 부분이 틀린 것을 고르시오.

The wather bureau is predicting rain, so(①) don't forget taking(②) your umbrella when you leave(③) for(④) home.

13. 밑줄 친 부분이 틀린 것을 고르시오.

A feeding(①) animal will usually allow competitors approaching(②) only within(③) a certain distance, the boundaries of which(④) are called its feeding territory.

14. 빈칸에 들어갈 말로 알맞은 것을 고르시오.

> The furnace has a design that allows the flame ___________ at a lower temperature.

① burn ② burning ③ to burn ④ to be burned

15. 밑줄 친 부분이 틀린 것을 고르시오.

Unfortunately, ① neither the Company President nor the Managing Director of Macroworth is ② available to ③ addressing that meeting, but I and ④ other senior managers are to attend.

16. 밑줄 친 부분이 틀린 것을 고르시오.

Whether you are writing ① an extended definition or ② relying primarily on some other mode of development, always remember ③ defining any words or terms you use that may be ④ unfamiliar to your readers — particularly any words they must know to understand your meaning.

17. 밑줄 친 부분이 틀린 것을 고르시오.

① All these clocks are supposed to ② chopping up for us the day ③ more or less reliably ④ into hours, minutes, and seconds.

18. 빈칸에 들어갈 말로 알맞은 것을 고르시오.

Before we can reserve the car you requested, we need ________ a deposit from you in the amount of 150 dollars.

① receiving ② received
③ receive ④ to receive

19. 빈칸에 들어갈 말로 알맞은 것을 고르시오.

The computer's mouse permits the computer operator ________ the cursor on the video display.

① to move ② move ③ moving ④ is moving

20. 밑줄 친 부분이 틀린 것을 고르시오.

Once the ① of storing books in bright sunlight ② was discovered, the architect decided ③ to put wooden shutters inside the glass towers rather than ④ redesigning the project.

21. 빈칸에 들어갈 말로 알맞은 것을 고르시오.

Industrial diamonds ___________ hard materials.

① are used to cut ② are used to be cutting
③ used to be cut ④ are used to cutting

9 동명사

동명사란 동사원형에 -ing를 붙여서 명사 역할을 하는 것으로, 우리말로는 (~하는 것, ~하기)로 해석된다. 명사의 역할이 문장에서 **주어, 목적어, 보어의 역할**이므로 동명사도 역시 동일한 역할을 한다.

동명사의 용법

동명사는 명사처럼 문장에서 **주어, 목적어, 보어**의 역할을 할 수 있다.

(1) 주어 역할

- Speaking much may be considered as a sign of vanity.
  (말을 많이 하는 것은 허영의 근거로 여겨질 수도 있다.)
- Maintaining a large family is no easy task.
  → It is no easy task maintaining a large family.
  (대가족을 유지하는 것은 쉬운 일이 아니다.)

▸ 가주어 it를 사용하서 문장 전환가능

(2) 목적어 역할

① 타동사의 목적어

- I can't imagine living anywhere else.
  (나는 다른 곳에서 산다는 것을 상상할 수 없다.)
- I love eating oranges, but dislike peeling them.
  (나는 오렌지 먹는 것을 좋아하지만, 그 껍질을 벗기는 것을 싫어한다.)
- Most women enjoy chattering.
  (대부분의 여자들은 잡담하기를 즐긴다.)

② 전치사의 목적어

- She is very fond of caring for the kittens.
  (그녀는 새끼고양이들을 보살피는 일을 매우 좋아한다.)
- I congratulate you on moving to a bigger house.
  (나는 당신이 더 큰 집으로 이사하는 것을 축하합니다.)
- A telescope is a machine for viewing distant objects.
  (만원경은 먼 거리의 물체를 보기 위한 기계이다.)

(3) 보어 역할

- His favorite thing is taking a nap.
  (그가 가장 좋아하는 일은 낮잠 자는 것이다.)
- Her job is translating English into korean.
  (그녀의 직업은 영어를 한국어로 번역하는 것이다.)

동명사의 시제·태·의미상의 주어

■ 동명사의 시제

(1) 단순동명사 (동사원형+ing)

단순동명사는 문장에 있는 동사의 시제와 같거나 그 이후의 시점을 나타낸다. 즉 문장의 동사가 현재시제이면 단순동명사는 현재 또는 미래를 나타내고, 문장의 동사가 과거시제이면 단순동명사 역시 과거를 나타낸다.

- She is ashamed of being poor.
  = She is ashamed that she is poor
  (그녀는 가난하다는 것을 부끄러워한다.)
- I am sure of winning the first prize.
  = I am sure that I will win the first prize.
  (나는 일등상을 받을 것을 확신한다.)

(2) 완료동명사 (having+p.p.)

완료동명사는 문장의 **시제보다 한 시제 앞선 시제**를 나타낸다. 문장의 동사가 현재시제이면 완료동명사는 과거를 나타내고, 문장의 과거시제이면 완료동명사는 대과거(had p.p.)을 나타낸다.

- I regret having rejected his suggestion.
  = I regret that I had rejected his suggestion.
  (나는 그의 제안을 받아들이지 않았었던 것을 후회한다.)
- He denied having taken my bag.
  = he denied that he had taken my bag.
  (그는 내 가방을 가져간 것을 부인한다.)

■ 동명사의 수동태

(1) 단순형 (being+p.p.)

동명사로 표현하고자 하는 의미가 '~되는 것, ~당하는 것'과 같이 수동의 의미일 경우에는 단순동명사의 수동태 (being + p.p.)를 사용한다. 이때도 마찬가지로 문장의 **동사의 시제와 같거나 한 시제 앞선 시점**을 나타낸다.

- I hate being treated like a child. (나는 아이 취급당하는 것이 싫다.)
- Some executives are at the risk of being fired.
  (몇몇 임원들은 해고당할 위험에 처해 있다.)

• Most people dislike being asked to make a speech in public.
(대부분의 사람들은 대중 앞에서 연설하도록 요청 받는 것을 싫어한다.)

(2) 완료형 (having been+p.p.)

완료동명사는 동명사의 시제가 **문장의 시제보다 한 시제 더 앞서는** 수동의 의미에 쓰인다.

• He was ashamed of having been punished so many times.
(그는 그렇게 여러 번 처벌 받은 것을 부끄러워했었다.)
• He is proud of having been loved by many fans.
(그는 많은 팬들에게 사랑 받았던 것을 자랑스러워한다.)
• She didn't know her son having been fired.
(그녀는 자기 아들이 해고 되었다는 것을 알지 못했다.)

■ 동명사의 의미상의 주어

(1) 의미상의 주어를 쓰지 않는 경우

① 문장의 주어가 의미상의 주어인 경우
• Kate postponed meeting Jim on that day
(케이트는 그 날 Jim을 만나기로 한 것을 미루었다.)
* meeting의 의미상의 주어 = She

• I am sure of succeeding. (나는 내가 성공할 것을 확신하고 있다.)
* succeeding의 의미상의 주어 = I

② 문장의 목적어가 의미상의 주어인 경우
• I punished him for being dishonest.
(나는 정직하지 못하다고 그를 처벌했다.)
* being의 주어는 목적어인 him
• The rain prevented us from going to school.
(비 때문에 우리는 학교에 가지 못했다.)
* going의 주어는 목적어인 us

③ 의미상의 주어가 일반인일 때

• Drinking too much is not good for health.
(과음하는 것은 건강에 좋지 않다.)
* drinking의 의미상의 주어는 일반인

• Seeing is believing. (보는 것이 믿는 것이다.)
* believing의 의미상의 주어는 일반인

(2) 의미상 주어를 쓰는 경우

① 인칭 대명사의 경우 소유격을 쓰는 것이 원칙

• He is ashamed of my[me]being poor.
(그는 내가 가난한 것을 부끄러워한다.)
* being의 의미상의 주어는 my 혹은 me

② 목적격을 사용하는 경우

ⓐ 일상어, 구어체, 의미상의 주어가 무생물, 일반명사 주어 등

• She dislikes the system being realigned.
(그녀는 조직이 개편되는 것을 싫어한다.)
* being realigned의 의미상 주어 = the system(무생물)

• Can you remember a red car having been parked right here?
(당신은 빨간색 승용차 한 대가 바로 이곳에 주차했던 것을 기억할 수 있습니까?)

ⓑ 의미상의 주어가 소유격의 형태가 존재하지 않는 부정대명사·지시대명사일 때

• He hates someone interrupting his speech.
(그는 누군가가 자기 말에 끼어드는 것을 싫어한다.)

■ 동사의 목적어로서의 동명사·to부정사

(1) 동명사만을 목적어로 취하는 타동사

동사 중에는 동명사만 목적어로 갖는 동사가 있다. 이러한 동사에는 주로 일반적인 사실이나 과거 지향적인 의미를 갖는 동사가 많다.

mind (꺼리다)	**enjoy** (즐기다)	**give up** (포기하다)
avoid (피하다)	**finish** (끝내다)	**escape** (도망가다)
put off (연기하다)	**stop** (중지하다)	**deny** (부인하다)
risk (모험하다)	**miss** (놓치다)	**admit** (인정하다)

• I've enjoyed talking to you about old times.
(옛 이야기를 할 수 있어 즐거웠습니다.)

• He finally finished doing the laundry.
(그는 마침내 빨래를 끝냈다.)

• I have avoided meeting him whenever possible.
(나는 될 수 있으면 그를 피해 왔다.)

(2) to부정사만을 목적어로 취하는 타동사

동사 중에는 to부정사만을 목적어로 갖는 동사가 있다. 이러한 동사에는 주로 특정한 일이나 미래 지향적인 의미를 갖는 동사가 많다.

want (원하다)	**wish** (바라다)	**hope** (희망하다)
expect (기대하다)	**decide** (결심하다)	**promise** (약속하다)
refuse (거절하다)	**agree** (동의하다)	**choose** (선택하다)
fail (실패하다)	**hesitate** (주저하다)	**plan** (계획하다)
offer (제공하다)		

• I decided to go to Italy. (그는 이태리에 가기로 결정하였다.)

• In the future I want to be a movie director.
(장차 나는 영화감독이 되길 원한다.)

• I hope to see you again.(나는 너를 다시 만나기를 희망한다.)

(3) 동명사·to부정사 둘 다 목적어로 취하는 타동사

① 의미의 차이가 없는 경우

like (좋아하다)	**love** (사랑하다)	**dislike** (싫어하다)
hate (싫어하다)	**start** (시작하다)	**begin** (시작하다)

• She began to sing. (그녀는 노래 부르기 시작했다.)
= She began singing.
• He likes playing with his children. (그는 자녀들과 노는 것을 좋아한다.)
= He likes to play with his children.

② 의미 차이가 있는 경우

remember to : ~할 것을 기억하다.
remember -ing : ~했던 것을 기억하다.

• I remember to see her tomorrow.
(나는 내일 그녀를 만날 것을 기억한다.)
• I remember seeing her tomorrow.
(나는 전에 그녀를 보았던 것을 기억한다.)

regret to : ~하게 되어서 유감이다.
regret -ing : ~했던 것을 유감스러워 하다.

• I regret to say this, but you've failed again.
(이런 말을 하게 되어 유감이지만 너 또 떨어졌데.)
• I regret spending the money on that TV.
(나는 그 돈을 그 TV에 쓴 것이 후회스럽다.)

stop to : ~하기 위해서 멈춰서다[그만두다]
stop -ing : ~하던 것을 멈추다.

• I stopped to buy some cigarettes. (담배를 사기 위해 멈춰 섰다.)
• He stopped smoking when he was 25. (그는 25살에 금연에 성공했다.)

try to : ~하려고 노력하다. **try -ing** : 시험 삼아 해보다.

• Try to behave better.
(좀 더 점잖게 행동하도록 노력해라.)

• He tried writing under an assumed name.
(그는 시험 삼아 가명으로 써 내어 보았다.)

forget to : 할 일을 잊다.	**forget -ing** : 했던 것을 잊다.

• I forgot to take off the lens cap. (렌즈 뚜껑 벗기는 것을 잊었다.)
• I forgot taking off the lens cap. (렌즈 뚜껑 벗긴 것을 잊었다.)

mean to : ~할 것을 의도하다.	**mean -ing** : ~하는 것을 의미하다.

• I didn't mean to hurt you. (나는 너를 상처 입히려는 의도가 아니었다.)
• To touch the subject again means hurting people.
(그 주제를 다시 건드린다는 것은 사람들을 상처 입힌다는 것을 의미한다.)

(4) 동명사의 관용표현

① go ~ing : ~하러 가다.
• Yesterday we went dancing. (어제 우리는 춤추러 갔다.)

② cannot help ~ing : ~하지 않을 수 없다.
• I cannot help respecting her for her generosity.
= I cannot but respect her for her generosity.
(나는 그녀의 관대함에 대해서 그녀를 존경하지 않을 수 없다.)
• We cannot help smiling at his childlike frankness.
(우리는 그의 어린아이 같은 솔직함에 미소 짓지 않을 수 없다.)

③ have difficulty (in) ~ing : ~하는데 어려움을 겪다.
• She always has difficulty finding a parking place.
(그녀는 항상 주차할 자리를 찾는 데 어려움을 겪는다.)
• I have difficulty making a decision.
(결정을 내리기가 어렵네요.)

④ be worth ~ing : ~할 가치가 있다.
• The movie is worth seeing. (그 영화는 볼 만한 가치가 있다.)

• This book is worth reading twice.
(이 책은 2번 읽을 가치가 있다.)

⑤ be on the point of ~ing : 막 ~하려고 하다.

• I was on the point of leaving when the phone rang.
(내가 막 떠나려 할 때 전화벨이 울렸다.)

• I'm only on the point of going.
(난 단지 가려던 참이야.)

⑥ It goes without saying that : ~은 말할 필요도 없다.

• It goes without saying that health comes before wealth.
(건강이 재산보다 중요하다는 것은 말할 필요도 없다.)

• It goes without saying that she is beautiful.
(그녀가 아름다운 것은 말할 나위도 없다.)

⑦ keep on ~ing : 계속해서 ~하다

• It will be all over with your health if you keep on smoking.
(당신이 계속해서 담배를 피우면 건강이 이제 가망이 없을 것입니다.)

• My shirt will lengthen out when you keep on pulling it down.
(당신이 내 셔츠를 계속해서 잡아당기면 점점 길어질 것이다.)

⑧ There is no ~ing : ~할 수 없다.

• There is no denying that we lost the game.
(우리가 경기에 진 것을 부인할 수는 없다.)

• There is no accounting for tastes.
(사람의 취향이란 설명하기 불가능하다.)

⑨ what do you say to ~ing? : ~하는 것이 어떻습니까?

• What do you say to having a cup of coffee?
(커피 한잔 하는 거 어때?)

⑩ feel like ~ing : ~ 하고 싶다.

• I felt like dancing with her to the music.
(나는 음악에 맞추어 그녀와 함께 춤추고 싶다.)

• I really don't <u>feel like working</u> anymore.
(정말 더 이상 일하고 싶지 않아요.)

⑪ spend (waste) + 시간/돈 + (in) ~ing : ~하는데 (시간, 돈)을 쓰다.

• I <u>spent a lot of time cleaning</u> my room.
(방을 치우는 데 오랜 시간이 걸렸다.)

• You must <u>spend</u> at least <u>one year in studying</u> English grammar.
(영문법 공부에 적어도 1년은 써야 한다.)

⑫ never ~ without ~ing : ~하면 반드시 한다.
= 부정문 ~ but(that) S + V

• I <u>never</u> see this picture <u>without thinking</u> of your mother.
= I never see this picture but I think of your mother.
(나는 이 사진만 보면 너의 엄마가 생각난다.)

⑬ It is no use ~ing : ~해도 소용없다.

• <u>It is no use crying</u> over spilt milk.
= It is of no use cry over spilt milk.
(엎질러진 우유에 대하여 울어도 소용없다.)

⑭ be busy ~ing : ~하느라고 바쁘다.

• Mary <u>is busy writing</u> letters.
(메리는 편지 쓰느라고 바쁘다.)

• He <u>is busy preparing</u> for the examination.
(그는 시험 준비하느라 바쁘다.)

⑮ make a point of ~ing : 늘 ~하다, ~을 중요시 여기다.

• She always <u>makes a point of being</u> punctual.
(그 여자는 늘 시간을 잘 지킨다.)

• Many <u>make a point of getting</u> to the beach to get a tan.
(많은 이들은 피부를 태우기 위해 습관적으로 해변에 가곤 한다.)

⑯ on ~ing : ~하자마자

• <u>On receiving</u> the telegram, she turned pale.
=As soon as she received the elegram, she turned pale.
(그녀는 전보를 받자마자 얼굴색이 창백하게 변했다.)

⑰ in ~ing : ~할 때; ~하는 데 있어서

• <u>In hearing</u> the news, she began to cry.
(그녀의 소식을 들었을 때 울기 시작했다.)

동명사

01. 밑줄 친 부분이 틀린 것을 고르시오.

All the ① teachers ② are looking ③ forward spending their free time ④ relaxing in the forest this fall.

02. 빈칸에 들어갈 말로 알맞은 것을 고르시오.

The doctor _______ quitting smoking to me.

① encouraged
② suggested
③ advised
④ announced

03. 빈칸에 들어갈 말로 알맞은 것을 고르시오.

Dr. Lane suggests ____________ on different muscle groups at different points in a workout schedule, so that the routine doesn't become too dull.

① focusing
② being focusing
③ to focus
④ having focused

04. 빈칸에 들어갈 말로 알맞은 것을 고르시오.

She always tries her best to avoid ________ mistakes.

① that she makes
② making
③ from making
④ to make

05. 빈칸에 들어갈 말로 알맞은 것을 고르시오.

It is no good __________ me about your lost wallet.

① to tell ② having told ③ tell ④ telling

06. 다음 빈칸에 들어갈 말로 알맞은 것을 고르시오.

After seeing the movie, __________.

① the book made him read it
② he was made read the book
③ the book reading was done by him
④ he wanted to read the book
⑤ he was interesting in reading the book

07. 다음 빈칸에 들어갈 말로 알맞은 것을 고르시오.

Woman as she was, ______________.

① Nancy was not difficult to get a job
② It was easy that Nancy got a job
③ Nancy had no difficulty in getting a job
④ It was easy of Nancy getting a job

08. 다음 빈칸에 들어갈 말로 알맞은 것을 고르시오.

Still, I remember _______ violated at the time and as powerless as minnow in a flash flood.

① to feel ② feeling ③ being felt ④ to have felt

09. 다음 빈칸에 들어갈 말로 알맞은 것을 고르시오.

We are looking forward to ________ you so soon.

① see ② seeing ③ saw ④ have seen

10. 다음 빈칸에 들어갈 말로 알맞은 것을 고르시오.

> One difficulty ______ the consequences of economic policy is that these consequences can not be wholly assigned to any single cause.

① of assessment
② in assessing
③ will assess
④ be assessed

11. 밑줄 친 부분이 <u>틀린</u> 것을 고르시오.

> Good conversation means ① <u>sharing ideas and feelings</u>. This means everyone should have ② <u>turn to say something</u>. Listen to yourself to find out ③ <u>how much you talk</u> in a conversation. If you usually talk more than half the time, that may be too much. Ask a question of another person. Then ④ <u>stop to talk</u> and listen.

12. 다음 빈칸에 들어갈 말로 알맞은 것을 고르시오.

> Why do you object to __________ the instructions?

① following
② follow
③ have followed
④ for following

13. 밑줄 친 부분이 <u>틀린</u> 것을 고르시오.

<u>Most</u>① small children are incapable <u>to sit</u>② still <u>for</u>③ more <u>than</u>④ five minutes.

14. 밑줄 친 부분이 <u>틀린</u> 것을 고르시오.

> Reading ① <u>is</u> the act of ② <u>interpreted</u> ③ <u>printed</u> and ④ <u>written</u> words.

15. 다음 빈칸에 들어갈 말로 알맞은 것을 고르시오.

> If people could avoid ______ inside, they wouldn't buy the coffee, cigarettes, and gum that are key to the profits of many stations.

① to go to ② going to

③ going ④ to go

16. 다음 빈칸에 들어갈 말로 알맞은 것을 고르시오.

> If that much tea seems hard to swallow, consider ______ it as a mouthwash.

① using ② to use

③ used ④ use

17. 다음 빈칸에 들어갈 말로 알맞은 것을 고르시오.

> The driver of the other car accused me ______ the accident.

① to cause ② causing

③ cause ④ of causing

18. 밑줄 친 부분이 틀린 것을 고르시오.

My mother ①prevented him and me ②to swim in the river ③unless someone agrees ④to watch us.

19. 밑줄 친 부분이 틀린 것을 고르시오.

> Please help me ①decide ②which of the two activities to choose, going to the theatre with John ③or ④to attend ⑤tonight's dinner-dance at the hotel.

20. 다음 빈칸에 들어갈 말로 알맞은 것을 고르시오.

> Since Elizabeth Barrett Browning's father never approved of __________ Robert Browning, the couple eloped to Italy, where they lived and wrote.

① her to marry ② she marrying
③ she to marry ④ her marrying

21. 밑줄 친 부분이 틀린 것을 고르시오.

<u>The</u>① committee suggested <u>to hire</u>② an outside <u>consultant</u>③ as <u>advisor to</u>④ the project.

22. 다음 글의 밑줄 친 부분 중, 어법상 틀린 것은?

> You may think that moving a short distance is so easy that you can do it in no time with ① <u>little</u> effort. You may decide to use your own car because you think that you don't need the services of a moving company. Well, you might be wrong. You are under the false impression that you do not have as many items to pack as you really ② <u>do</u>. You find out ③ <u>too</u> late that your car cannot carry as much as you thought it could. So, it takes you far more trips to your new home than you thought it would. There is also the possibility of ④ <u>damage</u> your stuff, some of it valuable. All these things ⑤ <u>considered</u>, it might be better to ask for the services of a moving company.

23. 각 네모 안에서 어법에 맞는 표현을 골라 짝지은 것으로 가장 적절한 것은?

> When you attempt to do something and fail, you have to ask (A) [you / yourself] why you have failed to do what you intended. (B) [Answer / Answering] this question in a new, unexpected way is the essential creative act. (C) [It / They] will improve your chances of succeeding next time.

	(A)	(B)	(C)
①	you	Answer	It
②	you	Answering	They
③	yourself	Answer	They
④	yourself	Answering	It
⑤	yourself	Answering	They

memo

10 접속사

접속사는 단어와 단어, 구와 구, 절과 절을 서로 연결해주는 말이다.

◎ 등위접속사

문법적으로 대등한 역할을 하는 단어와 단어, 구와 구, 절과 절을 연결하는 접속사이다.

(1) and

① 기본 용법

나열과 연속의 의미(그리고, 그래서)

- He heard an explosion and phoned the police.
  (그는 폭발 소리를 들었고, 경찰에 전화를 했다.)
- Mary and Jane sang and danced merrily and happily.
  (메리와 제인은 즐겁고 행복하게 노래 부르고 춤추었다.)

② 명령문 + and (~해라, 그러면~할 것이다.)

• Try harder, and you will make it.
(더 열심히 노력하면 이뤄 낼 수 있을 것이다.)

• Get up early, and you will catch the first train.
(일찍 일어나라 그러면 첫 기차를 탈 것이다.)

③ come, go, run, send, try + and + 동사
= come, go, run, send, try + and + to-v

• Go and see who is at the door.
= Go to see who is at the door.
(밖에 누군지 가서 확인해봐라.)

④ 반복강조

• again and again (몇 번이고)

• hours and hours (몇 시간이고)

• We waited for hours and hours. (우리는 몇 시간이고 기다렸다.)

⑤ 형용사 + and + 형용사 (대단히, 매우)

• It is nice and warm. (굉장히 따듯하다)
= It is very warm.

• Make sure it is nice and cool in the room all the time.
(방안이 늘 매우 시원하지 확인하세요.)

(2) but

① 기본용법 : 그러나, 그렇지만

• The situation looked desperate, but they didn't give up hope.
(상황은 절망스러워 보였지만 그들은 희망을 포기하지 않았다.)

• Most people went there, but some stayed where they were.
(대부분의 사람들은 그곳에 갔다, 그러나 일부는 그들이 있는 그곳에 머물렀다.)

② 부사 (only, just) : 단지

• He is but a seven-year-old (그는 그저 일곱 살짜리일 뿐이다.)

• Much can be done if we do but try.
(많은 것이, 단지 우리가 노력만 한다면, 이루어질 수가 있다.)

③ 전치사(except, save) : ~제외하고

• All but her were able to solve the question.
(그녀를 제외하고는 모두가 그 문제를 풀 수 있었다.)

• I have no dream but to make my family happy.
(나는 나의 가족을 행복하게 해 주는 것 이외에는 다른 꿈을 갖고 있지 않다.)

or

① 기본용법 (또는, 그렇지 않으면)

• Would you like coffee, or tea?
(커피를 마시겠어요? 아니면 차를 마시겠어요?)

• Are you coming or not?
(너 올 거니 (아니면) 안 올 거니?)

② 명령문+or (~해라, 그렇지 않으면 ~할 것이다.)

• Wake up as early as possible, or you will miss your flight.
(최대한 일찍 일어나지 않으면 비행기를 놓칠 것이다.)

• We must work hard, or we'll starve.
(우리는 열심히 일해야 한다, 그렇지 않으면 우리는 굶어 죽을 것이다.)

③ 동격의 or

• She majored in astronomy, or the science of stars.
(그녀는 천문학, 즉 별에 관한 학문을 전공했다.)

(3) so

① 등위접속사 (그래서)

• He worked hard, so you succeeded in it.
(그는 열심히 했으니까 성공한 것이다.)

• It was still painful so I went to see a doctor.
(그것이 여전히 아팠다. 그래서 나는 의사[병원]에게 갔다.)

② 부사

- The island is so remote that it still has its aboriginal forest.
  (그 섬은 외진 곳에 있어서 아직도 원시의 숲이 있다.)
  ▸ **so ~ that : 너무나 ~ 해서 ~하다.**

- She swims everyday so that she can stay healthy.
  (그녀는 건강을 유지하기 위해 매일 수영한다.)
- She worked hard so that everything would be ready in time.
  (그녀는 모든 것이 시간 내에 준비될 수 있도록 열심히 일을 했다.)
  ▸ **so that : ~하기 위해서, 결과적으로 ~ 하다.**

(4) for

① 전치사(~ 때문에, ~동안, ~위하여)

- The ship was becalmed for ten days.
  (배는 10일간 꼼짝 못했다.)
- I'm going away for a few days.
  (제가 며칠 동안 자리를 비울 거예요.)
- Can you translate this letter for me?
  (날 위해) 이 편지 좀 번역해 주겠어요?

② 접속사 (~인 까닭에, ~이기 때문에)

- We listened eagerly, for he brought news of our families.
  (우리는 열심히 귀를 기울였다. 왜냐하면 그가 우리 가족 소식을 가져왔으니까.)
- He must be honest, for he is loved by everybody.
  (그는 정직함에 틀림없다. 왜냐하면 그는 모든 사람에게 사랑 받기 때문이다.)

상관접속사

상관접속사는 등위접속사와 마찬가지로 문법적으로 대등한 각 단어와 구, 절을 연결하며 강조의 의미를 나타낸다.

both A and B : A와 B 둘 다, 양쪽 다

- He is both tired and hungry.
  (그는 피곤하기도 하고 배고프기도 하다.)
- Both he and his wife are painters.
  (그도 그의 아내도 화가이다.)

not A but B : A가 아니고 B이다.

- She is not a teacher, but a philosopher.
  (그녀는 선생이 아니라 철학자이다.)
- I did not come here by bus, but by taxi.
  (나는 택시편이라 아니라 버스 편으로 여기에 왔다.)

not only A but (also) B : A뿐만 아니고 B이기도 하다.

- He can speak not only English but also French.
  (그는 영어도 말하려니와 불어도 한다.)
- He not only read the book, but also remembered what he had read.
  (그는 그 책을 읽었을 뿐만 아니라 읽은 내용을 기억도 하고 있었다.)

either A or B : A 또는 B, A이거나 B이다.

- Early education can be either good or bad.
  (조기 교육은 좋을 수도 있고 또는 나쁠 수도 있다.)
- Either you or he has to go.
  (너 아니면 그가 가야 한다.)

neither A nor B : A도 B도 ~이 아니다.

- Neither she nor I am going to the library today.
  (그녀도 나도 오늘은 도서관을 가지 않을 것이다.)
- She neither spoke nor even sent an e-mail to us again.
  (그녀는 다시는 우리에게 말을 하거나 심지어 이메일도 보내지 않았다.)

명사절을 이끄는 종속접속사

주어와 동사로 된 절이 마치 명사처럼 쓰이는 경우가 있다. 이 절은 명사와 마찬가지로 문장에서 **주어, 목적어, 보어** 역할을 한다. 이처럼 절을 명사로 만들기 위해 쓰는 것이 명사절 접속사다.

(1) that

that이 이끄는 명사절은 '~라는 것'의 의미로 **주어, 목적어, 보어**로 쓰인다.

- That he will succeed is certain. **[주어]**
  = It is certain that he will succeed. [가목적어 it을 둔 경우]
  (그가 성공할 것이라는 것은 확실하다.)
- ▸ that절을 주절로 직접 쓰는 경우는 드물고, 대부분 가주어 it을 이용하여 **<It is ~that>절의 형태로 많이 쓴다.**

- She thinks (that) her husband is clever. **[목적어]**
  (그녀는 자신의 남편이 영리하다고 생각한다.)
- ▸ 목적절을 이끄는 **that은 종종 생략됨**

- My opinion is that he really doesn't understand you. **[보어]**
  (제 의견은 그가 실제로는 선생의 말씀을 못 알아듣는다는 것입니다.)
- Mother's suggestion is that we dine out this evening.
  (어머니의 제안은 우리가 오늘 저녁에 외식하자는 것이다.)

(2) whether

'~인지 아닌지'의 의미로 **주어, 보어, 목적어** 절을 이끌 수 있다.

- Whether he will agree or not doesn't matter. **[주어]**
  = It doesn't matter whether he will agree or not.
  (그가 동의할지 아닐 지는 중요하지 않다.)
- We cannot know whether he will quit his job. **[목적어]**
  (우리는 그가 일을 그만 줄지 않을지 알 수가 없다.)

- I asked him whether he had seen it.
  (나는 그가 그것을 보았느냐고 그에게 물었다.)
- The point is whether she likes him or not. **[보어]**
  (요점은 그녀가 그를 좋아하느냐 아니냐이다.)
- The question under debate is whether the patient will recover his consciousness.
  (토의 중인 문제는 그 환자가 과연 의식을 회복하느냐의 여부이다.)

(3) if

'인지 ~ 아닌지'의 의미로 **목적어절**을 이끌 수 있다.

- Please ask them if they can help us.
  (그들이 우리를 도울 수 있는지 그들에게 물어보세요.)
- I wonder if the affair cannot be settled by anybody.
  (나는 그 문제가 누군가에 의해 해결될 수 없을까를 생각한다.)

▸ whether와 달리 주어, 보어로 사용되지 않으며, **[if + to부정사]**로 쓸 수 없다.

▌의문사절

- when he did it is a mystery. **[주어]**
  (그가 언제 그것을 했는지는 수수께끼이다.)
- His parents wonder what his plans are. **[목적어]**
  (그의 부모님들은 그의 계획이 무엇인지를 알고 싶어 한다.)
- This is how it all started. **[보어]**
  (모든 것은 이렇게 시작되었다.)

▸ **의문사절의 어순은 의문문의 어순과 서로 다르다.**

의문문으로 쓰일 때와 문장 속의 명사절로 쓰일 때에 어순이 달라진다.

- When will they finish the job? **[의문문 : 의문사 + V + S]**
  (언제 그들이 그 일을 끝낼까?)

• When they will finish the job. **[의문사절 : 의문사 + S + V]**
(그들이 그 일을 언제 끝낼지)

부사절을 이끄는 종속접속사

(1) 시간의 부사절

① when (~할 때)

• When I was a boy, I enjoyed reading books about adventure.
(소년이었을 때 나는 모험에 관한 책을 즐겨 읽었다.)

• I loved history when I was at school.
(나는 학교 다닐 때 역사를 아주 좋아했다.)

② while (~할 때)

• while I was napping, I had a strange dream.
(나는 낮잠을 자는 동안 이상한 꿈을 꾸었다.)

• While I was waiting at the bus stop, three buses went by in the opposite direct.
(내가 버스 정류장에서 기다리는 동안에 반대 방향으로는 세 대의 버스가 지나갔다.)

③ as (~하고 있을 때, ~할 때, ~하면서)

• She sang as she washed the dishes.
(그녀는 접시를 닦으며 노래 불었다.)

④ after (~한 후에)

• I'll call you after I've spoken to them.
(내가 그들과 얘기한 후에 너에게 전화할게.)

• After she graduated, she took her first job in Hong Kong.
(그녀는 졸업 후, 홍콩에서 첫 직장을 잡았다.)

⑤ since (~한 이래로)

- It is ten years since our school was established.
  (우리 학교는 설립된 이후로 10년이 지났다.)
- Jane hasn't phoned since she went to Berlin.
  (제인은 베를린으로 간 이후로 전화가 없어.)

⑥ before (~하기 전에)

- They had rented the house a week before we arrived.
  (그들은 우리가 도착하기 1주일 전에 셋집을 얻어 놓았다.)
- Do it before you forget. (잊어버리기 전에 그걸 해.)

⑦ until (~할 때까지)

- I'll wait until you come back.
  (나는 네가 돌아올 때까지 기다리겠다.
- You're not going out until you've finished this.
  (네가 이걸 다 마칠 때까지는 밖에 나가지 못해.)
- I didn't start my meal until Adam arrived.
  (나는 아담이 도착할 때까지 식사를 시작하지 않았다.)

▸ **not A until B : B하고 나서 비로소 A하다.**

⑧ by the time (~하기 까지는)

- By the time I graduated, things had changed a lot.
  (내가 졸업할 때까지는, 상황은 이미 많이 달라져 있었다.)
- We must finish this work by the time he arrives.
  (그가 도착할 때까지는 우리가 이 일을 끝마쳐야 한다.)

⑨ once (일단 ~하고 나자)

- Once she arrives, we can start.
  (그 여자가 도착하면 우리는 출발할 수 있다.)

⑩ as soon as (~하자마자)

- As soon as he saw me, he escaped.
  (나를 보자마자, 그는 도망쳤다.)

• I'll call you as soon as I get the news and if you're not home yet, I'll leave a message.
(소식 듣자마자 집으로 전화하죠. 안 계시면 메시지를 남길게요.)

(2) 원인·이유의 부사절

① because (~ 때문에)

• The game was called off because it rained heavily.
(비가 심하게 내렸기 때문에 그 경기는 취소되었다.)

• I did it because he told me to.
(나는 그가 하라고 해서 그렇게 한 거에요.)

② since (~이기 때문에)

• Since the weather was bad, we cancelled the picnic.
(날씨가 안 좋기 때문에 우리는 소풍을 취소했다.)

• We thought that, since we were in the area, we'd stop by and see them.
(우리는 우리가 그 지역에 가 있었으므로 그들에게 들러서 만나 봐야겠다고 생각했다.)

③ as (~ 때문에)

• As the door was open, I walked in.
(문이 열려 있었기에 나는 안으로 들어갔다.)

• As you were out, I left a message.
(네가 외출하고 없어서 내가 메시지를 남겼어.)

▸ 이유·원인의 접속사 **because, since, as**의 구분

because : 명백한 **원인·결과**를 가장 강하게 나타낸다.
since : 상당한 **명백한 추론**의 이유를 나타낸다.
as : 명백한 원인·결과를 나타내지 않고 **부수적, 우연적 이유·원인**을 나타낸다.

④ now that (이제는 ~하므로)

- <u>Now that</u> I've heard the music, I understand why you like it.
  (내가 그 음악을 들으니 네가 왜 그것을 좋아하는지 알겠다.)
- <u>Now that</u> you're back, I don't regret I waited.
  (이제 네가 돌아왔으니, 나는 내가 기다린 것을 후회하지 않는다.)

⑤ seeing that (~인 것으로 보아)

- <u>Seeing that</u> you are tired, you'd better take a rest.
  (당신은 피곤하기 때문에, 당신은 휴식을 취하는 게 낫겠다.)
- <u>Seeing that</u> he's been off sick all week he's unlikely to come.
  (그가 몸이 아파서 일주일 내내 결근한 것으로 봐서 그가 올 것 같지는 않다.)

(3) 조건의 부사절

① if (만일 ~라면)

- <u>If</u> I am paid by the day, I will accept your offer.
  (만일 일당으로 보수를 받는다면 당신 제안을 받아들일 것이다.)
- <u>If</u> you see him, give him this note.
  (그를 만나면 이 쪽지 좀 전해 줘.)
- <u>If</u> necessary I can come at once.
  (필요하면 내가 즉시 갈 수 있어.)

② unless (만약 ~ 하지 않는다면)

- <u>Unless</u> the salary is too low, I will accept the job.
  (만약 급료가 너무 낮지 않다면, 나는 그 일자리를 받아들이겠다.)
- <u>Unless</u> I'm mistaken, she was back at work yesterday.
  (내가 잘못 알고 있지 않는 한, 그녀는 어제 다시 출근을 했다.)

③ in case (~인 경우)

- <u>In case</u> there occurs a quarrel, don't side with either.
  (싸움이 일어나는 경우엔 어는 쪽의 편도 들지 마라.)
- <u>In case</u> he should fail, he would try again.
  (그가 만일 실패한다면, 그는 다시 한 번 시도할 것이다.)

④ once (일단 ~하면)

- Once you understand this rule, you will have no further difficulty.
  (일단 이 규칙을 이해한다면, 더 이상의 어려움은 없을 겁니다.)

⑤ provided that (~라면)

- Provided (that) you come back before dark, you may go.
  (네가 만일 어둡기 전에 돌아온다면 가도 좋다.)
- The early education can help discover children's potentials as early as possible, provided that they willingly participate in the education.
  (아이들이 교육에 기꺼이 참여하기만 한다면 조기 교육은 아이들의 잠재력을 가능한 빨리 찾는 데 도움을 줄 수 있다.)

(4) 양보의 부사절

① even if (비록 ~일지라도)

- Even if you take a taxi, you'll still be late.
  (너는 택시를 타도 늦을 것이다.)
- I'm sure, even if I had disturbed you won't mind.
  (비록 내가 너를 방해해왔어도 너는 신경 안 쓸 거라고 확신해.)

② even though (비록 ~일지라도)

- Even though you don't like her, you have to help her.
  (당신이 그녀를 좋아하지 않을지라도 그녀를 도와야 한다.)
- Even though it didn't mean anything.
  (비록 그것이 아무 의미가 없을지라도)

▸ **even if = even though = although = though**

③ as (비록 ~이지만)

- Rich as she is, she is not happy.
  (그녀는 비록 부자지만 행복하지는 않다.)
- Try as you will, you won't be able to do it for yourself.
  (네가 제 아무리 애를 써도, 너는 남의 도움 없이는 그것을 할 수 없을 거야.)

▸ **[형·명·부·동 + as + S + V] 의 형태로 쓰인다.**

④ while (~한 반면에)

- While I like the color of the hat, I do not like its shape.
  (나는 그 모자 색깔은 마음에 드는데 모양이 마음에 안 든다.)
- While he was wet to the skin, he did not catch cold.
  (비록 그가 흠뻑 젖었지만, 그는 감기에 걸리지 않았다.)

(5) 목적의 부사절

① so that S + may(can) : S가 ~하기 위하여, ~하도록

= in order to = so as to = for the purpose of

= in order that S + may(can)

- He left early so that he could[might] take the first train.
  = He left early in order that he could take the first train.
  = He left early so as to take the first train.
  (그는 첫 기차를 타기 위해서 일찍 출발했다.)

② lest **+ S + (should) : S가 ~하지 않도록**

- She studied hard lest she (should) fail in the exam.
  (그녀는 낙제하지 않도록 열심히 공부했다.)

(6) 결과의 부사절

① so + 형·부 + that (너무 ~해서 ~하다)

- The novel was so interesting that I read it four times.
  (그 소설은 너무 재미있어서 그것을 4번 읽었다.)

② such + a/an + 형 + 명 + that (너무 ~한 ~이어서 ~하다.)

- He is such a kind boy that everyone likes him.
  (그는 친절한 아이라서 모든 사람들이 좋아한다.)

③ so that (그래서, 그 결과)

- He was lost in the center of London, so (that) he bought a map.
  (그는 런던 한복판에서 길을 잃자 지도를 샀다.)

(7) 양태의 부사절

① as (~대로, ~처럼)

- As you sow, so you will reap.
  (제가 뿌린 씨는 제가 거둔다.)
- When in Rome do as the Romans do.
  (로마에 가면 로마인의 풍습에 따르라.)

② (just) as ~ so (마치 ~하듯이, 그렇게 ~하다)

- Just as the lion is the king of beasts, so the eagle is the king of birds.
  (사자가 백수의 왕이듯이 마찬가지로 독수리는 새 중의 왕이다.)
- As rust eats iron, so care eats heart.
  (녹이 쇠를 갉아먹듯이, 근심은 마음을 갉아먹는다.)

③ as if (마치 ~인 것처럼)

- He behaved as if nothing had happened.
  (그는 마치 아무 일도 없었던 듯이 행동했다.)
- Old fashioned people talk as if we were in the year dot.
  (보수적인 사람들은 우리가 먼 옛날 사람인 것처럼 말한다.)

(8) 제한의 부사절

① as[so] far as (~하는 한)

- As far as we knew, there was no cause for concern.
  (내가 아는 한은 염려할 이유가 없었다.)
- We drove as far as New York yesterday.
  (우리는 어제 뉴욕까지 차를 몰았다.)

② as[so] long as (~하는 동안만큼)

- You can use my car as long as you need it.
  (필요로 하는 만큼 내 차를 써도 좋다.)

• As long as the earth remains, day and night will never cease.
(지구가 현 상태로 남아 있는 한, 낮과 밤은 결코 멈추지 않을 것이다.)

③ in so far as (~하는 한)

• That's the truth, in so far as I know it.
(그건 사실이야, 내가 아는 한은)

접속사

01. 밑줄 친 부분이 틀린 것을 고르시오.

First of all① , there must exist an active and expansive market economy, which② is a necessary and③ not sufficient condition for④ progress.

02. 밑줄 친 부분이 틀린 것을 고르시오.

Although① the movie received nothing but② bad ratings③ from all of the④ major critics, but I want to see it because I like the main actor.

03. 다음 빈칸에 들어갈 말로 알맞은 것을 고르시오.

> ________ people with high blood pressure may not exhibit symptoms, they may not be aware they have the disease.

① So that　　② Because
③ Although　　④ However

04. 다음 빈칸에 들어갈 말로 알맞은 것을 고르시오.

> ____________ have settled, one of their first concerns has been to locate an adequate water supply.

① There are people who　　② Wherever people
③ People　　④ Whether people

05. 밑줄 친 부분이 틀린 것을 고르시오.

Because its gravitationally bound to the Milky Way, the Andromeda
①   ②
galaxy is currently approaching the earth.
③   ④

06. 다음 빈칸에 들어갈 말로 알맞은 것을 고르시오.

> The Great Depression began ____________ and the value of the dollar fell.

① the stock market had crashed
② of the crash of the stock market
③ when the stock market crashed
④ the stock market was crashing

07. 다음 빈칸에 들어갈 말로 알맞은 것을 고르시오.

> ____________ typhoons occur in many regions of the world, they are most prevalent in countries like Korea.

① Yet　　② But　　③ Though　　④ Since

08. 밑줄 친 부분이 틀린 것을 고르시오.

Defects occur when liquid helium undergoing a phase transition from
①   ②   ③
its normal to its superfluid phase.
④

09. 밑줄 친 부분이 틀린 것을 고르시오.

> The life expectancy, ① at least in developed countries, will be 100 years or more ② because of cures for many diseases, ③ including AIDS and some forms of cancer, will ④ have been found.

10. 밑줄 친 부분이 틀린 것을 고르시오.

Snails produce a colorless(①), sticky discharge that forms(②) a protective carpet under them(③) as their travel along(④).

11 일치·화법

문장에 관련된 말의 내용이 서로 같아지도록 주어와 동사, 명사와 대명사, 어구와 어구가 수·인칭·격·성격에 따라 상호간에 일정한 형태를 갖추는 것을 의미한다.

주어와 술어동사의 일치

(1) 등위접속사로 연결된 주어

- Both you and I are responsible for the matter.
  (너와 나 둘 다 그 일에 책임이 있다.)
- Tom and Alice are now ready.
  (톰과 엘리스는 모두 준비되었다.)
- Bread and butter was all we had.
  (버터 바른 빵이 우리가 가지고 있는 전부이다.)
- Early to bed and early to rise is good for the health.
  (일찍 자고 일찍 일어나는 것이 건강에 좋다.)
- Trial and error is the source of our knowledge.
  (시행착오는 우리 지식의 원천이다.)

▸ **A and B**가 복수 개념이 아닌 단일 개념일 경우는 **단수**로 처리한다.

either A or B : A 또는 B, A이거나 B이다.

- Either he or you are to blame for the accident.
  (그나 너 둘 중 한명이 사고에 책임이 있다.)
- Either you or she is in the wrong.
  (당신이나 그녀가 잘못입니다.)

neither A nor B : A도 B도 ~이 아니다.

- Neither I nor you are in the wrong.
  (나나 당신이나 잘못이 없습니다.)
- Neither you nor he plans to attend the school reunion.
  (너와 그 둘 다 동창회에 참석하지 않을 작정이구나.)
- She neither ate nor drank for days.
  (그녀는 며칠 동안 먹지도 마시지도 않았다.)

▸ 동사에 가까운 쪽인 **B**에 일치시킨다.

(2) 단수형 주어+복수형 동사

- The English are a practical people.
  (영국인들은 실용적인 국민이다.)
- My family are all against my plan.
  (나의 가족들은 모두 내 계획에 반대하고 있다.)
- The philippines consists of about seven thousand islands.
  (philippine군도는 약 7,000개의 섬으로 이루어져 있다.)

(3) 복수형 주어+단수형 동사

- Fifty dollars a month is a small sum.
  (월 50달러는 얼마 안 되는 금액이다.)
- Ten pounds of sugar costs three dollars.
  (설탕 10파운드는 3달러 비용이 든다.)

• No news is good news. (무소식이 희소식이다.)

▸ 시간·거리·가격·무게는 **단수** 취급한다.

• Mathematics is my favorite subject.
(수학은 내가 좋아하는 과목이다.)

• Measles has spread throughout the land.
(홍역이 전국적으로 번졌다.)

▸ 학과·질병·운동 등은 **단수** 취급한다.

(4) 부정사, 동명사, 절 → 단수취급

• What you said doesn't make sense.
(네가 말한 것은 논리에 맞지 않는다.)

• Getting along with a number of friends allows me to experience something new.
(많은 친구들과 잘 지내는 것은 내가 새로운 것을 경험하게 해 준다.)

(5) a number of＋복수명사＋복수동사
the number of＋복수명사＋단수동사

• A number of people were filing in and out at the Pantheon.
(판테온 앞에는 많은 사람이 줄지어 들어갔다 나오곤 했다.)

• A number of people were browsing in the library.
(몇 명의 사람들이 도서관에서 책을 이것저것 훑어보고 있었다.)

• The number of cars in Seoul is increasing rapidly.
(서울시의 자동차 수가 급속히 증가하고 있다.)

• The number of National students is presently 40,000.
(국립대학의 학생 수는 현재 40,000명입니다.)

(6) many a＋단수명사＋단수동사
many＋복수명사＋복수동사

• Many people come here to see the tower.
(많은 사람들이 그 탑을 보러 여기 온다.)

- Many a true word is spoken in jest.
  (농담 속에 진담이 많다.)
- Many a prominent man was purged from public office.
  (많은 저명한 사람들이 공직에서 추방되었다.)

(8) 부분 표시어가 주어에 있을 때(most, half, part, the rest, 분수 등)

- Most/Half of my time is spent in studying English.
  (내 시간의 대부분이/반이 영어 공부에 쓰인다.)
- Three-fourths of the earth's surface is water.
  (지구 표면의 3/4은 물이다.)
- Most of his story is dull.
  (그의 이야기의 대부분은 무미건조하다.)

▸ **of 다음이 단수면 단수 취급, 복수면 복수 취급한다.**

시제의 일치와 그 예외

(1) 시제의 일치

① 주절의 시제가 [현재]인 경우 : 종속절의 시제는 자유

주절의 시제가 위와 같을 때는 종속절의 시제는 주절의 시제에 영향을 받지 않고 사용하고자 하는 시제를 마음대로 사용할 수 있다.

- I think that he [was, will be, has been]good.
  (나는 그가 [착했다고, 착하리라고, 지금까지 착했다고]생각한다.)

② 주절의 시제가 [과거]인 경우 : 종속절의 시제는 과거나 과거완료

주절의 시제가 과거 일 때는 종속절의 시제는 과거나 과거완료만을 사용하는 것을 원칙으로 한다.

- He said that his mother was a teetotaler.
  (그는 그의 어머니가 술을 입에도 대지 않는 사람이라고 말했다.)

(2) 시제 일치의 예외

'종속절의 내용'에 따라서는 주절의 시제와 관계없이 특정 시제만을 써야 하는 경우가 있다. 즉, 주절의 시제가 과거시제 일지라도 종속절의 시제는 원래의 시제가 그대로 유지된다.

① 반복되는 일, 습관, 진리, 일반적 사실, 격언, 속담은 반드시 현재시제이다.

- He proved that the Earth goes round the Sun
  (그는 지구가 태양 주위를 돈다는 것을 증명했다.)
- He told us that knowledge is power.
  (그는 우리들에게 아는 것이 힘이라고 말해주었다.)
- The officer said that this road leads to the station.
  (그 경관은 이 길을 따라가면 역이 나온다고 말했다.)

② 역사적 사실은 반드시 과거시제이다.

- He said that Columbus discovered America in 1492. - had discovered. (x)
  (그는 콜럼버스가 아메리카를 1492년에 발견했다고 말했다.)
- I was taught that William conquered English in 1066.
  (나는 William이 1066년에 영국을 정복했었다고 배웠다.)

③ 종속절이 가정법인 경우에 주절의 시제의 영향을 받지 않는다.

- I wish I had a sports car.
  → I wished I had a sports car.
  (나는 스포츠카가 있으면 좋겠다.)
- Mary said, "I wish (that) I knew him well.
  (메리가 말했다, "내가 그를 잘 알고 있으면 참 좋을 테라고 말했다.)

④ 비교구문에서 주절과 종속절의 시제는 문맥에 따라 결정된다.

- It was not so big as it is today.
  (그것은 오늘날만큼 크지 않았다.)
- She has never been happier than she is now.
  (그녀는 지금보다 더 행복했던 적이 없었다.)

⑤ 주절의 시제에 관계없이 종속절에서 조동사 must, should, ought to, need는 불변

- He said that I must do the work.
  (그는 내가 그 일을 해야 한다고 말했다.)

화법

1. 직접화법

▸ 남이 한 말을 그대로 전달하는 화법.

- She said to me, "I love you." (그녀는 나에게 '나는 너를 사랑해'라고 말했다.)

2. 간접화법

▸ 남이 한말을 자기의 말로 바꾸어 그 내용을 전달하는 화법.

- He tells me that he meets her every day.
  (그는 나에게 그녀를 매일 만난다고 말한다)

(1) 평서문의 화법전환

- She said, "My name is Kristen."
  → She said (that) her name was Kristen.
  (그녀는 "내 이름은 Kristen야"라고 말했다.)
- Tom says, " I am happy."
  → Tom says that he is happy.
  (톰은 그가 행복하다고 말했다.)

(2) 의문문의 화법전환

① 의문사가 있는 경우

- He said to me. "who are you?"
  → He asked me who I was.
  (그는 "당신은 누구십니까?"라고 나에게 말했다.)

• He said to me, "Where do you live?"

→ She asked me <u>where I lived</u>.

(그녀는 내가 어디에 사느냐고 물었다.)

▸ 의문사 + 주어 + 동사 순으로 바꾼다.

② 의문사가 없는 경우

• He asked, "Have you seen her?" and I said. "No"

→ He asked me <u>if</u> I had seen her and I said(that) I hadn't

(그는 내가 그녀를 만난 적이 있는지를 물었고 나는 만난 적이 없다고 말했다.)

• He said to me, "Do you know her address?"

→ He asked me <u>if</u> I knew her address.

(그는 나에게 그 여자의 주소를 아는가를 물었다.)

▸ 의문사를 포함하지 않은 의문문은 **if, whether**로 연결한다.

(3) 명령문의 화법전환

전달동사를 tell, order(명령하다), ask(부탁하다), advise(충고하다)등으로 바꾸고 **to**부정사로 고친다.

• Mother said to me, "Help me."

→ Mother told me <u>to help</u> her.

(어머니는 나에게 도와 달라고 말했다)

• The policeman said to the offender, "Don't move."

→ The policeman warned the offender not <u>to move</u>.

(그 경관이 범법자에게 꼼작하지 말라고 경고했다.)

• The clerk said, "Just sign on the back, please."

→ The clerk requested me <u>to sign</u> on the back.

(그 점원이 나에게 이면에 서명해 줄 것을 요청했다.)

(4) 감탄문 화법전환

• Jane said, "Oh, what a fool I am!"

→ Jane said with regret that he was a big fool.

(제인은 자기가 엄청 바보라고 후회하면서 말했다.)

• She said, "what a pretty flower it is!"
→ She exclaimed what a pretty flower it was.
(그녀는 그것이 매우 아름다운 꽃이라고 기뻐서 말했다.)

(5) 기원문의 화법전환

• She said, "God bless you!"
→ She prayed that God might bless me.
(그녀는 내게 신의 축복이 있기를 기원했다.)

• He said, "Merry Christmas!"
→ He wished me a Merry Christmas.
(그는 내게 즐거운 성탄을 빌어주었다.)

3. 중문의 화법

피전달문이 and 또는 but으로 연결되면 그 and 와 but 뒤에 that를 두는데, 전달동사 바로 뒤의 **that은 흔히 생략**하기도 한다.

• He said, "The sun has set, and the stars are out."
→ He said that the sun had set and that the stars were out.
(그는 태양은 졌고 별들이 나왔다고 말했다.)

• He said, "I have known her for 3 years and I will marry her next year."
→ He said (that) he had known her for 3 years and that he would marry her the following year.
(그는 자기가 그녀를 3년 간 알아왔으며 그가 그 다음 해에 그녀와 결혼할 거라고 말했다.)

▸ and, but, or 뒤에는 that을 쓴다. 단 for 다음에는 that을 붙이지 않는다.

4. 복문의 화법

- He said, "Let's go on a picnic, if it is fine tomorrow."
  → He suggested that we should go on a picnic if it was fine the next day.
  (그는 만약 내일 날씨가 화창하면 소풍을 가자고 우리에게 제안했다.)

▸ 주절뿐만 아니라 종속절의 시제도 바뀐다.

일치 · 화법

01. 밑줄 친 부분이 틀린 것을 고르시오.

Each of the Medic Alert bracelets worn(①) by millions of Americans who suffer from(②) diabetes and drug allergic reactions are(③) individually engraved with the wearer's(④) name.

02. 빈칸에 들어갈 말로 알맞은 것을 고르시오.

Symphonies, string quartets, and __________ often have a sonata form.

① long works for instrumental solos
② for instrumental solos long works
③ works are long for instrumental solos
④ instrumental solos have long works

03. 빈칸에 들어갈 말로 알맞은 것을 고르시오.

We have only ____________ homework to finish by tomorrow.

① few
② a few
③ little
④ a little

04. 빈칸에 들어갈 말로 알맞은 것을 고르시오.

Mutual harm plays a large part in the animal world not only between members of the same species, ____________.

① only between members of the same society
② and also between members of the same society
③ but even between members of the same society
④ as well as between members of the same society

05. 밑줄 친 부분이 틀린 것을 고르시오.

The woman whose ① outlook on life ② causes her to feel ③ so little happiness that she does not ④ care to have children ⑤ are biologically doomed.

06. 밑줄 친 부분이 틀린 것을 고르시오.

The first difficulty in confronting the problems were bringing them
① ②
back to the foreground so they could be examined and questioned.
③ ④

07. 빈칸에 들어갈 말로 알맞은 것을 고르시오.

Success in convincing the public to accept deer as part of its diet depends on ________________.

① the media distributes information and recipes
② how well information and recipes are distributed by the media
③ information and recipes are distributed by the media
④ how well are information and recipes distributed by the media

08. 빈칸에 들어갈 말로 알맞은 것을 고르시오.

Never before ________________ in an earnest attempt to resolve their difference.

① have the leaders of these two countries met
② the leaders of these two countries have met
③ the leaders of the two countries met
④ met the leaders of the two countries

09. 밑줄 친 부분이 틀린 것을 고르시오.

Non-metropolitan residents earn only three fourth(①) as much as city dwellers, and the difference is not wholly(②) made up, as one might expect(③), in the lower(④) cost of living.

10. 밑줄 친 부분이 틀린 것을 고르시오.

One of ① the few benefits from the recession flowing to consumers ② are low inflation, which ③ provides shoppers ④ with plenty of bargains.

12. 밑줄 친 부분이 틀린 것을 고르시오.

To increase a number of(①) women in senior positions, Edith Cowan University near(②) Perth adopted a policy of awarding(③) at least 40% of all 1994 faculty promotions to(④) women.

12. 밑줄 친 부분이 틀린 것을 고르시오.

> People often act ① as if ② being able to read a newspaper or ③ asking for directions ④ proves that they are fluent in their native tongue.

13. 밑줄 친 부분이 틀린 것을 고르시오.

Loggerhead turtles lay(①) thousands eggs(②) at a single time(③), but only a few(④) survive to adulthood.

14. 밑줄 친 부분이 틀린 것을 고르시오.

> We have learned to produce a constant food supply through farming, ① regulating our temperature through ② use of clothing, and ③ to build shelters that can withstand even ④ the greatest extremes in weather.

15. 밑줄 친 부분이 틀린 것을 고르시오.

The judges' decisions(①) can be based upon(②) what is right rather(③) than by what(④) is popular.

16. 밑줄 친 부분이 틀린 것을 고르시오.

> The efficiency of solar energy compared with that of more ① traditional types of energy ② are ③ still being ④ debated by scientists and politicians.

17. 밑줄 친 부분이 틀린 것을 고르시오.

When ① asked how long she ② had been a resident of the state, she ③ replied, "I ④ am living in this state ⑤ for five years."

18. 밑줄 친 부분이 틀린 것을 고르시오.

At night(①) we used to go out with our friends(②) or stayed(③) at home listening(④) to music.

19. 밑줄 친 부분이 틀린 것을 고르시오.

Banks ① are differentiated from other financial ② institutions by their principal ③ functions of accepting deposits and ④ make loans.

20. 밑줄 친 부분이 틀린 것을 고르시오.

Some(①) methods to prevent(②) soil erosion are(③) plowing parallel with the slopes of hills, to plant(④) trees on unproductive land, and rotating crops.

21. 밑줄 친 부분이 틀린 것을 고르시오.

① My brother and my mother ② is coming ③ to see me ④ graduate.

22. 밑줄 친 부분이 틀린 것을 고르시오.

Each and every one(①) of the poisonous snakes in captivity(②) at the zoo require(③) a special kind of diet based on the food they used to eat(④) in the wild.

23. 밑줄 친 부분이 틀린 것을 고르시오.

Neither rain nor(①) snow nor sleet keep(②) the postman from(③) delivering our letters which we so much look forward to(④) receiving.

24. 다음 빈칸에 들어갈 말로 알맞은 것을 고르시오.

> Neither the teacher nor the children ________ where the principal is right now.

① knew ② know ③ knows ④ knowing

25. 다음 빈칸에 들어갈 말로 알맞은 것을 고르시오.

> To generate income, magazine publishers must decide whether to increase the subscription price or ____________.

① to sell advertising ② if they should sell advertising
③ selling advertising ④ sold advertising

26. 밑줄 친 부분이 틀린 것을 고르시오.

Conservation is an issue which(①) gets a lot of attention these days-whether it(②) means preserving(③) old buildings, and(④) protecting the environment.

27. 밑줄 친 부분이 틀린 것을 고르시오.

The average age at which(①) people begin to need(②) eyeglasses vary(③) considerably(④).

28. 밑줄 친 부분이 틀린 것을 고르시오.

The brothers' testimony not only implicated the leaders of the group
① ②
but also their subordinates.
③ ④

29. 밑줄 친 부분이 틀린 것을 고르시오.

The standards on which the metric system are based have been found
① ② ③
to be slightly inaccurate.
④

30. 밑줄 친 부분이 틀린 것을 고르시오.

The variation in our ambition, impulses, prejudices and affections
①
have given us a ceratin acceptance of the fact that the conventions
② ③
and watch-words of one generation may prove irrelevant to the needs
④ ⑤
of the generations that follow.

31. 밑줄 친 부분이 틀린 것을 고르시오.

A pro-American government in Afghanistan certainly facilitate a more
①
acceptable agreement regarding the new pipeline that must inevitably
② ③
run through that country.
④

32. 다음 빈칸에 들어갈 말로 알맞은 것을 고르시오.

The worldwide race to develop a synthetic fuel has so far consumed billions of dollars and _________ few results.

① yielded ② yielding
③ yield has ④ has a yield of

33. 다음 중 틀린 것을 고르시오.

① He takes pride in never having been beaten in boxing.
② Those who have the symptoms of diabetes had better neither drink alcohol, nor eat meat.
③ My secretary is always behind time; she gives me a pain in the neck.
④ Mailing a letter a few days early is better than to run the risk of its arriving

34. 밑줄 친 부분이 틀린 것을 고르시오.

The value of precious① gems is② determined by their③ hardness, color, and brilliant④.

35. 밑줄 친 부분이 틀린 것을 고르시오.

Benjamin Franklin ①was the editor of ②the largest newspaper in the colonies, a diplomatic representative to France, and ③he invented ④many useful devices.

36. 밑줄 친 부분이 틀린 것을 고르시오.

Embarrassment(①) is locking your keys in your car, calling(②) your mom to bring(③) an extra set, and then to find(④) that you had an extra set in your purse.

37. 다음 중 밑줄 친 부분이 틀린 것을 고르시오.

Social scientists ① who ② have studied Madagascar ③ has found that women ④ tend to be the most aggressive buyers and sellers in market places.

38. 다음 중 밑줄 친 부분이 틀린 것을 고르시오.

The conditions stated in(①) the treaty which has been drafted(②) by the United Nations has(③) not been made(④) public.

39. 다음 중 밑줄 친 부분이 틀린 것을 고르시오.

Musharraf's ability to crack on the extremists ① have been limited by ② the standoff in Parliament and by ③ his lack of ④ allies on grounds in the border provinces.

40. 다음 중 밑줄 친 부분이 틀린 것을 고르시오.

Every open space in the targeted(①) area that has(②) grass and a few bushes are(③) occupied(④) by the white-crowned sparrow.

41. 다음 중 밑줄 친 부분이 틀린 것을 고르시오.

Many business people seem to realize all this, but few acts on it.
① to ② this ③ acts ④ on

42. 다음 중 밑줄 친 부분이 틀린 것을 고르시오.

① Between 1914 and 1945, the world was shaken by ② a series of catastrophic events that led to a new international order, ③ reflecting the West's decline and ④ facilitated the emergence of new centers of activity.

43. 다음 중 밑줄 친 부분이 틀린 것을 고르시오.

We can actually see revolution and evolution ① in politics and economics ② as different countries and cultures ③ experiment with new forms of government, ownership, and ④ how to produce.

44. 다음 중 밑줄 친 부분이 틀린 것을 고르시오.

① Recent clashes ② among soldiers and rebels ③ have made villagers flee ④ in terror.

45. 다음 빈칸에 들어갈 말로 알맞은 것을 고르시오.

Swimming is a beneficial exercise, ___________ aerobic activity and uses a number of muscle groups.

① as result of providing
② for provision
③ because it both provides
④ not only because it provides

46. 다음 중 밑줄 친 부분이 틀린 것을 고르시오.

> ① Hair is made of the same basic material ② as both the nails, claws, and ③ hooves of mammals ④ are made of.

47. 다음 중 밑줄 친 부분이 틀린 것을 고르시오.

Agnes went to New York, took(①) a room in a cheap hotel(②), and had spent the(③) following week in a frantic search(④) for her brother.

48. 다음 글에서 밑줄 친 부분 중, 어법상 틀린 것은?

> Yesterday I went to a bookstore ① to buy a book about computers. I asked a clerk ② where did they have books about computers. She said that ③ they were on the second floor. ④ I was surprised that there were a large number of books. It took me a long time ⑤ to find one that was for beginners like me.

12 비 교

형용사와 부사의 성질·상태·수량의 정도를 비교하는 어형 변화를 말한다.

◎ 비교의 종류

- 원급 - 본래의 <성질·상태·수량>을 나타낸다. - **small(작은)**
- 비교급 - 2개 중 한쪽과 다른 한쪽과의 정도의 차이를 나타낸다.
  - **smaller(더 작은)**
- 최상급 - 3개 이상 중에서 정도가 가장 높은 것. - **smallest(가장 작은)**

■ 원급의 비교

원급의 비교는 두 개의 대상 간의 성질이나 상태가 같은 정도를 비교할 때 쓰인다.

(1) 동등비교 : as＋원급(형용사·부사)＋as (~만큼 ~하다.)

- He behaved as politely as she (did)
  (그는 그녀만큼이나 예의바르게 행동했다.)
- China has developed as actively as Taiwan.
  (중국은 대만만큼 활발하게 성장해 왔다.)

• She is as intelligent as pretty.
(그녀는 예쁜 것만큼 총명하다.)

(2) 동등비교의 부정 : not+as [so]+원급+as (~만큼 ~하지 않다.)

• He is not as(=so) tall as my son.
(그는 내 아들만큼은 키가 크지 못한다.)
• This city is not as large as Seoul.
(이 도시는 서울만큼 크지는 않다.)
• He could not run so fast as his brother.
(그는 자기 형만큼 빨리 달릴 수 없었다.)

(3) 배수사+as+원급+as : ~보다 몇 배 더 ~하다.

• He has twice as many books as I have.
(그는 나보다 책을 두 배 많이 갖고 있다.)
• This bridge is four times as long as that one.
(이 다리는 저것보다 4배나 길다.)
• The country is twice as large as English.
(그 나라는 영국의 2배 크기이다.)

(4) not so much A as B : A라기보다는 오히려 B

• He is not so much a singer as an actor.
(그는 가수라기보다는 연기자이다.)
• The book isn't so much a narrative as a thesis.
(그 책은 단순한 이야기라기보다는 하나의 논문이다.)

▸ 원급을 이용한 비유 표현

as blind as a bat (전혀 보이지 않는)
as cool as a cucumber (매우 침착하게)
as happy as king (굉장히 행복한)
as proud as a peacock (매우 뽐내는)
as easy as pie (아주 쉬운, 식은 죽 먹기로)

■ 원급 비교를 포함한 관용적 표현

(1) as+원급+as possible : 가능한 한 ~하게

• Please complete the survey as soon as possible.
(설문지를 가능한 한 빨리 작성해주십시오.)

• I ran as fast as possible. (가능한 한 나는 빨리 달렸다.)

• We must make a U-turn as quickly as possible at the corner.
(우리는 모서리에서 가능한 한 빨리 U턴을 해야 한다.)

(2) as far as (=so far as)(~하는 한, ~에 관한 한, ~까지)

• As far as I know, she will not come here today.
(내가 아는 한, 그 여자는 오늘 여기 안 올 거다.)

• As far as I can tell, he hasn't even lied to us.
(내가 아는 한, 그는 우리에게 거짓말은 하지 않았어.)

• As far as I know, it's a matter of time.
(내가 아는 바로는, 그건 시간문제예요.)

(3) as good as (~나 다름없다)

• Enough is as good as a feast.
(배부름은 진수성찬이나 다름없다.)

• I'm really not as good as dad.
(난 정말 아버지만큼은 따라갈 수 없다.)

• This doesn't taste as good as it looks.
(이건 보기보다는 맛이 없군요.)

(4) as long as (=so long as)(~하기만 한다면)

• I don't mind, as long as they're happy.
(그들이 행복하다면, 난 상관없다.)

• As long as I don't have to cook.
(내가 음식을 하지 않아도 되는 날 까지.)

• As long as I have me, I'll survive!
(내가 정신을 바짝 차리는 한, 난 살아남을 거야.)

(5) as much as to say (~라고 말하는 듯이)

• She looked at me as much as to say I'm sorry.
(그녀는 미안하다고 말하려는 듯이 나를 바라보았다.)

(6) may as well A (as B) : (B하기보다는) A하는 편이 낫다.

• You may as well read some novel as look at the ceiling.
(너는 천장만 보고 있으니 소설이라도 읽은 편이 낫겠다.)
• You may as well go as stay.
(너는 머무르느니 떠나는 게 낫다.)

(7) might as well A (as B) : (B하느니) 차라리 A하는 것이 낫다.

• We might as well do it now as later.
(우리는 그것을 지금 하는 것이 나중에 하는 것보다 낫다.)

(8) as often as not (자주, 종종)

• She went to the bookstore as often as not. (그녀는 종종 서점에 갔다.)

■ 비교급의 용법

비교급의 기본 형태는 "비교급 + **than**"으로, 둘 중에서 한쪽이 다른 쪽보다 더하거나 덜한 정도를 표현한다.

(1) than이 있는 비교급

① 우등비교
• It is colder this month than last month.
(지난달보다 이번 달이 더 춥다.)
• I can speak English more fluently than my brother.
(나는 내 형보다 더 유창하게 영어를 할 수 있다.)

• He is three years older than his brother.
(그는 자기 동생보다 3살 더 먹었다.)

② 열등비교

• The natural parents are less close than the foster parents.
(기른 정이 낳은 정보다 진하다.)
• My house is less large than yours.
(우리 집은 너의 집보다 더 작다.)
• My son spends less time at work than at play.
(나의 아들은 노는데 보다는 공부하는데 더 적은 시간을 보낸다.)

(2) than이 없는 비교급

• Do you have a bigger size? (더 큰 사이즈 있어요?)
• Much is expected of the younger generation.
(젊은 세대에게 많은 것이 기대된다.)
• You'll have to come earlier tomorrow.
(네가 내일은 좀 더 일찍 와야 할 것이다.)

▸ 라틴어 계통의 비교급(비교 대상 앞에 전치사 **to**를 사용)

superior to : ~보다 우수한	**prior to** : ~보다 앞선
inferior to : ~보다 이전에	**senior to** : ~보다 손위의
prefer A to(rather than) B : B보다 A를 더 좋아하다.	

• I intend to visit her prior to my departure.
(떠나기에 앞서 그녀를 방문할 작정이다.)
• The United States Supreme Court is superior to any other court in the nation.
(미국 대법원은 미국 내의 어느 법원보다도 우선한다.)
• He is senior to me by three years.
(그는 나보다 세 살이 더 많다.)

(3) 비교급의 강조

much, a lot, by far, still, even 등을 비교급 앞에 써서 '**훨씬, 더욱**'의 의미를 나타낸다.

- This is far better than it was.
  (이것이 과거보다 훨씬 더 좋다.)
- Mary was even later than Tom.
  (Mary는 Tom보다 훨씬 더 늦었다.)
- This street is very wider than that one. (x)
  → This street is much wider than that one.(o)
- ▸ very는 비교급을 강조할 수 없다.

(4) 동일인·동일물의 비교

동일인·동일물의 서로 다른 두 가지 성질을 비교할 때는 음절수에 관계없이 항상 [more~than]을 사용한다.

more + 원급(A) + than + 원급(B) : B이기보다는 차라리 A다.

- She is more cute than pretty.
  (그녀는 예쁘기보다는 귀엽다.)
- He is kinder than wise. (x)
  → He is more kind than wise. (o)
  그는 현명한 것 보다 더 친절하다.

■ 비교급을 사용한 구문

(1) 비교급에 the를 붙이는 경우

① The 비교급~, The 비교급~ (~하면 할수록 더욱 ~하다.)

- The more you learn, the better you can understand.
  (당신이 더 배우면 배울수록, 더 잘 이해할 수 있다.)

• The more one gets, the more one wants.
(벌면 벌수록 더 많이 갖고 싶어한다.)
• The higher we climbed, the colder it became.
(오르면 오를수록 점점 더 추워졌다.)

② The + 비교급 + of the two (둘 중 더 한 쪽)

• Everyone woman likes better the stronger of the two men.
(모든 여자는 두 남자 중 보다 강한 자를 더 좋아한다.)
• Tom is the taller of the two boys.
(2인의 소년 중에서 톰이 키가 더 크다.)

③ The + 비교급 + because[for, as, since] + 주어 + 동사

• He worked the harder because he was awarded.
(그는 상을 받았기 때문에 더 열심히 일했다.)
• She looks the happier because she works hard.
(그녀는 열심히 일하기 때문에 더 행복해 보인다.)

(2) 관용표현

① no better than : ~나 다름없는

• They are no better than people elsewhere in the country.
(그들은 이 나라 여느 곳의 사람들과 다를 바 없다.)
• He's no better than a cheat.
(그는 사기꾼이나 다름없다.)

② no other than : 다름 아닌 바로~

• It is no other than the Internet giant, Google.
(그것은 다름 아닌 인터넷 거대 기업, 구글이다.)
• It was no other than his voice.
(다름 아닌 바로 그의 목소리였다.)

③ no longer : 더 이상 ~하지 않다.

• Six years later, I no longer have that problem.
(6년이 지나자, 내게 더 이상 그런 문제는 없었다.)

• The law is no longer effective.
(그 법은 이제 효력이 없다.)

④ get the better of : ~을 이기다, 극복하다.
• No one can get the better of her in an argument.
(논쟁에서는 그녀를 이길 사람이 없다.)

⑤ more or less : 얼마간, 다소
• We're also more or less responsible for the matter.
(우리도 그 일에 대해서는 얼마간 책임이 있다.)
• That's more or less what I think too.
(저도 다소 그렇게 생각합니다.)

⑥ sooner or later : 조만간
• Sooner or later, I'm gonna have to capture you.
(곧 난 널 잡고말거야)
• I knew this would happen, sooner or later.
(멀지 않아 이렇게 될 줄 알았어요.)

⑦ 비교급+and+비교급 : 점점 더 ~한·하게
• Our world is getting smaller and smaller.
(세상이 점점 작아지고 있다.)
• The weather is getting colder and colder day by day.
(매일 날씨가 점점 더 추워지고 있다.)

⑧ 긍정문+much[still, even] more : ~는 물론이고
• I can solve this math question, much more that physics one.
(이 수학 문제는 물론이고 저 물리학 문제도 풀어낼 수 있다.)
• They love their enemies, much more their friends.
(그들은 그들의 적을 사랑한다, 하물며 그들의 친구는 말할 것도 없다.)

⑨ 부정문+much[still, even] less : ~는 고사하고
• I have never been on a train, much less an aircraft.
(비행기는 고사하고 아직 기차도 타 본 적이 없다.)

• He cannot speak English, much less French.
(그는 영어를 말할 줄 모른다, 하물며 불어도 못한다.)

■ 부정어+비교급+than 구문

① no more than+숫자 [겨우, 단지(only)]

• Earlier reports the death toll amounts to no more than 15.
(앞서의 보도들은 사망자수가 15명 미만이라고 말했었습니다.)

② no less than+숫자 [자그마치,~정도(as much as)]

• The guide contains details of no less than 115 hiking routes.
(그 안내서에는 자그마치 115개의 하이킹 루트에 대한 자세한 내용이 들어 있다.)

③ not more than+숫자 (기껏해야)

• I thought that she was not more than forty
(나는 그녀가 많아야 마흔 살이라고 생각했다.)

④ not less than+숫자 (적어도)

• Not less than one hundred people were present.
(적어도 100명 이상의 사람들이 참석했다.)

⑤ A is not more ~ than B (A는 B보다 덜~하다)

• This question is not more difficult than that one.
(이 문제는 저것만큼 어렵지는 않다.)

⑥ A is not less ~ than B」는(A는 B 못지않게 ~하다)

• She is not less beautiful than her sister.
(그녀는 언니 못지않게 아름답다.)

⑦ A is no more ~ than B (B와 마찬가지로 A도 ~아니다.)

• A whale is no more a fish than a horse is.
(고래가 물고기가 아닌 것은 말이 물고기가 아닌 것과 같다.)

⑧ A is no less ~ than B (A는 꼭 B만큼 ~하다)

- Kristen is no less beautiful than Audrey Hepburn.
  (크리스틴은 오드리 헵번만큼 아름답다.)

■ 최상급의 용법

최상급이란, 세 개 이상의 것을 비교할 때 형용사나 부사에 -est 또는 most를 붙여서 가장 높을 것을 나타낸다.

(1) the를 붙이는 경우

최상급의 기본 형태는 **[the + 최상급]**이며, '가장 ~한'이라는 의미를 나타낸다.

- It was the oldest car you could find.
  (그것은 당신이 찾는 것들 중 가장 오래된 자동차이다.)
- Mark is the most qualified person of all the candidates.
  (마크는 모든 지원자들 중에서 가장 적격이다.)
- Mt. Everest is the highest of all the mountains in the world.
  (에베레스트 산은 세계에서 모든 산들 중에서 가장 높은 산이다.)

(2) the를 붙이지 않는 경우

① 하나를 놓고 여러 경우를 비교 하는 경우

- He runs fastest of all the students.
  (그는 모든 학생들 중 가장 빨리 뛴다.)
- This river is deepest under the bridge.
  (나는 월요일에 가장 바쁘다.)

② 소유격이 최상급 앞에 오는 경우

- He is my best friend.
  (그는 나의 가장 친한 친구이다.)
- Time is our most valued thing in the world.
  (시간이 이 세상에서 우리가 가장 소중히 여기는 것이다.)

③ 부사의 최상급인 경우

- I like apples best of all fruits.
  (나는 모든 과일 중에서 사과를 제일 좋아한다.)
- Whom do you love most in the world.
  (너는 이 세상에서 누구를 가장 사랑하니?)

④ 보어 자리에서 서울 용법으로 쓰인 경우

- King Arthur was bravest. (아더 왕은 가장 용감했다.)

(3) 최상급의 강조

최상급을 강조할 때는 much, by far, very 등을 쓴다. very가 최상급을 수식하는 경우는 [(the) very + 최상급]의 어순이 된다.

- It is much the best I have seen.
  (내가 본 중에서 그것이 최고다.)
- This is the very largest factory around here.
  (이곳이 이 근처에서는 단연코 가장 큰 공장이다.)

(4) 최상급을 사용한 관용표현

① at last : 마침내

- I am glad to hear from you at last.
  (드디어 전화 주셨군요.)
- He is the last man to do such a thing.
  (그는 결코 그러한 일을 할 사람이 아니다.)
- Who was the last to leave the office yesterday.
  (어제 누가 사무실을 떠났던 마지막 사람이었습니까?)

② at most : 많아야, 기껏해야

- At most he might have 5,000 won in his pocket.
  (기껏해야 그 남자는 주머니에 5,000원정도 가지고 있을 거야.)
- We expect fifty participants at most.
  (참가자는 많아야 50명일 것이다.)

③ at least : 적어도

• Please check in <u>at least</u> one hour before departure time.
(늦어도 출발시간 한 시간 전에는 탑승수속을 해주십시오.)

• Bombs killed <u>at least</u> eleven people in Baghdad.
(폭탄이 폭발해 바그다드에서 적어도 11명이 사망했습니다.)

④ make the most of : ~을 최대한 이용하다.

• You must <u>make the most of</u> your opportunity.
(기회를 최대한 이용하셔야 합니다.)

• <u>Make the most of</u> the time you have.
(네가 가진 시간을 최대한으로 활용하라.)

⑤ one of the + 최상급 + 명사의 복수형 : 가장 ~한 것 중의 하나

• The dress is <u>one of the cheapest</u> in the store.
(이 원피스는 그 가게에서 가장 저렴한 것 중 하나이다.)

• It was <u>one of the biggest</u> pop-culture events of the year.
(이 공연은 올해의 가장 성대한 팝-문화 행사 중의 하나였다.)

⑥ the + 서수 + 최상급 : 몇 번째로 ~한

• LA is <u>the second largest</u> city in the U.S.A.
(LA는 미국에서 두 번째로 가장 큰 도시이다.)

비교

01. 밑줄 친 부분이 틀린 것을 고르시오.

Because(①) writing has become so important(②) in our culture, we sometimes(③) think of it as more real as(④) speech.

02. 빈칸에 들어갈 말로 알맞은 것을 고르시오.

There is ________ of the convicted prisoner than the fingerprint on the revolver.

① no clear evidence ② no clearer evidence
③ no clearest evidence ④ no most clear evidence

03. 빈칸에 들어갈 말로 알맞은 것을 고르시오.

The Japanese use seven times ________ for food as do Americans.

① fish ② the fish ③ more fish ④ as much fish
⑤ as fish

04. 빈칸에 들어갈 말로 알맞은 것을 고르시오.

Those who frequently cut classes are less likely to get high marks __________ in attendance. Attendance requirements differ a great deal from one institution to another. But most institutions place emphasis on training, and usually insist on class attendance.

① as those who are regular ② than those are regular
③ than which are regular ④ than those who are regular

05. 밑줄 친 부분이 틀린 것을 고르시오.

If a company is found to hire a high① percentage from one group of applicants② than another③, the company can be legally challenged④ by the government.

06. 빈칸에 들어갈 말로 알맞은 것을 고르시오.

> Although headache pain is ____________ back pain, both can interfere with ordinary daily activities.

① more than effectively controlled
② the effect is more than controlled
③ more effectively controlled than
④ controlled more than effectively

07. 밑줄 친 부분이 틀린 것을 고르시오.

Tom is more worried① about② his fame rather than③ about doing as good④ a job as possible.

08. 밑줄 친 부분이 틀린 것을 고르시오.

Pipe and cigar smoke is thought to be at least① as dangerous as cigarette smoke; the much important② and crucial determiner is whether③ you inhale④ the smoke.

09. 빈칸에 들어갈 말로 알맞은 것을 고르시오.

> The facilities of the older hotel ______________.

① is as good or better than the new hotel
② is as good or better than that of the new hotel
③ are as good as or better than the new hotel
④ are as good as or better than those of the new hotel

10. 빈칸에 들어갈 말로 알맞은 것을 고르시오.

The social system of bumblebees is not as complex __________.

① than honeybees ② as honeybees
③ that honeybees are ④ as that of honeybees

11. 밑줄 친 부분이 틀린 것을 고르시오.

The more complex a subject becomes(①), the better necessary(②) it is to break it up(③) into a number of(④) parts which the reader can visualize.

12. 빈칸에 들어갈 말로 알맞은 것을 고르시오.

> ________ applicants were accepted into the program this year due to a cut in funding.

① All of ② Much ③ Less ④ Fewer

13. 빈칸에 들어갈 말로 알맞은 것을 고르시오.

> In general, the more sources used in the search for personnel, ______ the chances that people with the desired qualities will be found.

① as ② the better ③ while ④ although

14. 다음 중 옳은 것을 고르시오.

① My most favorite drink is lemonade.
② My best favorite drink is lemonade.
③ My favorite drink is lemonade.
④ My favorable drink is lemonade.

15. 밑줄 친 부분이 틀린 것을 고르시오.

Sandy is getting heavy(①) than she wants to be; her clothing is much(②) too tight(③) for her and she cannot wear her best jeans because they do not button(④) at the waist.

16. 빈칸에 들어갈 말로 알맞은 것을 고르시오.

Mr. Lee decided to try __________ than before.

① hard ② harder ③ hardly ④ hardest

17. 밑줄 친 부분이 틀린 것을 고르시오.

Film director Kwon wanted his staffs ①to work faster. But they ②said to him, "We can't work ③very faster. We're working ④as fast as we can."

18. 밑줄 친 부분이 틀린 것을 고르시오

The Smiths have visited(①) Hawaii and Alaska, and they assure(②) me that they(③) like Alaska the best(④).

19. 밑줄 친 부분이 틀린 것을 고르시오

> ① The valuablest information we currently have ② on the ocean floors is ③ that which was obtained by oceanographic satellites ④ such as Seasat.

20. 밑줄 친 부분이 틀린 것을 고르시오

Peanuts(①) are closely(②) related to(③) peas than to nuts(④).

21. 밑줄 친 부분이 틀린 것을 고르시오

Mr. Han wants the stage people(①) to work faster. But they say to him(②), "We can't work any faster(③), we're working fast as possible as(④) we can.

22. 밑줄 친 부분이 틀린 것을 고르시오

> ① Cats are ② more independent as dogs, but they are not ③ as loyal as ④ dogs are.

23. 밑줄 친 부분이 틀린 것을 고르시오

This telephone(①) wasn't as cheap(②) the other one, but it(③) works much better(④).

24. 밑줄 친 부분이 틀린 것을 고르시오

Yesterday was(①) the most hottest(②) day I have gone(③) through in this(④) city.

25. 밑줄 친 부분이 틀린 것을 고르시오

During(①) a depression(②), economic conditions are far worst(③) than they are(④) during a recession.

26. 밑줄 친 부분이 틀린 것을 고르시오

Some people are able to ①make more money ②in five years ③as most people can ④in a lifetime.

27. 밑줄 친 부분이 틀린 것을 고르시오

The hawks in Washington ①say that deposing Hussein ②will free the region from the threat of his weapons of mass destruction. But for Turkey, regime ③change in Baghdad could bring more trouble ④that it eradicates.

28. 밑줄 친 부분이 틀린 것을 고르시오

The more the horse tried to free itself from the restraint, ____________________.

① the tighter it became
② it became tighter
③ the horse could not escape
④ it was unable to move

13 특수구문

도치 구문

영어의 문장은 주어, 동사의 어순으로 구성되는 것이 일반적인데 특수한 경우 이러한 문장의 어순이 바뀌는 것을 도치라고 한다.

(1) 강조를 위한 도치

① 부정 어구를 강조하는 경우

- Not only was he late but also drunk.
  → He was not only late but also drunk.
  (그는 늦었을 뿐만 아니라 술에 취해 있었다.)
- Scarcely had he seen me when(before) he ran away.
  → He had he seem me when(before) he ran away.
  (그는 나를 보자마자 달아났다.)

▸ 부정어 : **not, never, no, few, little, hardly, scarcely, seldom**

② 장소 부사구를 강조하는 경우

- Here comes my father.
  = My father comes here. (이곳에 나의 아버지가 온다.)

• On the left of our school lay a long river.
(우리 학교 좌측에, 긴 강이 있다.)

③ 목적어를 강조한 경우

• Not a word did he say.
= He did not say a word.
(그는 한 마디도 하지 않았다.)

• This book I am going to read.
= I am going to read this book.
(이 책을 나는 읽을 예정이다.)

④ 보어를 강조한 경우

• So sudden was the attack.
= The attack was so sudden. (공격은 굉장히 급작스러웠다.)

• Happy is the man who is contented with his lot.
(자신의 운명에 만족하는 사람은 행복하다.)

(2) 관용적 도치

① 유도부사 there가 문두에 있을 경우

• There is a movie theater near here my house.
(집 근처에 극장이 있다.)

• There are a lot of people from every country.
(각국에서 많은 사람들이 왔다.)

• There are many fun things in the trunk.
(트렁크 안엔 재미있는 것들이 많이 있어요.)

▸ **There + 동사 + 주어**

② 가정법 문장에서 if가 생략된 도치

• Had he not been there, I couldn't have done it in time.
= If he had not been there, I couldn't have done it in time.
(만약 그가 그 곳에 없었더라면, 나는 시간 안에 그것을 끝내지 못했을 것이다.)

• Were she in my shoes, she would think otherwise.
= If she were in my shoes, she would think otherwise.
(그녀가 내 입장이라면, 달리 생각할 텐데.)

③ 부가문의 so, either, neither

• John likes apples, and so do I.
(존은 사과를 좋아하고 나도 또한 그렇다.)

• He can't play the piano, and neither can she.
(그는 피아노를 칠 수 없는데, 그녀도 역시 칠 수 없다.)

• Father has been to America five. So have I.
(아버지가 미국을 다섯 번 다녀왔다. 나도 또한 그랬다.)

④ as를 포함한 양보 구문(비록 ~할지라도)

• Rich as she was, she was not happy.
= Though she was, she was not happy.
(그녀는 부유했지만, 행복하지 않았다.)

• Frail woman as she is, you must believe in her.
(비록 여인 여인이지만, 당신들은 그녀의 인격을 믿어야 한다.)

■ 강조

특정어구를 문두에 두어서 강조하는 방법 외에, 강조구문이나 강조어구를 사용하여 강조할 수 있다.

(1) It is that 구문

① 주어 강조

• It was Kristen that met Jim in paris.
(파리에서 Jim을 만난 사람은 Kristen였다.)

② 목적어 강조

• It was jazz that I listened to at the record shop yesterday.
(내가 어제 레코드 가게에서 들은 것은 바로 재즈였다.)

③ 부사구 강조

• It was in the room that he made a desk yesterday.
(그가 어제 책상을 만든 것은 이 방안에서였다.)

④ 의문사 강조

• What is it that you are watching on TV?
(도대체 뭘 TV에서 보고 있어?)

⑤ not until + 시기 (~후에야 비로소 ~하다.)

• It was not until he arrived that we heard about the accident.
= Not until he arrived did we hear about the accident.
(그가 도착하고 나서야 비로소 우리는 그 사고에 대해 들었다.)

(2) 강조어구를 이용한 강조

① 동사강조 (do, does, did + 동사원형)

• I do hope you will pass the exam.
(나는 네가 시험에 통과하기를 바란다.)

• I do remember it quite well.
(나는 그것을 진정 잘 기억하고 있다.)

• I do wish you would help him.
(나는 네가 그를 도와주기를 정말로 바래.)

② 의문문 강조(ever, in the world, on earth 등)

• How in the world did you know it?
(도대체 어떻게 알았느냐?)

• Who ever can it be?
(도대체 그게 누구일까?)

③ 부정문 강조(at all, in the least, a bit : 절대 ~ 아닌)

• I don't understand in the least what you mean.
(나는 네가 무엇을 의미했는지 전혀 이해가 안 된다.)

• I'm not at all sorry for what I've done.
(나는 내가 한 것에 대해 전혀 후회하고 있지 않다.)

④ (대)명사 강조

(대)명사 + 재귀대명사 (~자신이, 심지어 ~도)

- He himself finished his work.
  (그 사람 자신이 자기의 일을 끝마쳤다.)
- The police took us ourselves to the station.
  (경찰은 우리 자신을 경찰서로 연행했다.)

the very + 명사 (바로 그~)

- This is the very book that I need.
  (이것이 내가 필요로 하는 바로 그 책이다.)
- He is the very picture of his father.
  (그는 자기 아버지를 꼭 닮았다.)

■ 생략

문장에서 불필요한 말이나 반복되는 말을 없애는 것

(1) 반복을 피하기 위한 생략

① 동사의 생략

- I finished the homework but Tom didn't (finish it.)
  (나는 숙제를 끝냈지만 톰은 그러지 못했다.)
- He doesn't have to go, but you must (go).
  (그는 갈 필요가 없지만, 너는 가야한다.)

② 명사의 생략

- A bird in the hand is worth two (birds) in the bush.
  (손 안에 있는 새 한 마리가 수풀 속의 두 마리만큼 가치가 있다.)
- This morning I came across him at the barber's (shop).
  (오늘 아침 나는 이발소에서 그를 우연히 만났다.)

③ 보어의 생략

- She's an excellent pianist just like her mother used to be (an excellent pianist.)
  그녀는 그녀의 어머니가 그랬던 것처럼 아주 뛰어난 피아니스트이다.

(2) 분사구문 (종속절 접속사+주어+동사)

- When I entered the room, I saw her reading a book.
  = Entering the room, I saw her reading a book.
  (방에 들어갔을 때 나는 그녀가 책을 읽고 있는 것을 보았다.)
- If I had been born in better times, I might have become a hero.
  = Having been born in better times, I might have become a hero.
  (내가 만일 좀 더 좋은 시대에 태어났더라면, 영웅이 되었을지도 몰랐는데.)

(3) 관계 대명사

- I am studying a document, (which was) discovered in 1945.
  (나는 1945년에 발견된 문서를 연구하고 있다.)
- The University, (which was) chartered in 1785, was the state-supported university.
  (1785년에 설립 허가가 난 그 대학교는 주정부의 지원을 받는 대학이었다.)

(4) 접속사에서의 생략

- He is so weak (that) he cannot work
  (그는 너무나 약해서 일을 할 수 없다.)
- I think (that) you are right.
  (나는 네가 옳다고 생각한다.)

(5) 비교에서의 생략

- My mother is much better today than (she was) yesterday.
  (어머니는 어제보다 건강이 훨씬 좋으시다.)

• My sister is as pretty as your (is).
(나의 누나는 너의 누나만큼 예쁘다.)
• Why don't you learn English as hard as your brother (does)?
(너는 왜 너의 형만큼 열심히 영어를 배우지 않니?)

■ 삽입

삽입은 개인적인 생각을 더하거나 문장의 의미를 보충하기 위해서 사용한다.

① 주절이 삽입된 경우
• Everyone in the office, he thinks, likes sports.
(그가 생각하기에 사무실 사람 모두 운동을 좋아한다.)
• Your book, I am sure, will be the best seller.
(나는 당신 책이 베스트셀러가 될 것으로 확신한다.)
• To be able to express oneself frankly, I think, needs moral courage.
(자신을 솔직하게 표현할 수 있는 것은 도덕적 용기를 필요로 한다고 나는 생각한다.)

② 관계사절 내에 삽입된 경우
• We must pick up a girl who we think is efficient in dealing with things.
(우리는 일을 다룰 때 우리가 생각하기에 능률적인 여자를 뽑아야 한다.)
• She is the woman who I think is very rich.
(그녀는 내가 매우 부자라고 생각하는 여자이다.)
• This is the English book which everyone thinks is suitable for beginners.
(이것은 모든 사람이 생각하기에 초보자에게 적합한 영어책이다.)

③ 부사절이 삽입된 경우
• He is, as I told you before, a very clever boy.
(그는, 내가 전에 말한 대로, 아주 총명한 소년이다.)
• That is, as far as I know, not what he really wants.
(그것은 내가 아는 한, 그가 진실로 원하는 것은 아니다.)

④ 관용표현의 삽입

- It has little, if any, harmful effect. (그것은 거의 폐해가 없다.)

▸ **if any : 만약에 있다면; 만약에 있다손 치더라도**

- Rarely, if ever, does he sidestep a question.
  (그는 좀처럼 질문을 회피하지 않는다.)
- Parents seldom, if ever, go to the movies all the year round.
  (부모님은 만약 간다고 해도 일년 내내 영화 보러 가는 일은 좀처럼 없으시다.)

▸ **if ever : 설사 …하는 일이 있다 해도**

■ **동격**

동격이란 뒷부분이 앞에 나온 명사를 구체적으로 설명할 때 쓰인다.

① 명사+명사의 동격

- Graham Bell, an American scientist, invented the telephone.
  (미국의 과학자 Graham Bell이 전화기를 발명했다.)
- The genes, or units of heredity, are composed of nucleic acid.
  (유전인자, 즉 유전의 단위는 핵산으로 구성되어있다.)

② 명사와 명사절의 동격

- I heard the news that Angela would quit her job.
  (Angela가 직장을 그만둘 거라는 소식을 들었다.)
- She tried to conceal the fact that her husband was out of work.
  (그녀는 남편이 실직한 사실을 숨기려고 애를 썼다.)
- I have an idea that she will come today.
  (나는 그녀가 오늘 올 거라는 생각일 든다.)

③ 동격의 of

- He made the mistake of attacking a neutral country.
  (그는 중립국을 공격하는 실수를 범했다.)

- The city <u>of</u> Seoul stands on the Han River.
  (서울시는 한강변에 있다.)
- They are living in a palace <u>of</u> a house.
  (그들은 궁전 같은 집에서 살고 있다.)
- The five <u>of</u> them came to meet you.
  (그들 5명 모두가 당신을 만나러 왔습니다.)

특수구문

01. 빈칸에 들어갈 말로 알맞은 것을 고르시오.

> ___________ but I realized what he had done.

① Little did he know ② Little known
③ Little he knew ④ Little knowing

02. 빈칸에 들어갈 말로 알맞은 것을 고르시오.

> Rarely ___________ for more than a few seconds once they enter the Earth's atmosphere.

① while meteors blaze ② do meteors blaze
③ meteors that blaze ④ blaze meteors

03. 빈칸에 들어갈 말로 알맞은 것을 고르시오.

> Not until the 17th century __________ to measure the speed of light.

① did anyone attempt ② anyone attempted
③ did someone attempt ④ someone attempted

04. 빈칸에 들어갈 말로 알맞은 것을 고르시오.

> Alaskan forests ________ five or six miles inland from the Pacific coast.

① penetrate more rarely than ② more rarely than penetrate
③ more penetrate than rarely ④ rarely penetrate more than

05. 다음 중 밑줄 친 부분이 틀린 것을 고르시오.

> That Li Yeung is 103 ① years old is remarkable ② in itself - she's one of ③ only about 600 centenarians living in Hong Kong. For many of us, Li represents an ideal we'd like to achieve. Not only ④ she has made it to 100 and beyond - she got there with her health and faculties ⑤ largely intact.

06. 빈칸에 들어갈 말로 알맞은 것을 고르시오.

> ______________ that the formation of the sun, the planets, and other stars began with the condensation of an interstellar gas cloud.

① Believing　　② To believe
③ The belief　　④ It is believed

07. 빈칸에 들어갈 말로 알맞은 것을 고르시오.

> A group of Shakers, ______________, settled around Pleasant Hill, Kentucky in 1805.

① members of a strict religious sect who
② whose members of a strict religious sect
③ members of a strict religious sect
④ were members of a strict religious sect

08. 다음 중 밑줄 친 부분이 틀린 것을 고르시오.

Trapped inside(①) the patients'(②) helpless bodies was(③) true artists and, as a doctor, I had to set them free(④).

09. 빈칸에 들어갈 말로 알맞은 것을 고르시오.

Individual differences in brain-wave activity may shed light on why some people are more prone to emotional stress disorders ________.

① which others are ② than are others
③ and are others ④ that others are

10. 빈칸에 들어갈 말로 알맞은 것을 고르시오.

__________, he would have been able to pass the exam.

① If he would study more ② If he studied more
③ If he were studying more ④ Had he studied more
⑤ Studying more

11. 빈칸에 들어갈 말로 알맞은 것을 고르시오.

__________ at conveying her underlying message through topical plots and contemporary characters that by 1940 her book had sold some three million copies.

① So successful was Mary E. Colford
② So successful, Mary E. Colford
③ Mary E. Colford, so successful
④ Because Mary E. Colford was so successful

12. 다음 중 밑줄 친 부분이 틀린 것을 고르시오.

I <u>have</u>① <u>hardly never</u>② had <u>the opportunity</u>③ <u>to fly</u>④ in a helicopter.

13. 다음 중 밑줄 친 부분이 <u>틀린</u> 것을 고르시오.

> ① <u>Not until</u> an infant hedgehog ② <u>opens</u> its eyes ③ <u>it leaves</u> its nest ④ <u>to follow</u> its mother about.

14. 다음 중 밑줄 친 부분이 <u>틀린</u> 것을 고르시오.

> Jerry, always a high achiever, was ① <u>president of his high school class</u>. ② <u>So Steve was.</u> ③ <u>Neither man went to college</u>. Both ④ <u>did become successful businessmen</u>, though.

15. 빈칸에 들어갈 말로 알맞은 것을 고르시오.

> ________ strong was this pull that New York's industrial mix became extremely diversified.

① So ② Such ③ Though ④ As

16. 다음 중 밑줄 친 부분이 <u>틀린</u> 것을 고르시오.

<u>There have been</u>(①) <u>little</u>(②) change in my fathers situation <u>since</u>(③) he <u>left for</u>(④) America.

17. 빈칸에 들어갈 말로 알맞은 것을 고르시오.

> ____________when it started raining.

① No sooner had the game begun
② As soon as the game had begun
③ Scarcely the game had begun
④ Hardly had the game begun

18. 빈칸에 들어갈 말로 알맞은 것을 고르시오.

Rarely__________occur without a corresponding physical ailment.

① chronic mental fatigue
② is chronic mental fatigue
③ does chronic mental fatigue
④ chronic mental fatigue does

19. 빈칸에 들어갈 말로 알맞은 것을 고르시오.

Not until the seventeenth century_________to measure the speed of light.

① anyone even attempted
② anyone did even attempt
③ did anyone attempt even
④ did anyone even attempt
⑤ did even attempt anyone

20. 빈칸에 들어갈 말로 알맞은 것을 고르시오.

So complicated_______that consumers who use a product are seldom aware of where all its components come from.

① today trade is international
② today international trade is
③ is international trade today
④ international trade is today
⑤ trade international is today

14 대명사

명사를 대신하는 말을 대명사라고 하며 앞에서 이미 명사가 언급된 경우 다시 그 명사를 언급하지 않고 대명사를 사용하여 나타낸다.

인칭대명사

사람이나 사물을 가리키는 대명사

(1) 주격 (~은, ~는, ~이, ~가)

인칭대명사가 문장에서 **주어, 주격보어** 역할을 할 때의 형태이다.

- <u>They</u> will have more trouble getting there in time than <u>we</u>.
  (그들은 거기에 시간 안에 도착하는 데 우리보다 더 많은 어려움을 겪을 것이다.)
- Both of us, my girl friend and I hope to study abroad.
  (우리 둘 다 즉 여자친구와 나는 유학을 희망한다.)

(2) 목적격(~을, ~를, ~에게)

인칭대명사사 문장에서 **목적어, 목적격보어** 역할을 할 때의 형태이다.

• I have never met <u>him</u> before. This is the first time.
(나는 전에 결코 그를 만난 적이 없다. 이번이 처음이다.)

• We thought it to be <u>her</u>.
(우리는 그것이 그녀라고 생각했다.)

(3) 소유격(~의)

인칭대명사가 명사 앞에서 그 명사의 소유주를 나타내는 **형용사** 역할을 할 때의 형태이다.

• He was surprised by <u>their</u> interest.
(그는 그들의 관심에 놀랐다.)

(4) 소유대명사

[소유격 + 명사]를 대신하는 대명사로서 **주어, 목적어, 보어** 역할을 한다.

• Your book is more interesting than <u>hers</u>. (= her book)
(너의 책은 그녀의 것보다 더 흥미롭다.)

• Our best wished to you and <u>yours</u>. (= your family)
(당신과 댁의 가족 여러분에게 안부 말씀 전합니다.)

재귀대명사

인친대명사의 목적격이나 소유격에 -self(단수), -selves(복수)를 붙인 것을 재귀대명사라 한다.

(1) 재귀적 용법

• I cut <u>myself</u> while I was shaving.
(나는 면도 중에 상처를 냈다.)

• The company has got <u>itself</u> into difficulties.
(그 회사는 스스로를 곤경에 빠뜨렸다.)

(2) 강조용법

- You yourself have to submit the application.
  (너는 직접 원서를 제출해야한다.)
- I myself made mistakes.
  (내 자신 실수를 범했다.)
- He said so himself.
  (그 자신이 그렇게 말했다.)

(3) 관용적 용법

by oneself (혼자서, 홀로)
for oneself (혼자 힘으로)
of itself (저절로)
beside oneself (제정신이 아닌)
say to oneself (혼잣말하다)
in spite of oneself (무의식적으로)
help yourself (마음껏 드세요)
between ourselves (우리끼리 이야기지만)

- No man is wise enough by himself.
  (그 누구도 혼자서는 지혜로울 수 없다.)
- He burst out laughing in spite of himself.
  (그는 무심결에 웃음을 터뜨렸다.)
- That is between ourselves, right?
  (우리끼리만 아는 얘기예요, 아셨죠?)
- There's no need for the team to feel proud of itself.
  (그 팀이 스스로를 자랑스러워할 필요는 없다.)

지시대명사

특정한 사람이나 사물을 지시하여 가리키는 대명사.

■ 지시대명사 it

(1) 앞에 언급한 명사, 구, 절을 대신

• I bought a cute dog and gave it to her. (it = the dog)
(나는 귀여운 개 한 마리를 사서 그것을 그녀에게 주었다.)

• I tried to solve the problem, but I found it next to impossible.
(나는 그 문제를 해결하려고 노력했지만, 그것이 거의 불가능함을 알았다.)

▸ (it = to solve the problem)

• We can be in great trouble before we know it.
(우리는 우리가 그것을 알기도 전에 커다란 곤경에 처해질 수도 있다.)

▸ (it = We can be in great trouble)

(2) 가주어

① to 부정사 대체

• It was considered impossible to escape.
(탈출은 불가능한 것으로 간주되었다.)

② 명사구 대체

• It was wonderful, the way you played the role of Hamlet.
(당신은 Hamlet 역할은 훌륭했습니다.)

③ 동명사 대체

• It is no use trying to excuse yourself. (네가 변명하려 해도 소용없다.)

④ 접속사 that 대체

• It is strange that she hasn't return yet.
(그녀가 아직 돌아오지 않았다니 이상하다.)

(3) 가목적어

① to 부정사 대체

• I believe it difficult for him to solve the algebraic problem.
(나는 그가 그 대수문제를 푸는 것이 어려울 것으로 믿고 있다.)

② 동명사 대체

• I found it pleasant talking with her.
(나는 그녀와 이야기하는 것이 즐겁다는 것을 알게 되었다.)

③ 접속사 that 대체

• We took it for granted that she would pass the test.
(우리는 그녀가 시험에 통과한다는 것을 당연하게 여겼다.)

• I have often heard it said that she has no bowels.
(나는 그녀가 인정이 없다는 말을 자주 들었다.)

(4) It is ~that 강조용법

• I borrowed a novel from a friend at work.
→ It's a novel that I borrowed from a friend at work.
(직장 동료가 빌려 준 소설책이에요.)

▸ 강조하는 부분을 it be 와 that 사이에 두고 that 뒤에 차례로 쓴다.

(5) 비인칭 주어

시간·거리·날씨·온도·계절·명암 등을 막연히 가리키면서 주어로 사용된다.

• It was rainy yesterday, but it is fine today.
(어제는 비가 내렸지만, 오늘은 화창하다.)

• It tired to drive a nail onto the wall, but it was impossible.
(나는 벽에 못을 박으려고 했지만 그것은 불가능했다.)

■ 지시대명사 this[these], that[those]

(1) 가까운 것과 먼 것을 지칭

• This is longer than that.
(이것이 저것보다 더 길다.)

• These are my books and that is Jane's.
(이것들은 내 책이고 저것은 Jane의 것이다.)

(2) 앞에 나온 명사의 반복을 피하기 위한 that, those

• The finest wines are those from France.
(가장 좋은 와인은 프랑스 산이다.)

• The weather of Korea is colder that of H.K.
(한국의 날씨는 홍콩의 날씨보다 춥다.)

(3) 앞의 구나 절을 받는 this, that

• To be or not to be; that is the question.
(사느냐 죽느냐 그것이 문제로다.)

• If you think so, that will be inconsistent with what you've said.
(만일 당신이 그렇게 생각한다면, 그것은 당신이 말한 것과 불일치하게 될 겁니다.)

(4) 시간과 관계될 때

• I will be visiting the hospital this Thursday.
(나는 이번주 목요일에 병원에 갈 것이다.)

(5) 전화상에서

• Hello? This is Laura speaking. Who/s that, please?
(여보세요? 로라입니다. 전화하시는 분은 누구십니까?)

■ 지시대명사 so, such, same

(1) so의 용법

① 대명사적 용법

• "Do you guess that he will come?" "I guess so.", "I guess not."
("그가 올 것 같니?" "올 것 같은데/ 오지 않을 것 같은데."

▸ think·guess·believe·suppose·hope·expect·say·be afraid 등 뒤에서 긍정내용의 목적절은 **so**로, 부정일 때 **not**으로 대신한다.

② 부사적 용법

• My father was a soldier, and so am I.
(아버지가 군인이셨는데, 나 또한 그렇다.)

▸ **so + V + S** : S도 또한 그렇다.

• If you don't want it, neither do I.
(네가 원하지 않는다면 나도 싫다.)

▸ **neither + V + S** : S도 또한 그렇지 않다.

(2) such의 용법

① 대명사적 용법

• I may have hurt her feelings, but such was not my intention.
(그녀의 기분을 상하게 했는지는 모르겠지만, 그것은 내 의도가 아니었다.)

• Such as are rich will not want for friends.
(부유한 이들은 친구의 부족을 느끼지 않는다.)

• He has many books, such as novels, cartoons.
(그는 소설, 만화 같은 많은 책을 갖고 있다.)

▸ **such as** : ~한 사람·물건, ~같은

② 형용사적 용법

• Kristen is such a nice girl that everybody likes her.
= Kristen is so nice a girl that everybody likes her.
(크리스틴은 정말 친절해서 모든 사람들이 좋아한다.)

▸ **such a 형 명 that = so 형 a 명 that** (~너무 ~해서 ~하다.)

• I was in such a hurry at that time.
(나는 그 당시에 너무나 서둘렀다.)

▸ 명사 앞에 직접 사용

③ 관용표현

such as it is (변변치 못하지만)	**such and such** (이러이러한)
all such (이러한 사람들)	**and such** (따위, 등등)
another such (또 하나의 그런 것)	
such being the case (이러한 사정으로)	

- You may use car, such as it is.
  (변변치 못하지만 나의 차를 이용해도 된다.)
- I need another such creative person.
  (나는 그렇게 창의적인 사람 또 한 명을 원한다.)
- Suppose you go to the shop and ask for such and such.
  (가령 당신이 그 가게에 가서 이러이러한 것을 찾는다고 하자.)
- All such big pretensions are false.
  (그렇게 거들먹거리는 것들은 모두 가식일 뿐이다.)

(3) the same의 용법

① 대명사적 용법

- She ordered coffee, and I ordered the same.
  (그녀는 커피를 시켰고, 나도 같은 걸로 시켰다.)
- I sent letters to the same. (나는 같은 사람에게 편지를 보냈다.)
- She always gives the same to us all.
  (그녀는 늘 우리 모두에게 같은 것을 준다.)

② 형용사적 용법

- This is the same tie as I wore yesterday.
  (이것은 내가 어제 맨 것과 같은 종류의 넥타이이다.)
- This is the same tie that I wore yesterday.
  (이것은 내가 어제 맨 바로 그 넥타이이다.)

▸ the same ~as : 동종물
the same~that : 동일물

부정대명사

정해지지 않은 사람이나 사물을 가리키는 대명사

(1) 부정대명사 some, any

some, any는 "몇 개, 얼마, 어느 정도"라는 부정의 수량을 나타내는 대명사이다.

① some

긍정문에 사용된다. 형용사로 쓰일 경우에는 셀 수 있는 명사와 셀 수 없는 명사 앞에 모두 쓰일 수 있다.

- Some of these books are quite interesting.
  (이 책 중에는 매우 재미있는 것도 있다.)
- He gave me some money. (그는 나에게 얼마간의 돈을 주었다.)

② any

부정문, 의문문, 조건문에서는 some 대신에 **any**를 사용한다.

- Do you have any friends in this town?
  (이 도시에 친구가 있습니까?)
- I didn't want any of this to happen.
  (나는 이런 일이 생기도록 하고 싶지 않았다.)

(2) 부정대명사 one

▌one

① 일반 사람을 나타낸다.

- One should take care of oneself. (우리는 자신을 보살펴야 한다.)
- One must not neglect his duty.
  (사람은 자신의 의무를 소홀히 해서는 안 된다.)

② 앞에 나온 명사의 반복을 피함

- "Do you have a calculator?", "Yes, I have one at home."
  (계산기 있니?, "응 집에 하나 있어)
- My children are all in good heath. How are your little ones?
  (제 아이들은 모두 건강하답니다. 당신의 어린아이들은 어때요?)

▸ [a(an) + 명사]를 대신하여 앞에 언급된 명사와 같은 종류를 나타낼 때 쓴다.

(3) 부정대명사 one, another, other, some

① one~, another~[(다수 중에서는) 하나는 ~이고, 또 다른 하나는 ~이다.]

- There are many cars ; one is red and another is red.
  (많은 차들 중에 한 대는 빨간색이도 또 다른 한 대는 검은색이다.)

② one~, the other ~ [(둘 중에서) 하나는 ~이고, (특정된)나머지 하나는 ~이다.]

- I have two sister; one is a doctor and the other is a teacher.
  (나는 누나가 둘 있는데, 한명은 의사이고 나머지 한명은 선생님이다.)

③ some ~, others ~(어떤 것들은 ~이고, 다른 것들은 ~이다.)

- There are a lot of flowers. Some are red and others are blue.
  (많은 꽃들이 있다. 일부는 빨간색이고 다른 일부는 파란색이다.)

④ some ~, the others ~ (어떤 것들은 ~이고, (특정된)나머지 것들은 ~이다.)

- Among 10 people, some are my friends and the others are strangers.
  (10명 중에서 몇 명은 내 친구들이고 나머지는 모르는 사람들이다.)

⑤ the one~, the other ~ (전자는 ~이고, 후자는 ~이다.)

- I have a white and a red; the one is faster than the other.
  (나에게는 흰색 차와 검은색 차가 있는데 전자가 후자보다 빠르다.)

⑥ one, another, the other (세 중에서 순서 없이 열거할 때)

- There are three rooms. One is mine, another is my sister's and the other is my parent's.
  (방이 셋 있다. 하나는 내 방이고 또 하나는 누이동생 방이고 나머지 방은 부모님 것이다.)

(4) 부정대명사 all, each, every

▌all

all은 '모든(것, 사람)'이라는 의미로 대명사와 형용사로 쓰인다. **사물**(모든 것)을 나타낼 때는 **단수**로 취급하고, **사람**(모든 사람)을 나타낼 때는 **복수**로 취급한다.

① 대명사

- All of the boys are diligent. (그 소년들 모두는 부지런하다.)

▸ 복수취급

- All is not gold that glitters. (반짝이는 모든 것이 금은 아니다.)

▸ 단수취급

② 형용사

- All big cities have the same problems.
(모든 큰 도시들은 같은 문제들을 갖고 있다.)

▸ **all + 셀 수 있는 명사(복수) + 동사(복수)**

- All wood tends to shrink. (모든 목재는 수축하는 경향이 있다.)

▸ **all + 셀 수 없는 명사 + 동사(단수)**

③ 관용표현

at all events : 어쨌든	**all at once** : 갑자기
by all means : 꼭, 틀림없이	**all but** : 거의

- Finish the race at all events. (어쨌든 경기를 마치도록 해라.)
- All at once she lost her temper. (갑자기 그녀가 버럭 화를 냈다.)
- An excellent idea! Do so by all means.
(참 좋은 생각입니다! 부디 그렇게 해 주십시오.)
- The party was all but over when we arrived.
(우리가 도착했을 때는 파티가 거의 끝나 가고 있었다.)

each

each는 "각각(의), 각자(의)"라는 뜻으로 대명사로도 쓰이고, 형용사로도 쓰인다. **언제나 단수로 취급된다.**

- He told each of them what to do.
  (그는 그들 각자에게 무엇을 할 것인지를 말해 주었다.)
- Each student has his computer.
  (각각의 학생들은 자신의 컴퓨터를 가지고 있다.)
- Each answer is worth 20 points.
  (각각의 정답은 20점이다.)

▸ **each + 단수명사**

every

every는 형용사로 단독으로 사용될 수 없으며, **[every + 단수명사]**의 형태로 사용된다.

- Every girl was expected to prove her ability to cook.
  (모든 소녀들은 각자의 요리를 하는 능력을 증명해야 한다.)
- I go to Italy every six weeks.
  = I go to Italy every sixth week.
  (나는 6주마다 한 번씩 이탈리라에 간다.)

▸ **every + 기수사 + 복수명사 : ~마다, ~걸려[간격으로]**
every + 서수사 + 단수명사

(5) 부정대명사 both, either, neither, no, none

both

both는[양쪽, 둘 다]라는 의미로 대명사로도 쓰이고,[양쪽의]라는 형용사로도 쓰인다. **언제나 복수로 취급된다.**

• Both of your opinions are reasonable.(네 의견 둘 다 합리적이다.)

▸ **복수 취급**

• Exercise is good for both body and mind.
(운동은 몸과 마음 양쪽에 다 유익하다.)

▸ **both A and B : A와 B 둘 다**

▌either

긍정문에서는 둘 중 어느 한쪽, **부정문**에서는 둘 중 어느 쪽도 (~아니다) **단수**로 취급한다.

• Do you know either of the boys?
(그 소년들 중 어느 한 명이라도 아십니까?)

• I don't like either of them.
(나는 그 둘 중에 어느 쪽도 좋아하지 않는다.)

▸ **not either = neither**

▌neither

neither는 '둘 다 ~아니다.'의 뜻으로 쓰이며, **단수 취급**을 한다.

• She was not persuasive, and neither was he.
(그녀는 설득력이 없었고, 그도 마찬가지였다.)

• Neither he nor I am rich. (그와 나 둘 다 부유하지 않다.)

▸ **neither A nor B : A와 B 둘 다 ~아니다.**

▌no

명사를 수식하는 **형용사**로만 기능하고, 명사로 쓸 수 없다.

• No doctor can cure it. (아무 의사도 그녀를 치료할 수 없다.)

▌none

사람과 사물에 모두 쓰일 수 있는 부정대명사이다. none은 대명사이므로 no

와 달리 바로 뒤에 명사를 쓸 수 없다.

- He is none of my friends. (그는 전혀 내 친구가 아니다.)
- None have succeeded in solving the problem.
  (아무도 그 문제를 풀지 못했다.)

▸ none은 단, 복수 모두 가능하나, **가산명사**를 대신할 때는 보통 **복수 취급**한다.

(6) 부정대명사의 전체부정과 부분부정

전체를 지칭하는 부정대명사를 부정하면 부분부정이 되고, 부분을 지칭하는 부정대명사를 부정하면 전체부정이 된다.

① 부분부정

all, every, both등은 부정어 not과 함께 쓰이면 부분부정은 **'모두가 ~는 아니다'**를 만든다.

- Every man cannot be an artist. (모든 사람이 미술가가 될 수는 없다.)
- I do not know both of them. (나는 그 두 사람 모두를 알지는 못한다.)
- Not all the girls left early. (모든 소녀들이 일찍 떠난 것은 아니었다.)

② 전체부정

no, no one, none, nobody, neither, not ~either 가 들어있는 문장은 부정문을 만들며 **'아무도/ 아무것도 ~ 아니다'**라는 전체부정의 의미를 가진다.

- I do not know either of them.(나는 둘 중 한 사람도 모른다.)
- Nothing is pleasant in life. (인생에 기쁜 것이라고는 아무것도 없다.)
- She can never solve a problem. (그녀는 결코 문제를 풀 수 없다.)

의문사의 용법

(1) 의문대명사

who(누가), whom(누구를), what(무엇을), which(어느 것)

▸ who, what, which + 불완전한 절

• Who is the editor of the "Times"?
(타임지의 편집장은 누구입니까?)
▸ who 사람의 **이름, 관계**를 물을 때

• Which (of the two)do you love better, your mother or your girlfriend?
(엄마와 여자 친구 중 어느 쪽을 더 사랑하세요?)
▸ 주어진 범위 중에서 어느 쪽인지를 물을 때

(2) 의문형용사

what(무슨/어떤), which(어느) + 명사의 형태로 명사를 수식하는 형용사의 역할을 한다.

▸ whose, what, which + 명사 + **불완전한 절**

• What river is the longest in the world?
(무슨 강이 세계에서 가장 긴가요?)
▸ 무슨(선택의 범위가 주어지지 않은 경우)

• Which river is longer, the Mississippi or the Amazon?
(미시시피와 아마존 중 어느 강이 더 긴가요?)
▸ 어느(선택의 범위가 주어진 것)

(3) 의문부사

when(언제), where(어디), why(왜), how(어떻게)는 동사, 형용사, 다른 부사, 문장전체 등을 수식하는 역할을 한다.

▸ how, when, where, why + **완전한 절**

• When do you show the movie? (영화 언제 상영합니까?)
• Where is the nearest parking lot around here?
(근처에 제일 가까운 주차장이 어디 있지?)
• How do you describe this object? (이것이 어떻게 생겼지요?)
• Why didn't you inform me of this? (왜 미리 이걸 알려 주지 않았어?)

대명사

01. 밑줄 친 부분이 틀린 것을 고르시오.

The ① suspected killer of a school teacher ② fled the scene, ③ but later ④ gave himself to the police.

02. 밑줄 친 부분이 틀린 것을 고르시오.

A number of(①) large companies(②) have the(③) headquarters in(④) Hartford.

03. 밑줄 친 부분이 틀린 것을 고르시오.

The fish have ceased ① to develop eyes because ② they live in such ③ dark water that they no longer have any use ④ for it.

04. 밑줄 친 부분이 틀린 것을 고르시오.

The restaurant was ① overbooked; ② so we had to ③ look for ④ other place to celebrate our anniversary.

05. 밑줄 친 부분이 틀린 것을 고르시오.

The languages ① spoken by the Alaskan Eskimos ② and the Inuit of Northern Canada are ③ such similar as to be mutually ④ intelligible.

06. 다음 빈칸에 들어갈 말로 알맞은 것을 고르시오.

> ____________ has interested scientists for several centuries.

① Fish are swimming
② How fish swim
③ The fish can swim
④ Could fish swim

07. 다음 빈칸에 들어갈 말로 알맞은 것을 고르시오.

> I wonder how much ____________.

① cost these shoes
② do these shoes cost
③ does these shoes cost
④ are these shoes cost
⑤ these shoes cost

08. 밑줄 친 부분이 틀린 것을 고르시오.

> Albert Einstein was ① such brilliant a scientist that ② many of his colleagues had to ③ study for ④ several years in order to form opinions about his theories.

09. 밑줄 친 부분이 틀린 것을 고르시오.

The government is(①) defending their(②) foreign policies against(③) a growing chorus(④) of criticism.

10. 밑줄 친 부분이 틀린 것을 고르시오.

The life of the instinctive man is shut up within(①) the circle of his private interests: the outer world(②) is not regarded except as it may help or hinder what(③) comes within the circle of its instinctive(④) wishes.

11. 다음 빈칸에 들어갈 말로 알맞은 것을 고르시오.

> It is not clear when ________, although there are many different theories.

① dinosaurs becoming extinct
② dinosaurs extinction
③ did dinosaurs become extinct
④ dinosaurs became extinct

12. 밑줄 친 부분이 틀린 것을 고르시오.

I should like(①) you and his(②) to attend(③) my birthday party on Saturday afternoon(④).

13. 밑줄 친 부분이 틀린 것을 고르시오.

The citadel, constructed entirely from(①) unbaked bricks, had undergone(②) frequent repairs over the years but traced their(③) origins back to the Parthian era around the time of(④) Christ.

14. 다음 빈칸에 들어갈 말로 알맞은 것을 고르시오.

> It is difficult to determine exactly ________.

① the center of the earth consists of what
② what does the center of the earth consist of
③ what the center of the earth consists of
④ what of the center of the earth consists

15. 다음 빈칸에 들어갈 말로 알맞은 것을 고르시오.

On the first day of this semester our professor introduced ___________ to us.

① him ② himself ③ his ④ he

16. 밑줄 친 부분이 틀린 것을 고르시오.

They ① must regard any statement about this issue, ② whatever the source, ③ as gossip until ④ they are confirmed.

17. 밑줄 친 부분이 틀린 것을 고르시오.

The abortion issue is ① too complicated and emotional in many countries ② such as Ireland that it is ③ not always easy to read the results of a vote ④ on the topic.

18. 밑줄 친 부분이 틀린 것을 고르시오.

It was ① not until 1895 ② when the ③ southernmost source of the river ④ was discovered.

19. 밑줄 친 부분이 틀린 것을 고르시오.

When ① asked how long she ② had been a resident of the state, she ③ replied, "I ④ am living in this state ⑤ for five years."

20. 밑줄 친 부분이 틀린 것을 고르시오.

Why do ① some people ② go grey ③ much earlier than ④ other?

21. 다음 빈칸에 들어갈 말로 알맞은 것을 고르시오.

> A child needs to learn how to get along with ________, how to spend his time wisely, and how to depend on himself.

① the other people ② another people
③ other people ④ one another people

22. 다음 빈칸에 들어갈 말로 알맞은 것을 고르시오

> Compared to the fossil record of animals, ________ of plants is relatively skimpy.

① one ② those ③ that ④ some

23. 밑줄 친 부분이 틀린 것을 고르시오.

Either the carpenters or the electrician can store their tools in the
①   ②
shed, but there is no room for both sets.
③   ④

24. 밑줄 친 부분이 틀린 것을 고르시오.

The hare's ears are longer than that of the dog.
①   ②   ③   ④

25. 밑줄 친 부분이 틀린 것을 고르시오.

One of the significant distinction between the old European world
①
and the mighty other world that is forming and creating itself near
②   ③
the Russian frontier is the consciousness of tradition.
④

26. 밑줄 친 부분이 틀린 것을 고르시오.

In World War II, ① the British used the radar fence ② to make sure ③ incoming planes were theirs, not ④ Germany.

27. 다음 빈칸에 들어갈 말로 알맞은 것을 고르시오.

Mary wasn't happy about the delay, and ________.

① I wasn't either
② I was neither
③ neither I was
④ nor I was
⑤ either was I

28. 다음 빈칸에 들어갈 말로 알맞은 것을 고르시오.

A: Betty is naughty. It wouldn't be easy to take care of her at the party.
B: Remember. Betty is going to be accompanied by __________ girls.

① three other little
② other three little
③ other little three
④ three little other
⑤ little other three

29. 밑줄 친 부분이 틀린 것을 고르시오.

① Faced with petroleum shortages in the 1970's, scientists and engineers in the United States stepped up ② its efforts ③ to develop more efficient healing systems and ④ better insulation.

30. 밑줄 친 부분이 틀린 것을 고르시오.

The Italian-American groups have made plain(①) that they oppose(②) its removal, while Indian groups(③) reject any official tribute(④) to Columbus.

31. 밑줄 친 부분이 틀린 것을 고르시오.

After Yellowstone National Park was set up(①) in 1871 as(②) the first National Park, another(③) national parks have been established throughout(④) the world.

32. 밑줄 친 부분이 틀린 것을 고르시오.

Could you ① give us some idea ② how you think ③ about ④ this proposal?

33. 밑줄 친 부분이 틀린 것을 고르시오.

Ink blot testing was invented(①) by psychiatrist Herman Rorschach as a tool(②) to ferret out of a person(③) unconscious mind various bits and pieces(④) of information.

34. 다음 빈칸에 들어갈 말로 알맞은 것을 고르시오.

The Grapes of Wrath, a novel about the Depression years of the 1930's, is one of John Steinbeck's ________ books.

① and most famous
② are most famous
③ most famous
④ the most famous

35. 다음 빈칸에 들어갈 말로 알맞은 것을 고르시오.

> A : "I wish Bill would drive us to the airport."
> B : "He has ___________ to take us all."

① ver small a car ② a too small car
③ such small a car ④ too small a car
⑤ a car such small

36. 밑줄 친 부분이 틀린 것을 고르시오.

The rejection of ①so initiatives ②by no means indicates ③that voters are ④unconcerned ⑤about the environment.

37. 밑줄 친 부분이 틀린 것을 고르시오.

①The point is that we have ②so a small piece of gold that it ③would be beyond our ability ④to cut it.

38. 밑줄 친 부분이 틀린 것을 고르시오.

A small business ①often limits ②their operations to a single ③neighborhood or a group of neighboring ④communities.

39. 밑줄 친 부분이 틀린 것을 고르시오.

> The moon's round orb ①would shine high in the sky, ②casting ③it's velvety light ④on everything.

40. 다음 빈칸에 들어갈 말로 알맞은 것을 고르시오.

Marie Curie found that the new element gave off rays five million times stronger than ______ given off by uranium.

① it ② those ③ that ④ what
⑤ which

41. 다음 빈칸에 들어갈 말로 알맞은 것을 고르시오.

Some bumper stickers are very funny and make us <u>laugh</u>①, yet <u>another</u>② can make us <u>angry</u>③ because of <u>their ridiculousness</u>④.

42. 밑줄 친 부분이 <u>틀린</u> 것을 고르시오.

<u>By virtue of</u>① <u>its</u>② size and supersensitive electronics, <u>modern</u>③ radio telescopes are able <u>to gather</u>④ more waves than conventional optical telescopes.

43. 밑줄 친 부분이 <u>틀린</u> 것을 고르시오.

①<u>Neither</u> of the three applicants ②<u>meets</u> the ③<u>requirements</u> for this position, so we ④<u>have decided</u> to leave it ⑤<u>open</u>.

44. 밑줄 친 부분이 <u>틀린</u> 것을 고르시오.

Mrs. Roosevelt was <u>not</u>① <u>only</u>② an elegant first lady <u>and</u>③ <u>also</u>④ an able ambassador of good will of the U. S.

45.

> Her handwriting was ________ minute that it was difficult for me to read.

① very ② quite ③ too ④ so

46. 다음 중 틀린 것을 고르시오.

① If we are not rich, we have good friends.
② Were I poor, I could not go to college.
③ I asked her if she was happy.
④ You cannot be too diligent.
⑤ The refugees neither had food nor shelter.

47. 밑줄 친 부분/이 틀린 것을 고르시오.

The development(①) of the plow was more important(②) to agriculture than any another(③) technological(④) advance.

48. 밑줄 친 부분이 틀린 것을 고르시오.

> Because the window ①would not budge, we had to leave ②them ③open and could not but ④get out of the room.

49. **(A), (B), (C)**의 각 네모 안에서 어법에 맞는 표현으로 가장 적절한 것은?

> The first thing I notice upon entering this garden is that the ankle-high grass is greener than (A) [that / those] on the other side of the fence. Dozens of wildflowers of countless varieties cover the ground to (B) [both / either] sides of the path. Creeping plants cover the polished silver gate and the sound of bubbling water comes from somewhere. The perfume of wildflowers (C) [fill / fills] the air as the grass dances upon a gentle breeze. A large basket of herbs rests against the fence to the west. Every time I walk in this garden, I think, "Now I know what it is like to live in paradise."

	(A)	(B)	(C)
①	that	both	fill
②	that	both	fills
③	that	either	fills
④	those	either	fill
⑤	those	either	fills

50. **(A), (B), (C)** 각 네모 안에서 어법에 맞는 표현을 골라 짝지은 것으로 가장 적절한 것은?

> I was five years old when my father introduced me to motor sports. Dad thought (A) [it / which] was a normal family outing to go to a car racing event. It was his way of spending some quality time with his wife and kids. (B) [Few / Little] did he know that he was fueling his son with a passion that would last for a lifetime. I still remember the awesome feeling I had on that day in May when my little feet (C) [carried / were carried] me up the stairs into the grandstands at the car racing stadium.

	(A)	(B)	(C)
①	it	Little	carried
②	it	Few	were carried
③	it	Little	were carried
④	which	Few	carried
⑤	which	Little	were carried

51. 다음 글의 밑줄 친 부분 중, 어법상 틀린 것은?

I wonder how many people give up just when success is almost within reach. They endure day after day, and just when they're about ① to make it, decide they can't take any more. The difference between success and failure is not ② that great. Successful people have simply learned the value of staying in the game until it ③ is won. Those who never make it ④ are the ones who quit too soon. When things are darkest, successful people refuse to give up because they know they're almost there. Things often seem at ⑤ its worst just before they get better. The mountain is steepest at the summit, but that's no reason to turn back.

memo

15 전치사

전치사란 명사나 대명사의 앞에 놓여 **[전치사 + 명사]** 또는 **[전치사 + 대명사]**의 묶음으로서 전치사구를 만들어 새로운 역할과 의미를 갖게 만들어 주는 품사를 말한다.

■ 전치사의 역할·목적어

(1) 전치사의 역할

[전치사 + 명사(구)] 또는 **[전치사 + 대명사]**로 구성된 전치사구는 주로 명사를 수식하는 형용사구의 역할과 동사나 문자 전체를 수식하는 부사구의 역할을 한다.

① 형용사 역할

- The building on the hill is my house.
  (언덕 위에 있는 그 건물은 내 집이다.)
- The people on the bus were singing.
  (버스에 있는 사람들이 노래를 부르고 있었다.)
- He is a man of great learning.
  (그는 대학자이다.)

② 부사역할

- My mom is good at cooking. (우리 엄마는 요리를 잘 하신다.)

• He broke his arm <u>during</u> the fight. (그는 싸우다가 팔이 부러졌다.)
• I started <u>early</u> in the morning. (나는 아침 일찍이 출발하였다.)

(2) 전치사의 목적어

전치사 뒤에 올 수 있는 **명사나 대명사**를 전치사의 목적어라 한다. 전치사의 목적어로는 명사 역할을 하는 것들 (명사, 대명사, 동명사, 명사구, 명사절 등)이 올 수 있다.

• I will visit my grandparents <u>during</u> this summer vacation.
(나는 이번 여름 방학 동안 나의 조부모님 댁을 방문할 것이다.)
• She gave the letter <u>to</u> him. (그녀는 편지를 그에게 주었다.)

(3) 전치사의 생략

① 시간, 거리, 정도, 방법을 나타낼 때
• Let's meet (on) Friday evening. (금요일에 만나요.)
• Please wait (for) a while. (잠시 동안 기다려 주세요.)
• We went (for) quite a long way. (우리는 꽤 먼 길을 갔다.)

② 나이, 모양, 크기, 색상, 가격 등을 나타낼 때 of 생략
• We are (of) the same age. (우리는 나이가 같다.)
• Do you happen to have a son (of) my age?
(당신은 혹시 제 나이 또래의 아들이 있어요?)

■ 전치사 용법

▌in

① 시간 : ~에(세기, 년, 계절, 월, 오전, 오후)/ ~내에, ~안에/ ~후에

in the 18th century (18세기에)
in the morning / afternoon / evening (아침에/오후에/저녁에)

• It will be ready in a week. (그것은 일주일 후면 준비될 것이다.)

② 장소 : ~에서, ~안에서

- a country in Africa (아프리카에 있는 국가)
- The kids were playing in the street.
  (아이들이 거리에서 놀고 있었다.)

③ 상태 : ~한, ~ 된

- I'm in love! (난 사랑에 빠졌어!)
- The house is in good repair. (그 집은 수리가 잘된 상태이다.)

④ 방법 : ~로, ~으로

- The campers sat in a circle around the fire.
  (야영객들은 불 주위에 원형으로 둘러앉았다.)

▌on

① 시간 : ~ 에(날짜), ~하자마자

- He came on Sunday. (그는 일요일에 왔다.)
- We meet on Tuesdays. (우리는 (매주) 화요일에 만난다.)

② 장소 : ~위에

- Can you see that fly on the ceiling?
  (너는 천장에 앉아 있는 저 파리가 보이니?)
- Put it down on the table. (그거 탁자(위)에 내려놔.)

② 수단 : …으로[…을 타고]

- He was on the plane from New York
  (그는 뉴욕발 비행기를 타고 있었다.)
- to travel on the bus (버스를 타고 다니다.)

▌at

① 시간 : ~에(시각)

- I didn't know at the time of writing.
  (내가 편지를 쓸 때는 (그것을) 몰랐다.)
- We left at 2 o'clock. (우리는 2시에 떠났다.)

② 장소 : ~에, ~에게

- They arrived late at the airport. (그들은 공항에 늦게 도착했다.)
- At the roundabout take the third exit.
  (로터리에서 세 번째 진출로로 빠지세요.)
- I met her at the hospital. (난 병원에서 그녀를 만났다.)

③ 활동·종사 : ~에 종사하여

- She is at work in the garden. (그녀는 정원에서 일하고 있다.)

▌with

① 소유 : ~을 가진, ~이 달린

- a girl with red hair (머리가 빨간 소녀)
- a man with a suitcase (여행 가방을 든 남자)

② 이유·원인 : ~으로 인해, ~ 때문에

- She blushed with embarrassment.
  (그녀는 쑥스러워서 얼굴을 붉혔다.)
- His fingers were numb with cold.
  (그의 손은 추위로 감각이 없었다.)

③ 동시상황 : ~한 상태로, ~한 채, ~하면서

- With night coming on, we closed our shop.
  (밤이 되어 우리는 가게를 닫았다.)

▌to

① 방향 : ~로, ~을 향해

- Her childhood was spent travelling from place to place.
  (그녀는 어린 시절을 이곳저곳으로 옮겨 다니며 보냈다.)
- I walked to the office. (나는 사무실로 걸어갔다.)
- He pointed to something on the opposite bank.
  (그가 건너편 둑에 있는 뭔가를 가리켰다.)

② 정도·범위 : ~하게도, ~(에 이르기)까지

• The meadows lead down to the river.
(풀밭은 아래로 강까지 이어져 있다.)

• Her hair fell to her waist.
(그녀의 머리는 허리까지 내려왔다.)

• I watched the programme from beginning to end.
(나는 그 프로를 처음부터 끝까지 보았다.)

③ 비교·대비 : ~에 비해, ~보다

• This idea is superior to that one.
(이 아이디어가 저것보다 낫다.)

• I prefer walking to climbing.
(나는 등산보다 걷기를 더 좋아한다.)

▌for

① 기간 : ~동안

• I'm going away for a few days.
(제가 며칠 동안 자리를 비울 거예요).

• That's all the news there is for now.
(지금으로서는 그것이 뉴스 전부이다.)

② 방향 : ~을 향해, ~로

• The ship is bound for Incheon. (그 배는 인천행이다.)

• She knew she was destined for a great future.
(그녀는 자신이 위대한 미래로 나아갈 운명인 것을 알고 있었다.)

③ 목적 : ~을 위해

• We wrote to him for advice.
(우리는 조언을 구하기 위해 그에게 편지를 썼다.)

• Can you translate this letter for me?
[(날 위해) 이 편지 좀 번역해 주겠어요?]

④ 원인 : ~ 때문에

- He blamed me for the delay.
  (그는 지연된 것에 대해 나를 탓했다.)

▌from

① 출발점 : ~로부터, ~에서

- She began to walk away from him.
  (그녀는 그에게서 멀리 걸어가기 시작했다.)
- Has the train from Bristol arrived?
  (브리스톨에서 오는 기차 도착했나요?)

② 방어·제지 : ~에서, ~하지 않도록

- Rain prevented me from going out.
  (비 때문에 나는 외출을 하지 못했다.)

③ 원인 : ~ 때문에, ~로

- She felt sick from tiredness.
  (그녀는 피곤해서 몸이 좋지 않았다.)
- He got ill from overwork.
  (그는 과로로 병이 났다.)

④ 출신·기원 : ~에서, ~로부터

- I'm from Italy. (저는 이탈리아 출신입니다.)
- documents from the sixteenth century.
  [16세기 (때부터 전해 오는) 문서]

▌by

① 시간 : ~까지

- Can you finish the work by five o'clock?
  (그 일을 다섯 시까지 끝낼 수 있겠어요?)
- By this time next week we'll be in New York.
  (다음 주 이맘때쯤이면 우리가 뉴욕에 있을 것이다.)

② 수단 : ~로, ~에 의해

- May I pay <u>by</u> cheque? (수표로 지불해도 될까요?)
- I will contact you <u>by</u> letter. (편지로 연락드리겠습니다.)

③ 동작의 주체 : ~에 의해

- This book is written <u>by</u> my English teacher.
  (이 책은 내 영어 선생님에 의해 쓰인다.)
- The bread was made <u>by</u> hand.
  (그 빵은 손으로 만들어졌다.)

▌of

① 소유, 부분 : ~의

- the director <u>of</u> the company. (그 회사의 이사)
- a member <u>of</u> the team. (그 팀의 일원)

② 기원·출신 : ~로부터, ~출신의

- a woman <u>of</u> Italian descent. (이탈리아 출신의 여자)
- the people <u>of</u> Wales. (웨일스 사람들)

③ 원인·이유 : ~로 인해, ~로

- He died <u>of</u> a fever. (그는 열병으로 죽었다.)

▌시간의 전치사

at : 짧은 시간
on : 하루의 시간.(요일, 날짜)
in : 여러 날의 시간 (월, 계절, 년)
for : 일정한 기간 동안을 나타내는 명사가 수사와 함께 온다.
during : 동작·상태의 계속 기간을 나타내는 명사가 온다.
until[till] : 어느 때까지의 동작의 계속을 나타낸다.
by : 어느 때까지의 동작의 완료를 나타낸다.

- She gets up at seven in the morning. [시간]
  (그녀는 아침 7시에 일어난다.)
- We are to meet him at noon. [시간]
  (우리는 그를 정오에 만날 예정이다.)

장소·운동·방향을 나타내는 전치사

at : 비교적 좁은 장소·번지	**in** : 비교적 넓은 장소
on : ~위에 (표면에 접촉)	**beneath** : ~의 아래에 (표면에 접촉)
over : ~위에 (똑바로 위)	**under** : ~의 아래에 (똑바로 아래)
up : 위로(운동 상태)	**down** : 아래로(운동 상태)
above : 위쪽에 (over를 포함하여 위)	
below : 아래쪽에 (under를 포함하여 아래)	
in : ~안에	**into** : 밖에서 안으로
out of : 안에서 밖으로	**from** : ~으로부터
to : ~에, ~으로	**for** : ~을 향해서
toward : ~쪽으로	**along** : ~을 따라서
across : ~을 가로질러	**through** : ~을 관통하여
near : ~의 가까이에	**by** : ~의 곁에
beside : ~의 곁에(한층 가까운 것)	**around** : ~의 주위로(운동)
about : ~의 주위에<위치>	**between** : ~사이에 (대상이 둘일 때)
among : ~사이에(대상이 셋 이상일 때)	

- She started for Hong Kong. (그녀는 홍콩으로부터 출발했다.)
- He has travelled throughout the country.
  (그는 그 나라를 방방곡곡 두루 여행했다.)
- They found the body buried beneath a pile of leaves.
  (그들은 그 시체가 낙엽 더미 아래 묻혀 있는 것을 발견했다.)
- The country was drifting toward ruin.
  (그 나라는 파탄의 길로 빠져들어 가고 있었다.)

▌원인의 전치사

because of, thanks to, on account of, owing to : ~ 때문에
die of : 병·굶주림으로 인한 사망
die from : 부주의·부상·과로에 의한 사망

- He died of AIDS. (그는 AIDS로 인하여 죽었다.)
- Many thousands of people die from starvation every year.
(매년 수많은 사람들이 기아로 죽어간다.)

▌양보의 전치사

in spite of, despite, notwithstanding, for all, with all, in the face of : ~에도 불구하고

- They enjoyed their day at the zoo, despite the bad weather.
(날씨가 좋지 않았지만 그들은 동물원에서 즐거운 하루를 보냈다.)
- She loved her child with all her heart and soul.
(그녀는 그녀의 아이를 진심으로 사랑했다.)
- She finally succeeded in the face of all trying odds.
(그녀는 모든 시험적인 역경에도 불구하고 결국에는 성공하였다.)

▌목적의 전치사

for : ~을 위하여 **after** : ~을 추구하여
on : ~의 목적으로 <용무·여행>

- He had to work hard for his living.
(그는 생계를 위해 열심히 일해야 했다.)

기타 주요 전치사

by : ~에 의하여 <수단·방법> **with** : ~으로, ~을 써서 <기구·수단>
through : ~을 통해 <중개>
but : ~을 포함시키지 않고 <소극적으로>
except : ~을 제외하고 <적극적으로>
except for : ~라는 점 외에는, ~을 제외하면
on : ~에 관해서 <전문적인 내용에 쓰여>
about : ~에 대하여 <일반적인 내용·비격식체에 쓰여>

- We are all ready except you. (너 말고 우린 모두 준비가 돼 있다.)
- He won't work except when he is pleased.
  (마음이 내킬 때가 아니면 일을 하려고 하지 않는다.)

전치사

01. 밑줄 친 부분이 틀린 것을 고르시오.

> ① Above sixty percent ② of the workers ③ in Haverhill, Massachusetts, are employed ④ in the leather and shoe industry.

(①Above, ②of, ③in, ④in 에 밑줄)

02. 빈칸에 들어갈 말로 알맞은 것을 고르시오.

> My brother sometimes has hard time ______ early in the morning. He usually doesn't get up _____ 8: 30.

① to get up — by　　② getting up — to
③ to get up — until　　④ getting up — until

03. 빈칸에 들어갈 말로 알맞은 것을 고르시오.

All of a sudden(①) the young woman rose(②) to her feet(③) and struck him on his face(④).

04. 빈칸에 들어갈 말로 알맞은 것을 고르시오.

> Her flight is scheduled to arrive early ________ morning.

① in　　② at　　③ this　　④ on

05. 밑줄 친 부분이 틀린 것을 고르시오.

Alternatively(①), the U.S. and Britain could simply depose(②) Iraq's existing(③) government and replace it to(④) a puppet government.

06. 밑줄 친 부분이 틀린 것을 고르시오.

There were(①) lots of(②) young boys and girls(③) dancing pop music(④).

07. 밑줄 친 부분이 틀린 것을 고르시오.

The sun's glow ① was dim at first and it ② rose so gradually they ③ weren't aware of it until it was ④ totally above of the horizon.

08. 밑줄 친 부분이 틀린 것을 고르시오.

We have received(①) a guarantee that(②) the building work will be(③) finished until(④) next week.

09. 밑줄 친 부분이 틀린 것을 고르시오.

The region of the atmosphere ① in which ozone is ② most concentrated is known as the ozone layer, which ③ lies in about 16 to 32 kilometers ④ above the earth.

10. 빈칸에 들어갈 말로 알맞은 것을 고르시오.

In 1870, ___________, John D. Rockefeller and others created the Standard Oil Company.

① that oil prices fluctuated
② despite fluctuating oil prices
③ but the oil prices fluctuated
④ oil prices were fluctuating

11. 밑줄 친 부분이 틀린 것을 고르시오.

If we run more than(①) a few minutes after(②) schedule, the whole evening's(③) viewing will(④) be canceled.

12. 밑줄 친 부분이 틀린 것을 고르시오.

The(①) Metropolitan Museum of Art in(②) N.Y. City is located(③) nearby(④) Central Park.

13. 밑줄 친 부분이 틀린 것을 고르시오.

So after(①) the war, he turned his(②) attention on(③) the promotion of peace in a(④) nuclear age.

14. 빈칸에 들어갈 말로 알맞은 것을 고르시오.

> Airlines take their cell phone ban more seriously, ___________ recent news reports of a 1996 study that found no evidence of interference with navigation systems.

① as ② since ③ despite ④ following

15. 밑줄 친 부분이 틀린 것을 고르시오.

> ① Divorced, living ② in public assistance in an Edinburgh apartment with her infant daughter, J.K.Rowling ③ wrote Harry Potter and the Philosopher's Stone ④ at a cafe table.

16. 빈칸에 들어갈 말로 알맞은 것을 고르시오.

James Thomson is wealthier than his brother _______ at least 2 million dollars.

① with ② by ③ for ④ in

17. 밑줄 친 부분이 틀린 것을 고르시오.

Kepler's laws described the postions and motions of the planets with great accurately(①), but they(②) did not explain what(③) caused the planets to follow(④) those paths.

18. 밑줄 친 부분이 틀린 것을 고르시오.

Even as(①) Americans have been gaining weight(②), they have cut their average fat intake(③) from 36 to 34 percent of their total diets by the past 15 years(④).

19. 밑줄 친 부분이 틀린 것을 고르시오.

At ordinary temperatures(①), vapors assume(②) a liquid or solid state(③) under high pressured(④).

20. 밑줄 친 부분이 틀린 것을 고르시오.

"What kind of suit did you buy?" "Well, I think it's somewhat (   ) yours."

① similar as ② alike ③ like ④ as

21. 밑줄 친 부분이 틀린 것을 고르시오.

> ① According many critics, ② Mark Twain's novel Huckleberry Finn is ③ one of the greatest American novels ④ ever written.

22. 밑줄 친 부분이 틀린 것을 고르시오.

> If you ① had ② kept us ③ on the picture, communications would not have ④ broken down.

23. 빈칸에 들어갈 말로 알맞은 것을 고르시오.

> According to ___________ quantum mechanics, it is normally impossible to pinpoint the orbit of an electron bond in an atom.

① the related laws
② the laws are related
③ the laws of
④ the laws are related to

16 부 사

부사의 역할

동사, 형용사, 다른 부사를 수식하거나 **구, 절, 문장 전체**를 수식한다.

- The house is <u>relatively</u> expensive. - 부사수식
  (그 집은 비교적 비싸다.)
- I can't go with you <u>just</u> because I am too busy. - 절 수식
  (제가 단지 너무 바빠서 당신과 함께 갈 수가 없습니다.)
- She came <u>late</u> for school. - 동사 수식
  (그녀는 수업에 늦게 왔다.)
- <u>Frankly</u>, I am not satisfied with you. - 문장 전체수식
  (솔직히, 나는 당신의 그 일에 만족하지 않는다.)

▸ 부사형태

형용사 + ly = 부사

quick → **quickly**	happy → **happily**
simple → **simply**	whole → **wholly**

▸ 명사 + ly → 형용사

manly (남자다운)	**cowardly** (비겁한)
womanly (여자다운)	**costly** (비싼)
motherly (어머니다운)	**lively** (활기찬)
friendly (친절한)	**lonely** (외로운)
lovely (사랑스러운)	**homely** (가정적인)

▸ 형용사와 부사의 형태가 같은 것들

last (부사: 마지막으로, 형용사: 마지막의)
lonely (부사: 외롭게, 형용사: 외로운)
fast (부사: 빠르게, 형용사: 빠른)
lovely (부사: 사랑스럽게, 형용사: 사랑스러운)
far (부사: 멀리, 형용사: 먼)
early (부사: 일찍, 형용사: 이른)

- a far country <형용사>
  (먼 나라)
- We didn't go far. <부사>
  (우리는 멀리 가지 않았다.)
- That clock's ten minutes fast. <형용사>
  (저 시계는 10분이 빠르다.)
- How fast were you going? <부사>
  얼마나 빨리 가고 있었던 거예요?
- She lives alone and often feels lonely. <형용사>
  (그녀는 혼자 살고 자주 외로움을 느낀다.)
- That looks like a lovely spot. <형용사>
  (그곳은 사랑스러운 장소처럼 보인다.)

▸ 모양은 비슷하나 뜻이 전혀 다른 부사

dear (소중하게) - **dearly** (매우)	**hard** (열심히) - **hardly** (거의 ~않다)
high (높게) - **highly** (매우)	**just** (방금) - **justly** (공정하게)
late (늦은) - **lately** (최근에)	
almost (거의) - **most** (가장) - **mostly** (대개)	
near (가까이) - **neatly** (거의)	
pretty (꽤) - **prettily** (예쁘게)	

- I'm hard at work on my next presentation.
  (다음 발표를 위해 열심히 준비하고 있어.)
- I was hardly aware of what I was doing.
  (내가 무엇을 하고 있는지 거의 의식하지 못했어요.)
- I don't want to be late. (지각하고 싶지 않아요.)
- You just haven't seemed like yourself lately.
  (요새 제정신이 아닌 것 같네요.)
- I've just heard the news. (나는 그 소식을 방금 들었어.)
- All virtue is summed up in dealing justly.
  (모든 미덕은 올바른 행위를 통해 요약되어 나타난다.)

부사의 위치

부사는 형용사와 부사를 앞에서 수식하는 것이 원칙이다. 반면에 동사를 수식할 때는 그 위치가 다양하며, 문장 전체를 수식할 때는 주로 문두에 위치한다.

① 빈도·정도부사 : 일반동사 앞, be 동사나 조동사 뒤

- They usually don't answer when they're busy.
  (그 사람들은 바쁘면 보통 전화를 안 받아요.)
- I can hardly find him helped to this end.
  (나는 이 목적에 그가 거의 도움이 되지 않는다고 생각한다.)

• He seldom writes to his father.
(그는 아버지에게 좀처럼 편지를 쓰지 않는다.)

▸ 빈도부사 : **often, hardly, sometimes, seldom, usually, alway**등

② 자동사를 수식 : 자동사 뒤

• She smiles shyly. (그녀는 수줍게 미소 짓는다.)

• The sun shines brightly and the birds sing merrily.
(태양은 밝게 빛나고 새들은 즐겁게 노래를 부른다.)

③ 타동사를 수식 : 목적어 뒤

• She can speak English fluently.
(그녀는 유창하게 영어를 말 할 수 있다)

• The scientist explained the theory Plainly.
(그 과학자는 그 이론을 분명하게 설명했다.)

④ 장소를 나타낼 때 : 〈장소+방법+시간〉의 순서

• They arrived here safely last night.
(그들은 어젯밤에 여기에 무사히 도착했다.)

⑤ 문장 전체를 수식할 경우 : 보통 문장의 맨 앞

• Fortunately she could arrive there in time.
(다행스럽게도 그녀는 제시간에 거기에 도착할 수 있었다.)

• Probably she will come. (아마 그녀가 올 거예요.)

• Apparently, she is far from being able to do it.
(분명히, 그녀는 결코 그것을 할 능력이 못 된다.)

■ 주요부사의 용법

▌ago, before, since의 구분

① ago

기간을 나타내는 수사 + **ago** 과거시제와 함께 사용 **(지금부터 ~전에)**

• We met for the first time five years ago.
(우리는 5년 전에 처음 만났다.)

- The letter came a few days ago.
  (그 편지는 며칠 전에 왔다.)
- This school was founded a hundred years ago.
  (이 학교는 100년 전에 섰다.)

② before

현재완료, 막연한 과거, 과거완료와 함께 사용 **(그때부터 ~전에)**

- Please be at the gate 30 minutes before departure time.
  (출발시간 30분전까지 탑승구로 오십시오.)
- He arrived before me.
  (그는 나보다 먼저 도착했다.)
- She's lived there since before the war.
  (그녀는 전쟁 전부터 거기에 살고 있다.)

③ since

현재완료와 함께 사용 **(그때부터 지금까지 계속)**

- It has been years since we met after graduation.
  (졸업 후 만난 지 수년이 됐군.)
- It was the first time I'd had visitors since I'd moved to London.
  (내가 런던으로 이사를 한 이후로 손님이 찾아온 것은 그때가 처음이었다.)
- It's twenty years since I've seen her.
  (내가 그녀를 본 지 20년이 되었다.)

already, yet, still의 구분

① already

궁정문에서 사용(이미), 의문문에서는 의외, 놀람 표시 **(벌써)**

- I already have a steady boyfriend.
  (난 이미 사귀는 남자친구가 있어.)
- We got there early but Mike had already left.
  (우리가 거기 일찍 도착했지만 마이크는 이미 가고 없었다.)

• You're not leaving already, are you?
(너 벌써 가려는 건 아니지, 응?)
• Is it 10 o'clock already? (벌써 10시야?)

② yet

부정문(아직), 의문문(이미, 벌써)에서 사용

• The time is not mature yet.
(시기적으로 빠르다.)
• I didn't receive a letter from him yet.
(난 그에게서 아직 편지를 받지 못했다.)
• We don't need to start yet.
(우린 아직 출발할 필요가 없어.)
• 'Are you ready?' 'No, not yet.'
("준비 됐니?" "아니, 아직 안 됐어.")

③ still

동작, 상태의 계속을 의미 **(아직도, 여전히)**

• He is still reading a book. (그저 책을 읽고 있다.)
• There's still time to change your mind.
(당신이 마음을 바꿀 시간은 아직 있다.)
• It was, and still is, my favourite movie.
(그것은 내가 제일 좋아하는 영화였고 아직도 그러하다.)

too, either의 구분

① too

긍정문 (문미에 위치하는 것이 원칙)

• If you go, I'll go too. (네가 간다면 나도 갈게.)
• When I've finished painting the bathroom, I'm going to do the kitchen too.
(내가 목욕탕에 페인트칠을 다 하면 부엌도 할 거예요.)

② either

부정문 (문미에 위치하는 것이 원칙)

- If you don't go, I will not go either.
  (만일 네가 가지 않으면 나도 가지 않는다.)
- Pete can't go and I can't either.
  (피트는 못 가. 나도 그렇고.)
- 'I don't like it.' 'Me either.'
  ("난 그거 맘에 안 들어." "나도 그래.")

enough의 위치

형용사나 부사 뒤 / 명사는 앞

- I didn't arrive at the station early enough.
  (나는 역에 충분히 일찍 도착하지 못했다.)
- We haven't got enough eggs.
  (우리는 계란을 충분히 갖고 있지 못한다.)
- This house isn't big enough for us.
  (이 집은 우리가 살 수 있을 만큼 크지가 않다.)
- She's old enough to decide for herself.
  (그녀가 스스로 결정을 내릴 수 있을 정도의 나이가 되었다.)

▸ 부정의 부사

never (결코 ~않다.)	**hardly** (거의 ~ 않다.)
seldom (좀처럼 ~않다.)	**rarely** (좀처럼 ~않다.)
little (거의 ~않다)	**nowhere** (아무데도 없다.)
no longer ~than (~하자마자)	**not until** (~하고서야 비로소 ~하다.)

① not과 함께 사용하지 않으며, 부정문을 만든다.

- I could <u>hardly</u> hear her. (나는 그녀의 소리를 거의 들을 수 없었다.)
- ▸ I couldn't hardly hear her. (x)

② 강조를 위해 문두에 오면 도치된다.

- <u>Rarely</u> has the marketing environment been more complex and subject to change.
  (마케팅 상황이 지금처럼 복잡하고 갈피를 잡기 어려운 때는 거의 없었다.)

부사

01. 밑줄 친 부분이 틀린 것을 고르시오.

Tokyo rebuffed an agricultural delegation from the U.S. last week and reported(①) wants Washington to require(②) mad-cow testing for all 35 million cattle killed(③) in the U.S. each year something(④) David Hegwood, head of the America delegation, rejected(⑤).

02. 밑줄 친 부분이 틀린 것을 고르시오.

The mass ① production of paper bags cut costs ② so much that a bag ③ soon became a routine part of ④ near every purchase.

03. 밑줄 친 부분이 틀린 것을 고르시오.

① As observed with special instruments from Earth, ② the Sun appears in the sky ③ to be slight larger in January than in July. Which of the following ④ accounts for this observation?

04. 밑줄 친 부분이 틀린 것을 고르시오.

A good golfer(①) careful chooses(②) which club(③) to use(④).

05. 밑줄 친 부분이 틀린 것을 고르시오.

As a novel popular music created by the first generation of African
①
Americans born after slavery, ragtime represented an affirmation of
②
their new experienced freedoms and an optimistic vision of the future.
③ ④

06. 밑줄 친 부분이 틀린 것을 고르시오.

Ever since he came here, he has been complaining about constantly
① ② ③ ④
the food.

07. 밑줄 친 부분이 틀린 것을 고르시오.

① It is the finding of this committee that ② temporary measures will not ③ sufficient arrest the rise ④ in unemployment.

08. 밑줄 친 부분이 틀린 것을 고르시오

In January, overall energy ① prices advanced ② 0.9 percent, after ③ falling sharp in each of ④ the prior three months.

09. 밑줄 친 부분이 틀린 것을 고르시오

This new program ① automatical searches ② for the lowest ③ flight fare ④ available.

10. 밑줄 친 부분이 틀린 것을 고르시오

Proper cleansed, the worshippers prostrate themselves, facing Mecca,
① ② ③ ④
and offer their prayers.

11. 다음 중 빈칸에 들어갈 말로 알맞은 것을 고르시오.

> Actually, I have not been feeling very well ________.

① late ② lately ③ later ④ latter

12. 밑줄 친 부분이 틀린 것을 고르시오.

It is <u>scientifically</u>① proven that <u>practical</u>② <u>all</u>③ of the Bearing Sea water <u>comes</u>④ from the Pacific Ocean.

13. 밑줄 친 부분이 틀린 것을 고르시오.

<u>Never</u>① eat anything <u>quickly</u>② and <u>hungry</u>③ <u>in front of</u>④ people.

14. 밑줄 친 부분이 틀린 것을 고르시오.

Although <u>it</u>① cannot <u>be proven</u>②, <u>presumable</u>③ the expansion of the universe will slow down as <u>it approaches</u>④ a critical radius.

15. 밑줄 친 부분이 틀린 것을 고르시오.

> Mercury and alcohol ① <u>are</u> ② <u>widely</u> used in thermometers because ③ <u>their</u> volume increases ④ <u>uniform with</u> temperature.

16. 밑줄 친 부분이 틀린 것을 고르시오.

His speech was a <u>careful</u>① <u>worded</u>② attempt <u>to evade</u>③ his responsibility <u>in</u>④ the matter.

17. 밑줄 친 부분이 <u>틀린</u> 것을 고르시오.

> We attempt to ① <u>order</u> the world ② <u>by</u> sorting ③ <u>its</u> features under pairs of opposites, but opposites in the real word never ④ <u>match</u> up ⑤ <u>neat</u> with our conceptual opposites.

18. (A), (B), (C)의 각 네모 안에서 어법에 맞는 표현을 골라 짝지은 것은?

> The jobs that (A) [most / almost] companies are doing with information today would have been impossible several years ago. At that time, getting rich information was very expensive, and the tools for (B) [analysis / analyzing] it weren't even available until the early 1990s. But now the tools of the digital age give us a way to easily get, share, and (C) [act / acting] on information in new ways.

	(A)	(B)	(C)		(A)	(B)	(C)
①	most	analysis	acting	②	almost	analyzing	act
③	most	analyzing	act	④	almost	analysis	acting
⑤	most	analysis	act				

memo

17 형용사

형용사는 명사의 성질·상태·수량을 수식해주거나(**한정적 용법**) 또는 2형식문장의 주어나 5형식문장의 목적어를 보충 설명해주는 역할(**서술적 용법**)을 수행한다.

성상형용사

사물·사람의 성질·상태 등을 나타낸다.

(1) 한정적 용법

명사의 앞이나 뒤에서 그 명사를 직접 수식하는 경우

▸ 한정적 용법으로만 쓰이는 형용사

the former president (전직 대통령)
an elder sister (언니, 누나)
the outer space (외계)
the upper side (상부)
a complete victory (완승)
the main street (대로)
the only chance (유일한 기회)
an inner court (안뜰)
the latter half (후반부)
fallen leaves (낙엽)
the chief industry (주요 산업)
a mere child (아주 어린아이)
the total cost (총 비용)

- He is the former president. (그는 전 대통령이다.)
- There is a fountain in the inner court.
  (안마당에 분수가 있다.)
- The fallen leaves are spread all over the garden.
  (낙엽이 뜰에 널려 있다.)
- Our team won a complete victory at the championship games.
  (우리 팀은 챔피언전에서 완승을 하였다.)
- This might be the only chance to see its blossom during their lifetimes.
  (이것은 그들의 평생 동안 그것의 개화를 볼 수 있는 유일한 기회일지도 모릅니다.)

(2) 서술적 용법

2형식 문장의 주격보어나 5형식 문장의 목적격보어로 사용되는 경우

▸ 서술적 용법에만 쓰이는 형용사

afraid (두려운)	**alike** (같은)	**alive** (살아있는)
alone (혼자인)	**ashamed** (부끄러운)	**asleep** (잠든)
awake (깨어있는)	**aware** (알고 있는)	**content** (만족한)

- When I got home, I was so tired that I just fell asleep.
  (집에 도착했을 때, 너무 피곤해서 그대로 잠들어 버렸다.)
- The building looks very tall.
  (그 건물은 매우 높아 보인다.)
- I found the movie very interesting.
  (나는 영화가 굉장히 재미있다고 생각했다.)

(3) 한정적 용법과 서술적 용법에 따라 뜻이 다른 형용사

- She has certain charm. <어떤, 약간의>
  (그녀에게는 어떤 매력이 있다.)

• I'm <u>certain</u> of his success. **<확신하는>**
(나는 그의 성공을 확신한다.)

• He is the <u>present</u> king. **<현재의>**
(그는 현재의 왕이다.)

• Everybody was <u>present</u>. **<참석한, 출석한>**
(모두가 참석했다.)

• We don't want to be <u>late</u> for our appointment. **<늦은>**
(약속시간에 우리 늦으면 안 되잖아요.)

• The late Mr. Smith. **<돌아가신, 작고한>**
(작고한 스미스 씨.)

▸ 동일어원이면서 의미가 서로 다른 형용사

comparative : 비교의, 비교상의.
comparable : ~에 필적하는, ~과 비교할 수 있는.
continual : 계속적인, 번번이 일어나는.
continuous : 연속적인.
considerable : 많은, 상당한.
considerate : 동정심 많은, 사려깊은.
considering : ~을 고려하면, ~에 비해.
economic : 경제학의, 경제적인, 경제의.
economical : 절약하는, 낭비하지 않는.
healthy : 건강한, 건장한.
healthful : 건강에 좋은.
historic : 역사적으로 유명한, 역사적인.
historical : 역사에 관한.
industrious : 근면한.
industrial : 산업의, 공업의.
imaginative : 상상력이 풍부한.
imaginary : 가상적인, 비현실적인.
imaginable : 상상할 수 있는.
momentous : 중대한.
momentary : 순간적인.
literal : 문자의, 글자의, 원문에 충실한.
literary : 문학의, 작가의.
literate : 학식이 있는. (≠ illiterate; 문맹의)
memorable : 기억할만한.
memorial : 기념의, 기념이 되는.

practical : 실제적인, 실천적인, 실용적인.
practicable : 사용할 수 있는, 실천할 수 있는.
sensible : 분별 있는, 현명한, 깨닫고 있는.
sensitive : 민감한, 섬세한, 상하기 쉬운.
respectable : 존경할만한, 훌륭한.
respectful : 경의를 표하는, 공손한.

- There are many ways to study Comparative Politics.
  (비교정책을 연구하는데 많은 방법이 있다.)
- Passive smoking has no comparable harmful effects.
  (간접흡연은 이러한 해로운 영향과 비교할 수가 없다.)
- We face serious industrial pollution.
  (우리는 다양한 산업공해에 직면하고 있다.)
- Ants are industrious insects. (개미는 부지런한 곤충이다.)
- The respectable people are over there.
  (존경할만한 사람들이 저쪽에 있다.)
- We were brought up to be respectful of authority.
  (우리는 권위를 존중하도록 양육을 받고 자랐다.)
- She's a sensible sort of person.
  (그녀는 합리적인 사람이다.)
- She is very sensitive to other people's feelings.
  (그녀는 다른 사람들의 기분에 대해 아주 세심하다.)

■ 수사표현

(1) 수사+단위명사+명사

- He has a two-year subscription to that magazine.
  (그는 그 잡지를 2년간 정기구독예약을 하기로 했다.)

(2) 분수 읽기와 수의 일치

- 1/3 : one third → 분자는 기수, 분모는 서수로 읽는다.
- 3과 5/8 : three and five eighths → 대부분의 앞 숫자는 기수로 읽는다.

(3) 부정수량형용사

① many 〈셀 수 있는 명사〉의 수

- Many people are leaving the country. **<many 복수명사 v : 복수취급>**
  (많은 사람들이 시골을 떠난다.)
- Many a true word is spoken in jest. **<many a 단수명사 : 단수 취급>**
  (농담 속에 진담이 많다)

▸ 둘의 의미 차이는 거의 없다. **단수, 복수**에만 중점을 두고 보면 된다.

② much 〈셀 수 없는 명사〉의 양

- He uses way too much butter.
  (그는 너무 많은 버터를 사용했어요.)
- I don't have much money with me.
  (나는 가진 돈이 많지 않다.)

③ few, a few 〈셀 수 있는 명사 앞에 쓰이는 수량 형용사〉

a few (조금 있는)

- She jumped a few times and knocked the spider web away.
  (그녀는 몇 번을 뛰었고, 손으로 거미줄을 쳐서 떨어뜨렸다.)
- Hopefully we'll have you back on our staff in a few years.
  (몇 년 안에 다시 우리와 함께 일했으면 좋겠어요.)
- I need a few things from the store.
  (나는 가게에서 살 게 몇 가지 있다.)

few (거의 없는)

- Few live to be one hundred years old.
  (100세까지 사는 사람은 거의 없다.)

• Few people understand the difference.
(그 차이를 이해하는 사람은 많지 않다.)

• Very few students learn Latin now.
(이제는 라틴어를 배우는 학생이 거의 없다.)

④ little, a little 〈셀 수 없는 명사 앞에 쓰이는 수량형용사.〉

a little (조금 있는)

• It is a little way aside from the road.
(큰 길에서 조금 들어간 곳이다.)

• Could I have it broiled a little more?
(좀 더 구워 주시겠어요?)

little (거의 없는)

• Little now remains to be done. (이젠 할 일이 별로 없다.)

• There was little doubt in my mind.
(내 마음속에 의심은 거의 들지 않았다.)

• I understood little of what he said.
(나는 그의 말을 거의 이해하지 못했다.)

■ 형용사의 위치와 어순

(1) 명사 앞에 두는 형용사의 어순

• Kristen is a clever lady. (Kristen은 영리한 아가씨이다.)

• It is a nice day today. (오늘 날씨가 좋다.)

• all my three dear little children. (내가 사랑하는 어린 아이들 셋 모두)

▸ **all, both, double**등은 <정관사·대명형용사·수량형용사·성상형용사> 보다 앞에 온다.

(2) 뒤에서 수식하는 형용사

• She brought a basket (which was) full of oranges.
(그녀는 오렌지로 가득 찬 바구니를 가져왔다.)

• I know the man (who is) standing there.
(나는 저기에 서 있는 남자를 알고 있다.)

• Nothing strange happened. (이상한 일은 아무 것도 일어나지 않았다.)

▸ **-thing, -body, -one**으로 끝나는 대명사를 수식할 때

■ 주의할 형용사 구문

(1) 사람을 주어로 하지 않는 형용사

① 타동사의 현재분사에서 온 형용사

• His story is interesting to listen to.
= It is interesting to listen to his story.
(그의 이야기는 듣기 재미있다.)

② 난이의 형용사

난이도를 나타내는 형용사들은 **to 부정사**와 쓸 수 있지만 that 절과 함께 쓸 수 없다.

▸ 난이의 형용사의 종류

difficult (어려운)	**hard** (어려운)	**painful** (고통스러운)
easy (쉬운)	**convenient** (편리한)	**tricky** (다루기 힘든)

• It is difficult for us to understand the difference between the two.
(우리 둘 사이의 차이점을 이해하는 것은 어렵다.)

• It is difficult we understand the difference between the two. (x)

▸ **It is ~that**은 사용 할 수 없다.

• It is hard to fathom the real minds and intentions of men.
(열 길 물속은 알아도 한 길 사람 속은 모른다.)

• It is easy to purchase computers at the present day.
(오늘날 컴퓨터를 구입하는 것은 매우 쉬운 일이다.)

(2) 사람을 주어로 하는 형용사

감정의 원인·이유를 나타내는 that절

- He was glad to see her.
  = He was glad that he saw her.
  (그는 그녀를 만나서 반가웠다)

▸ **glad, happy, lucky, sad**등은 사람을 주어로 하여 that을 수반함

(3) 이성적·감성적 판단의 형용사

It be 이성적·감성적 판단의 형용사 + that 주어 + (should) + 동사원형

▸ 이성적·감성적 판단의 형용사

obligatory (강제적인)	**compulsory** (강제적인)
important (중요한)	**(im)possible** [(불)가능한]
appropriate (적절한)	**essential** (중요한)
natural (당연한)	**strange** (이상한)
surprised (놀라운)	

- It is natural that children should love their parents.
  (자식이 부모님을 사랑하는 것은 당연한 일이다.)
- It is impossible that she answer these questions.
  (그녀가 이 문제들에 답하는 것은 불가능하다.)
- It is compulsory that you pass the exam to enter the university.
  (대학교에 들어가기 위해서는 시험을 통과하는 게 의무적이다.)

형용사

01. 밑줄 친 부분이 틀린 것을 고르시오.

The wild(①) blue phlox, or sweet(②) William, grows in(③) spring in woods moist(④) from Canada to the Gulf coast.

02. 밑줄 친 부분이 틀린 것을 고르시오.

Until recently, any concern with perpetuating(①) the Canadian identity was considered fairly absurd(②) since the admired attitude was internationalism and the real only(③) mark of acceptance in every field of endeavor came from(④) the United states.

03. 다음 빈칸에 들어갈 말로 알맞은 것을 고르시오.

There will never be two snowflakes that are exactly ________.

① unlike ② alike ③ like ④ liking

04. 밑줄 친 부분이 틀린 것을 고르시오.

Bankruptcy legislation is designed(①) to provide(②) an orderly(③) and equitably(④) liquidation of the estates of an insolvent debtor.

05. 다음 빈칸에 들어갈 말로 알맞은 것을 고르시오.

> The ________ fragment showed the intricate ornaments and muscled thighs of the corn god.

① four-feet-long ② four-foot-length
③ four-foot-long ④ four-feet-length

06. 다음 중 틀린 것을 고르시오.

① He is not enough intelligent to pass the entrance examination.
② Soft contact lenses are more comfortable than hard contact lenses.
③ I attended the University of Iowa from 1999 to 2002.
④ She might take a year off school and live in a foreign country.

07. 밑줄 친 부분이 틀린 것을 고르시오.

Alike① other forms of energy, natural gas may be used② to heat③ homes, cook food, and even run④ automobiles.

08. 밑줄 친 부분이 틀린 것을 고르시오.

The victory① students ran through② the streets in③ an exalted④ state of excitement.

09. 밑줄 친 부분이 틀린 것을 고르시오.

> Korea will not advance in getting ① what it wants in other areas, he said, ② unless Korea makes it ③ clearly that its agriculture market ④ will become open at least in the long term.

10. 밑줄 친 부분이 틀린 것을 고르시오.

Iraq, which denies(①) it has any(②) unclear, chemistry(③) or biological weapons, has pledged full co-operation with(④) the inspectors.

11. 밑줄 친 부분이 틀린 것을 고르시오.

Arroyo realizes she has to(①) accommodates her most influence(②) People Power partners - not the eponymous(③) people, but the cabal(④) of generals who hoisted her to power.

12. 밑줄 친 부분이 틀린 것을 고르시오.

> ① Some underground water is ② enough safe to drink, ③ but all surface water must be ④ treated.

13. 다음 빈칸에 들어갈 말로 알맞은 것을 고르시오.

> The computer went off line around 3:45, causing a _______ situation in the terminal.

① chaos ② chaotic ③ chaosed ④ chaoting

14. 밑줄 친 부분이 틀린 것을 고르시오.

This dictionary is specially intended for(①) people whose(②) natural(③) tongue is(④) not English.

15. 다음 중 틀린 것을 고르시오.

① It is an economic car to run; it can do 20 kilometers on a liter of petrol.

② I'm not sure if this sweater is washable or not.

③ He's a member of one of the extreme political parties.

④ I didn't think it was a very attractive place.

16. 밑줄 친 부분이 틀린 것을 고르시오.

Individuals ①exposed to loud noise for long intervals ②may suffer temporary or ③permanently loss of ④hearing.

17. 밑줄 친 부분이 틀린 것을 고르시오.

The interstate highway system in the United States is ①characterized by ②a pattern of freeways and tollways that are ③accessibility, ④relatively safe, and fast.

18. 다음 글에서 밑줄 친 부분 중, 어법상 틀린 것은?

Falling in love is ①alike being wrapped in a magical cloud. The air feels fresher, the flowers smell sweeter, food tastes more delicious, and the stars shine more ②brilliantly in the night sky. You feel light and happy ③as though you are sailing through life. Your problems and challenges suddenly seem ④insignificant. Your body feels alive, and you jump out of bed each morning ⑤with a smile on your face. You are in a state of supreme delight.

18 명 사

사람·동식물·사물의 **이름**을 나타내는 말을 **"명사"**라 한다.

명사의 종류는 크게 가산명사와 불가산 명사로 나눈다. **가산명사**는 셀 수 있는 명사(보통, 집합명사)를 가리키며 관사나 복수형을 이룰 수 있는 명사이고 **불가산 명사**는 셀 수 없는 명사(물질명사, 추상명사, 고유명사)로 원칙적으로 관사나 복수형으로의 사용이 불가능하다.

◎ 셀 수 있는 명사

(1) 보통명사

같은 종류의 동물, 사물 등에 쓰이는 명사로서 대부분 일정한 모양을 갖추고 있기에 **셀 수 있는 명사**로 분류된다.

ex) woman, book, friend, whale 등

- A dog is a faithful animal.
  (개는 충직한 동물이다.)
- A whale is not a fish but mammal.
  (고래는 물고기가 아니라 포유류이다.)

- I have one brother and two sisters.
  (나는 형과 두 자매가 있다.)

(2) 집합명사

같은 종류의 동물이나 사물이 모여서 이루어진 **집합체**로서, 이 집합체를 셀 수 있는 하나의 대상으로 간주하다 보니 보통명사처럼 가산명사가 된다.

ex) family(가족), jury(배심원), group(단체), committee(위원회)

▸ 단수/복수 취급이 모두 가능한 집합명사

family (가족)	**committee** (위원회)	**audience** (청중)
company (회사)	**crowd** (군중) 등	

- Our family is a large one. <집단전체>
  (우리 가족은 대가족이다.)
- My family are all well. <구성원들>
  (내 가족은 모두 건강하다.)
- The jury consists of twelve persons.
  (배심원은 12명으로 구성되어 있다.)
- The jury were divided in their opinions.
  (배심원들은 자신들의 의견으로 나뉘어졌다.)

▸ 항상 복수 취급하는 집합명사

The police (경찰)	**poultry** (가금류)	**people** (사람들)
cattle (소 떼)	**the gentry** (신사 계급)	

- The police are looking into the matter.
  (경찰이 그 문제를 조사하고 있다.)
- Cattle are standing under the tree.
  (소떼가 나무 아래에 서 있다.)

• That farmer keeps poultry and cattle.
(저 농부는 닭과 소를 기른다.)

▸ 주의해야 할 집합명사

people

• people give money to the beggar. (사람들이 그 거지에게 돈을 준다.)
▸ '사람들'이란 뜻일 때는 항상 단수형으로 쓰고 복수 취급한다.

• The Koreans are a courteous people. (한국인들은 예의 바른 민족이다.)
▸ '국민·민족'을 의미하면 단수로는 a people(한 민족), 복수로는 many peoples (많은 민족들)의 형태를 취한다.

■ 물질명사

일정한 **형태가 없는 물질**을 나타내는 명사를 물질명사라 한다.
ex) sound(소리), wind(바람), fire(불), rain(비) 등

• Water is essential for all life. (물은 모든 생물에게 필수적이다.)
• We didn't have much snow last year.
(작년에는 눈이 그리 많이 오지 않았다.)
• I like gold better than silver. (나는 은보다 금을 더 좋아한다.)

▸ 물질명사의 수량표시법

a glass of milk (한 잔의 우유) **a bottle of wine** (술 한 병)
an ear of corn (옥수수 한 알) **a sheet of paper** (종이 한 장)
a tube of toothpaste (치약 한 통) **a shower of rain** (소나기 한 차례)

• Could you pass me a sheet of paper? (종이 한 장만 건네주시겠어요?)
• I went out today and bought a tube of toothpaste.
(난 오늘 나가서 치약 한 통을 샀다.)

• A shower of rain fell. (한줄기 소나기가 내렸다.)

■ 고유명사

고유명사란 Jane, Jim등과 같이 **사람 이름**이나, Seoul, Japan 같은 **지명**, Sunday, May같은 요일, 달의 이름과 같이 사람이나 사물의 **고유한 이름**을 나타내는 명사이다.

• Jane wants to talk to you. (제인은 너랑 이야기하고 싶어한다.)
• I want to be a Lincoln some day.
(나는 언젠가 Lincoln과 같은 위대한 정치가가 될 거야.)
• There was a Picasso on the wall in her house.
(그녀의 집 벽에는 Picasso의 그림이 한 점 걸려 있었다.)
• A Newton cannot become a Shakespeare at will.
(뉴턴과 같은 과학자가 마음대로 셰익스피어 같은 문학가가 될 수는 없다.)
▸ 대문자로 시작되며, 셀 수 없는 명사이므로 a, an을 붙이거나 복수형으로 나타내지 않는다.

■ 추상명사

형태가 없는 **추상적인 개념**을 나타내는 명사를 말한다. 추상명사는 셀 수 없는 명사로서 부정관사를 붙이거나 복수형을 쓰지 않는 것이 원칙이다.
ex) experience(경험), success(성공), education(교육), kindness(친절), youth(젊음), knowledge(지식) 등

• Your play was a great success. (당신의 연극은 대성공이었다.)
• That is important information. (그것은 중요한 정보이다.)
• None can avoid death.
(그 누구도 죽음을 피할 수가 없다.)
• Virtue triumphs over vice in the end.
(미덕은 결국 악덕을 이긴다.)

▸ 추상명사의 수령 표시

a piece of advice 충고 한 마디
a load of nonsense 허튼소리 한 마디
a piece of information 정보 한 개
a round of applause 한바탕의 갈채
two pieces of advice 두 마디의 충고
a term of abuse 폭언 한 마디

• Well, no matter what you decide, here's a piece of advice.
(글쎄, 여러분이 무엇을 결정하든 간에 여기 조언해줄 한마디가 있다.)
• Let's have a round of applause for our speakers today.
(큰 박수로 오늘의 연사들을 맞이합시다.)
• Do not ignore even a piece of information.
(정보 하나라도 소홀히 하지 마라.)

관용표현

① of + 추상명사 = 형용사(구)

of important = important 중요한	**of learning = learned** 학식 있는
of ability = able 능력 있는	**of use = useful** 유용한
of sense = sensible 현명한	**of no value = valueless** 하찮은

• It is of no use to put the frighteners on me.
(내게 협박하는 건 소용이 없다.)
• She talks a lot of sense.
(그녀는 이치에 맞는(현명한) 말을 많이 한다.)
• It is of no value whatever.
(아무 가치도 없다.)

② 전치사+추상명사 =부사

with kindness = kindly(친절한) **with fluence = fluently** (유창하게)
in delight = delightedly (기뻐서) **with kindness = kindly** (친절하게)
on occasion = occasionally (때때로)
on purpose = purposely (고의적으로)

- She clapped her hands in delight.
  (그녀가 좋아서 손뼉을 쳤다.)
- We go to New York on occasion.
  (우리는 가끔 뉴욕에 간다.)
- I'm sure the people didn't dump us here on purpose.
  (나는 사람들이 우리를 여기에 버릴 목적이 아니라는 것을 확신한다.)

③ to+one's 감정표시 추상명사

- To my great disappoint, he failed in the exam.
  = I was greatly disappointed at his failure in the exam.
  (몹시 실망스럽게도 그는 시험에서 떨어졌다.)

④ all 추상명사=추상명사 itself=very 형용사

- My mother once was beauty itself.
  = My mother once was all beauty.
  = My mother once was very beautiful.
  (우리 어머니는 한때는 정말 미인이셨다.)

⑤ have the 추상명사 to 부정사 : ~하게도 ~했다.

- He had the grace to apologize immediately.
  (그는 자진해서 즉시 사과했다.)
- She had the kindness to show me the way.
  (그녀는 친절하게 나에게 길을 가리켜 주었다.)

■ 명사의 소유격

(1) 생물의 소유격

① 생물's 소유물

a boy's bicycle (소년의 자전거)　　**a dog's tail** (개의 꼬리)

• The two girls are Mrs. Brown's daughters.
(그 두 소녀들은 Brown씨 부인의 딸들이다.)

② 복수명사의 소유격

children's toys (아이들의 장난감들) **oxen's horns** (황소들의 뿔들)

• How many teacher's colleges does Busan City have?
(부산에는 사범대학교가 몇 개가 있습니까?)

③ 복합명사의 소유격

the secretary of state's visit (국무장관의 방문)
my mayor of New York's visit (뉴욕시장의 방문)

• Is this the King of England's palace?
(이것이 영국 왕의 궁전입니까?)

▸ 마지막 단어 + **'s**

(2) 무생물의 소유격

① 무생물 일 때 : 전치사 of

the bottom of the box (상장의 밑바닥)
the roof of her house (그녀 집의 지붕)
production of the item (물품의 생산)
the size of the room (그 방의 크기)

- You fold the bottom of the box in half.
(당신은 그 상자의 바닥을 절반으로 접습니다.)
- The production of the item was suspended[stopped] five years ago.
(그 제품은 5년 전에 생산이 중단되었다.)

② 의인화된 명사 : 's를 붙인다.

Seoul's population (서울의 인구)
Nature's law (자연의 법칙)
Heaven's will (하늘의 뜻)
Fortune's smile (행운의 여신의 미소)

- According to Lao tzu's teachings, try to keep nature's law and keep coercion and artificiality away.
(노자의 가르침에 따라 자연의 법칙은 따르되 강제적이고 인위적인 것은 멀리 하도록 하세요.)
- Baseball is Heaven's gift to mortals.
(야구는 신이 인간에게 준 선물이다.)

③ 무게, 시간, 거리, 가격을 나타내는 명사: 's를 붙인다.

five minutes' walk (도보로 5분 거리)
a dollar's worth of sugar (1달러 어치의 설탕)

④ 관용어구 속에서 's를 붙일 수 있다.

within a stone's throw (가까운 거리)
for mercy's sake (편의상)
by a hair's breadth (간신히, 위기일발로)
to my heart's content(충분히, 실컷)

- There's a grocery store within a stone's throw of the school.
(식품점이 학교 바로 근처에 있다.)

• I ate to my heart's content. (나는 실컷 먹었다.)

• I was saved from death by a hair's breadth.
(하마터면 죽을 것을 살았다.)

(3) 독립 소유격

독립 소유격은 소유격 뒤의 명사가 **생략**된 것이다.

• If you need a camera, you can borrow Jane's (camera)
(카메라가 필요하다면, Jane의 것을 빌릴 수 있을 것 같아요.)

• This watch is my father's (watch)
(이 시계는 나의 아버지의 시계이다.)

▸ **명사의 반복**을 피하기 위해

• I am staying at my uncle's. (house)
나는 삼촌 집에 머무르고 있다.

▸ 소유격 뒤의 **건물**이 관용적으로 생략됨

(4) 이중 소유격

a, an, this, these, that, some, any, no another, which(전치한정사) 등과 소유격은 명사 앞에 함께 사용하지 못한다. 따라서 전치가 '**of**' 뒤로 소유격을 위치하면 이중소유격이 된다.

• I should like to meet any friend of harry's.
(Harry의 친구들 중 누구라도 만나고 싶다.)

• Those are some books of Mr. Tom's
(그것들은 Tom씨 소유의 책들이다.)

• He is a friend of my brother's.
(그는 나의 형의 친구이다.)

■ 명사의 수

복수형 만들기

(1) 규칙변화

단수형 명사의 어미에 **-s, -es**를 붙여 복수형을 만든다.

① 대부분의 명사는 어미에 –s를 붙여 복수형을 만든다.

door → **doors**　pencil → **pencils**　apple → **apples**

② 어미가 –s, –ss, –x, –sh, –ch, –o로 끝나는 명사는 –es를 붙여 복수형을 만든다.

bus → **buses**　glass → **glasses**　box → **boxes**

dish → **dishes**　bench → **benches**　potato → **potatoes**

▸ 예외

piano → **pianos**　photo → **photos**　kilo → **kilos**

radio → **radios**

③ "자음＋y"로 끝나는 명사는 y를 i로 바꾸고 –es를 붙여 복수형을 만든다.

baby → babies　city → cities　lady → ladies

▸「모음 + y」로 끝나는 명사는 그대로 **-s**만을 붙여 복수형을 만든다.

boy → **boys**　monkey → **monkeys**　toy → **toys**

④ –f, –fe로 끝나는 명사는 f, fe를 v로 바꾸고 –es를 붙여 복수형을 만든다.

leaf → **leaves**　knife → **knives**　wife → **wives**

▸ 예외

belief (신념) → **beliefs**　chief (우두머리) → **chiefs**

proof (증거) → **proofs**　roof (지붕) → **roofs**

(2) 불규칙 변화

단수형 명사와 복수형 명사의 형태가 달라지는 것을 불규칙 변화라 한다.

man → **men**　woman → **women**　foot → **feet**

tooth → **teeth**　child → **children**　mouse → **mice**

▸ 외래어의 복수형

datum → **data** (자료, 데이터) index → **indices** (색인)
curriculum → **curricula** (교과 과정) fungus → **fungi** (곰팡이)

▸ 단수, 복수가 같은 형태의 명사

percent (퍼센트)	**trout** (송어)	**craft** (선박, 항공기)
sheep (양)	**deer** (사슴)	**fish** (물고기)

▸ 복수형이 되면 의미가 달라지는 명사

air (공기)	**arm** (팔)
airs (건방진 태도)	**arms** (무기, 팔들)
ash (재)	**custom** (습관)
ashes (유골)	**customs** (관세, 세관)
manner (방법)	**good** (선)
manners (예절, 방법들)	**goods** (상품)

명사

01. 밑줄 친 부분이 틀린 것을 고르시오.

A small ①number of African rice ②is grown, ③mostly in ④west Africa.

02. 밑줄 친 부분이 틀린 것을 고르시오.

Insurance can be ①divided into two ②primary ③category: business insurance ④and personal insurance.

03. 밑줄 친 부분이 틀린 것을 고르시오.

There ①was more news about Britain, but ②they came ③under the heading of ④human interest.

04. 밑줄 친 부분이 틀린 것을 고르시오.

①The increased in revenue ②was greater than ③had been ④forecast.

05. 다음 중 옳은 것을 고르시오.

① Charles Dickens had been born in 1812.
② Furnitures are often made of wood.
③ He gave me some good advice.
④ John is the tallest of the two boys.

06. 밑줄 친 부분이 <u>틀린</u> 것을 고르시오.

> I have just finished __________ assignment.

① a twenty pages ② twenty page
③ twenty pages ④ a twenty page

07. 밑줄 친 부분이 <u>틀린</u> 것을 고르시오.

> The book is written ①<u>from the unique perspective</u> of two authors who have taught online ②<u>themselves</u> and have trained ③<u>hundred</u> of ④<u>other faculty</u> to teach online.

08. 밑줄 친 부분이 <u>틀린</u> 것을 고르시오.

<u>Those</u>① with narcolepsy experience the uncontrollable <u>desire</u>② to sleep, perhaps several <u>time</u>③ in one <u>day</u>④.

09. 다음 중 틀린 것을 고르시오.

① A little knowledge is a dangerous thing.
② He gave me many informations on that matter.
③ In autumn, much fruit arrives in the markets.
④ We wrote for literature on various brands of steel shelving.

10. 밑줄 친 부분이 <u>틀린</u> 것을 고르시오.

> The United Nations ①<u>is accusing</u> the militia ②<u>of</u> blocking emergency food supplies to ③<u>tens of</u> ④<u>thousand of</u> people in the suburban area.

11. 밑줄 친 부분이 틀린 것을 고르시오.

> The same was true ① of the ② images of black Americans, as TV borrowed the movie ③ stereotypes of shiftless handymen and relentlessly cheerful ④ maid.

12. 밑줄 친 부분이 틀린 것을 고르시오.

Mary Lyon ① founded Mount Holyoke College, the first permanent ② institution of higher ③ learning for ④ woman in the United States.

13. 밑줄 친 부분이 틀린 것을 고르시오.

① No ② other state receives as ③ few rainfall ④ as the state of Nevada.

14. 밑줄 친 부분이 틀린 것을 고르시오.

Polo ① was once played only ② by the wealthy because of the ③ expensive of ④ maintaining stables of polo ponies.

15. 밑줄 친 부분이 틀린 것을 고르시오.

① Institutions of higher learning ② get their funds from ③ a variety of ④ source.

16. 다음 빈칸에 들어갈 말로 알맞은 것을 고르시오.

> ________ wishes to return to the easy days of high school.

① A number of students
② The number of students
③ Many a student
④ A great number of students
⑤ Most of the students

17. 밑줄 친 부분이 <u>틀린</u> 것을 고르시오.

<u>Early</u> man <u>no doubt</u> learned <u>much</u> of his dance patterns from the
　①　　　　②　　　　　　③
birds and animals around <u>him</u>.
　　　　　　　　　　　　④

18. 밑줄 친 부분이 <u>틀린</u> 것을 고르시오.

Patients <u>suffering</u> <u>from</u> encephalitis have an <u>inflame</u> of <u>the brain</u>.
　　　　①　　②　　　　　　　　　③　　　④

19. 다음 빈칸에 들어갈 말로 알맞은 것을 고르시오.

> I need a man with ＿＿＿＿＿＿＿.

① a humor　　② a sense of humor
③ humor　　④ an humor

20. 밑줄 친 부분이 <u>틀린</u> 것을 고르시오.

> She ① <u>wore</u> a dress ② <u>to the party</u> that was ③ <u>far more</u> attractive than ④ <u>that</u> of the other girls.

21. 다음 중 밑줄 친 부분이 <u>틀린</u> 것을 고르시오.

If you wish <u>to succeed</u> in life, acquire as <u>many</u> knowledge <u>as possible</u>
　　　　　　①　　　　　　　　　　②　　　　　　③
while <u>in school</u>.
　　　④

22. 다음 중 밑줄 친 부분이 <u>틀린</u> 것을 고르시오.

<u>Although</u> pineapple plants need <u>few</u> water and <u>only fair</u> soil, the land
　①　　　　　　　　　　　②　　　　　③
has to be <u>heavily</u> fertilized.
　　　　④

23. 다음 중 밑줄 친 부분이 <u>틀린</u> 것을 고르시오.

<u>By</u>① the beginning of next year, <u>much</u>② of the people <u>who</u>③ live in our area may have difficulty <u>finding</u>④ employment.

24. 다음 중 밑줄 친 부분이 <u>틀린</u> 것을 고르시오.

Jackson ① <u>says</u> that ② <u>a large</u> ③ <u>amount</u> of older-model cars do not have proper ④ <u>smog control devices</u>.

25. 다음 중 밑줄 친 부분이 <u>틀린</u> 것을 고르시오.

<u>The dentist</u>① put <u>a crown</u>② <u>on</u>③ one of <u>my tooths</u>④.

26. 다음 중 틀린 것을 고르시오.

① He's an excellent cook.
② I last saw my grandma in 2002.
③ Yesterday we had fishes for dinner.
④ Let's not have any hard feelings.

27. 다음 중 밑줄 친 부분이 <u>틀린</u> 것을 고르시오.

How <u>much</u>① <u>times</u>② <u>must</u>③ I tell you not <u>to do</u>④ that?

28. 다음 중 밑줄 친 부분이 <u>틀린</u> 것을 고르시오.

① <u>Although</u> ② <u>their</u> light weight, ③ <u>aluminum</u> alloys can be ④ <u>very</u> strong.

29. 다음 중 밑줄 친 부분이 <u>틀린</u> 것을 고르시오.

> ① <u>Although</u> ② <u>their</u> light weight, ③ <u>aluminum</u> alloys can be ④ <u>very</u> strong.

30. 다음 중 밑줄 친 부분이 <u>틀린</u> 것을 고르시오.

> Adult ① <u>humans</u> have more than a ② <u>trillions</u> ③ <u>cells</u> in their ④ <u>bodies.</u>

31. 다음 빈칸에 들어갈 말로 알맞은 것을 고르시오.

> There is ___________ truth to the old expression, "Lightening never strikes the same place twice."

① without ② no ③ none ④ not

32. 다음 중 밑줄 친 부분이 <u>틀린</u> 것을 고르시오.

<u>So far</u>① <u>most</u>② a million <u>different</u>③ species of insects have been <u>identified</u>④ and named.

33. 다음 중 밑줄 친 부분이 <u>틀린</u> 것을 고르시오.

The industrial trend <u>is</u>① <u>in the direction</u>② of more <u>machines</u>③ and <u>less</u>④ people.

34. 다음 중 밑줄 친 부분이 <u>틀린</u> 것을 고르시오.

> Dennis Green, ① <u>one</u> of the winningest NFL coaches ② <u>in the 1990s</u>, signed ③ <u>a five-years contract</u> Wednesday to guide the struggling Arizona Cardinals, ④ <u>the Associated Press reported</u>.

35. 다음 빈칸에 들어갈 말로 알맞은 것을 고르시오.

> He was in a state of deep ________.

① relax　② relaxing　③ relaxed　④ relaxation

36. 다음 중 밑줄 친 부분이 틀린 것을 고르시오.

The deep(①) of the ocean(②) is measured by using sophisticated(③) sonar equipment(④).

37. 다음 중 밑줄 친 부분이 틀린 것을 고르시오.

My always(①) keeping good hour(②), and giving(③) little trouble in the family. Made her unwilling to part with(④) me.

38. 다음 중 밑줄 친 부분이 틀린 것을 고르시오.

He had few(①) winter clothing(②) when(③) he arrived(④).

39. 다음 중 밑줄 친 부분이 틀린 것을 고르시오.

> The cable systems ① the company ② runs will boast about 1.2 ③ million basic ④ subscribe.

40. 다음 중 밑줄 친 부분이 틀린 것을 고르시오.

Although a large amount(①) of people think the man to be guilty(②), I believe him(③) to be innocent of(④) the crime.

41. 다음 빈칸에 들어갈 말로 알맞은 것을 고르시오.

I can read a ________ book in a day.

① five hundred page ② five hundreds page
③ five hundred pages ④ five hundreds pages

42. 다음 중 밑줄 친 부분이 <u>틀린</u> 것을 고르시오.

<u>This book</u>① gives <u>all sorts</u>② of useful <u>informations</u>③ on <u>how to</u>④ repair cars.

43. 다음 중 틀린 것을 고르시오.

① I bought many furnitures today.
② John is being strange today.
③ Peter runs fastest in the class.
④ Joan made a birthday cake for her boyfriend.

memo

19 관 사

관사는 명사 앞에 위치하여 명사를 수식하는 일종의 **형용사 역할**을 한다.

(1) 부정관사

부정관사는 보통명사가 어느 문장에 처음으로 쓰일 때, 특정하지 않고 불특정으로 쓰이는 명사 앞에 위치하는 것이 원칙이다.

① 하나를 뜻할 때

- I waited for an hour. (나는 한 시간 동안 기다렸다.)
- I sent him a letter yesterday. (나는 어제 그에게 편지를 보냈다.)
- Rome was not built in a day. (로마는 하루 만에 세워지지 않았다.)

② '어떤'을 뜻할 때

- You can connect this printer with a computer.
  (너는 어떤 컴퓨터와도 이 프린터를 연결할 수 있다.)
- In a sense he is a failure.
  (어떤 의미에 있어서는 그는 실패자이다.)
- In fact what she said was true in a sense.
  (실제 그녀가 한 말이 어떤 의미에서는 사실이다.)

③ '같은, 동일한'의 뜻으로 쓰일 때

- Birds of a feather flock together.
  (같은 깃털의 새들은 함께 무리를 짓는다.)
- We are of an age.
  (우리는 동갑이다.)
- Two of a trade seldom agree.
  (같은 장사를 하는 두 사람은 좀처럼 의견이 맞지 않는다.)

④ '~마다, 매(per)'의 뜻으로 쓰일 때

- Take these pills three times a day.
  (이 알약들을 하루에 세 번 복용하세요)
- This car can run 40 miles an hour.
  (이 차는 한 시간에 40마일을 달릴 수 있다.)
- The cost came out as six thousand won a head.
  (비용은 1인당 6천원이었다.)

⑤ 대표 단수와 '약간 [얼마간, 조금]'의 뜻으로 쓰일 때

- She has a knowledge of literature.
  (그녀는 문학에 대한 약간의 지식이 있다.)
- The tired boy lay on his face for a time.
  (그 피곤한 소년은 얼마동안 엎드려 있었다.)
- Oil paintings look much better ar a distance.
  (유화는 약간 떨어진 곳에서 훨씬 더 잘 보인다.)

(2) 정관사

정관사 the는 "그~" 라는 의미로 특정한 것을 가리키는 명사 앞에 붙이게 된다. 부정관사가 셀 수 있는 명사 앞에만 붙는 것과는 달리 정관사 the는 **모든 명사의 단수·복수형** 앞에 붙을 수가 있다.

① 앞에 나온 명사가 다시 반복될 때

- Planning a trip is as much fun as the trip itself.
  (여행 계획을 세우는 것은 여행 그 자체만큼이나 재미있다.)

• She had a cat and the cat was very clever.
(그녀에게 고양이 한 마리가 있었는데 그 고양이는 매우 영특했다.)

② 일반적으로 유일한 자연물이나 방향을 나타낸 경우

• The earth moves around the sun.
(지구는 태양의 주의를 돈다.)

• A trip to the moon is not just a dream now.
(달에의 여행이 이제는 단지 꿈만은 아니다.)

• In fall the sky looks still higher than usual.
(가을에는 하늘이 평상시보다 훨씬 더 높아 보인다.)

③ 서수, 최상급, only, very, same 앞에서

• After he opened the biggest box, he become disappointed.
(그가 가장 큰 상자를 열고 난 뒤, 그는 실망했다.)

• He was the first man to come.
(그는 제일 먼저 온 사람이었다.)

• You are the very type that I've long been looking for.
(이번이 내가 오랫동안 찾아온 바로 그 타입입니다.)

④ 대표단수

• The lion is called the king of beasts.
(사자는 모든 짐승의 왕이라고 불린다.)

• The brave man thinks of himself last of all.
(용감한 사람은 결코 자신을 생각하지 않는다.)

⑤ the + 형용사 or 분사

• The rich are not always happy.
(부자들이 항상 행복한 것은 아니다.)

• He attempted the impossible.
(그는 불가능한 것을 시도했다.)

⑥ the + 신체일부

• He struck me on the back.
(그가 내 등을 쳤다.)

• He was red in the face.
(그는 얼굴이 빨개졌다.)

⑦ 악기명, 발명품의 앞

• She likes to play the guitar.
(그녀는 기타 연주를 좋아한다.)

⑧ by + the + 단위명사

• She was paid by the week. (그녀는 주별로 급여를 받았다.)

• They sold silk by the foot, sugar by the pound.
(그들은 비단을 feet 단위로, 설탕은 파운드 단위로 팔았다.)

• I'd like to be paid by the week not by the month.
(저는 월급이 아닌 주급으로 급료를 받았으면 합니다.)

관사의 생략

① 양보구문 : 명사 + as + 주어 + 동사

• Child as I was, I felt very sad. (어린 마음에도 아주 슬펐다.)

② 접속사·전치사로 연결된 두 개의 명사가 대조를 이룰 때

hand and hand (손을 마주 잡고)	**day and night** (밤낮으로)
face to face (마주보고)	**rich and poor** (부자와 빈자)
husband and wife (부부관계)	**father and son** (부자)

• The trust of husband and wife is the most important.
(부부관계에서의 신뢰는 가장 중요하다.)

• He is struggling for success day and night.
(그는 성공하기 위해 밤낮으로 분투하고 있다.)

• So do most of the passengers, rich and poor alike.
(부자나 가난한 사람들이나 가릴 것 없이 승객들 대부분이 가라앉습니다.)

• The two have never met face to face before.
(그 두 사람이 전에 한 번도 대면한 적이 없다.)

③ 관직이나 신분을 나타내는 말이 동격이거나 보어로 사용될 때

- He, mayor of our city, made a speech. <동격>
  (우리의 시장인 그가 연설을 했다.)
- The board elected him chairman.
  (위원회는 그를 의장으로 선출했다.)
- President Bush was reelected in 2004.
  (Bush대통령은 2004년에 재선되었다.)

④ kind/sort/type of + 명사

- Is this a rare kind of pine tree?
  (이것은 희귀한 종류의 소나무입니까?)
- I don't like this sort of man.
  (나는 이런 종류의 사람은 싫다.)

⑤ 병명·운동명·식사명·학문명·계절명

- He was having breakfast when I arrived.
  (그는 내가 도착했을 때 아침을 먹고 있는 중이었다.)
- Smoking is the greatest cause of lung cancer.
  (흡연은 폐암의 가장 큰 원인이다.)
- I was very surprised the foreigner was much interested in Korean history.
  (나는 그 외국인이 한국사에 관심이 많다는 사실에 매우 놀랐다.)

⑥ 교통수단·통신수단 : by 무관사의 명사

- The opera house is accessible by bus, subway, or car.
  (그 오페라 하우스는 버스, 지하철, 혹은 자가용을 이용해서 갈 수 있습니다.)
- We came here by car. (우리는 자동차로 여기에 왔다.)
- Tomorrow she is going to Texas by plane.
  (내일 그녀는 비행기 편으로 텍사스에 갈 것이다.)

⑦ 건물·장소를 나타내는 명사

- He went to hospital. (그는 입원했다.)

▸ 본래의 목적·기능을 나타내는 경우

• He went to <u>the hospital</u> to visit her.
(그는 그녀를 방문하러 병원에 갔다.)
▸ 건물, 장소 등의 **명사가 그 자체**를 가리키는 것

⑧ 호격

• I think I'm feeling a little better, <u>doctor</u>.
(몸이 좀 나아지는 것 같은데요, 의사선생님)

• <u>Boys</u>, be ambitious!
(소년들이여 야망을 가져라!)

▌관사의 위치

① 일반적 위치

▸ **관사(a/an) + 부사 + 형용사 + 명사**

• It is a very expensive car.
(그것은 굉장히 비싼 자동차이다.)

② so, too, as, how + 형용사 + a/an + 명사

• I have <u>as</u> good a watch as he has.
(나는 그가 갖고 있는 것만큼 좋은 시계가 있다.)

• He is not <u>so</u> great a scholar as his father.
(그는 자기의 아버지만큼 대학자는 아니다.)

③ such, what + a/an + 형용사 + 명사

• I'm sorry I talked <u>such</u> a long time.
(너무 오래 통화해서 죄송합니다.)

• Who cal solve <u>such</u> a difficult problem?
(그러한 난해한 문제를 누가 풀 수 있겠는가?)

④ half, both, all, double + the + 명사

• That's less than <u>half</u> the price a year ago.
(이것은 1년 전 가격의 절반 수준도 못되는 것입니다.)

• It took me <u>half</u> an hour.
(내가 그 일을 하는데 30분 걸렸다.)

관사

01. 밑줄 친 부분이 틀린 것을 고르시오.

Even if they ①grow up in ②the same neighborhood, on the same block, or ③in the same house, girls and boys grow up ④in different world of words.

02. 밑줄 친 부분이 틀린 것을 고르시오.

We should begin by recalling some ①virtual truisms: when we estimate the ②human toll of a crime, we have to count not only those who ③were literally murdered ④on spot ⑤but those who died as a result.

03. 밑줄 친 부분이 틀린 것을 고르시오.

The ①terms 'resume' and 'curriculum vitae' mean ②the same thing: a ③one or ④two-pages document describing one's experience.

04. 밑줄 친 부분이 틀린 것을 고르시오.

Slag ①consists of waste materials and ②impurities which ③rise to top of ④melted metals.

05. 밑줄 친 부분이 틀린 것을 고르시오.

In the(①) course of the(②) several centuries, the(③) technology has become a(④) major force for both good and evil in our world.

06. 밑줄 친 부분이 틀린 것을 고르시오.

A size(①) of the United States Supreme Court was the(②) focal point of one(③) of the most famous attacks(④) on the federal judiciary.

07. 밑줄 친 부분이 틀린 것을 고르시오.

① The largest rainforest, ② covering as much territory as the rest of ③ the world's rainforests combined, is in ④ Amazon River basin in South America.

08. 밑줄 친 부분이 틀린 것을 고르시오.

Yesterday was ① such beautiful day that I couldn't bring ② myself ③ to complete all ④ my work.

09. 밑줄 친 부분이 틀린 것을 고르시오.

I do not believe that ① I am vindictive man, but when ② the immortal gods take a hand ③ in the matter it is pardonable to observe result ④ with complacency.

10. 밑줄 친 부분이 틀린 것을 고르시오.

Jane Adams was ① a dedicated American social worker of ② early twentieth century ③ who received ④ the Nobel Peace Prize

11. 밑줄 친 부분이 틀린 것을 고르시오.

The supersonic B-1 bomber can fly at ①the twice speed of sound and can carry two and ②a half times ③the bomb load of the B-52 ④it is supposed to replace.

12. 다음 중 틀린 것을 고르시오.

① John's friends had a farewell party for him last Friday.
② He tried hard to get a good grade on the test.
③ Teachers usually spend many hours correcting papers.
④ In all his life he had never wanted to try the wine.

13. 밑줄 친 부분이 틀린 것을 고르시오.

Ralph is in the ① intensive care ward of ② the city hospital after being struck ③ by a lightning ④ on a camping trip.

14. 밑줄 친 부분이 틀린 것을 고르시오.

① The rice yields more food per acre than ② any other ③ grain, and more people depend on ④ it than any other foodstuff.

15. 밑줄 친 부분이 틀린 것을 고르시오.

We emphasize ① hands-on ② learning as ③ a best way to teach students ④ the value of hard work.

16. 밑줄 친 부분이 <u>틀린</u> 것을 고르시오.

<u>New shopping</u>① mall is being planned <u>for the</u>② residential area <u>where new</u>③ homes are being built at <u>a rapid rate</u>④.

17. 밑줄 친 부분이 <u>틀린</u> 것을 고르시오.

The cartoon character SpongeBob SquarePants is ①<u>in a hot water</u> from a study ②<u>suggesting</u> that watching just nine minutes ③<u>of that program</u> can cause short-term attention and learning problems ④<u>in 4-year-olds</u>.

정답 및 해설

1. 문장의 기본형식

01. ③ 4형식[소음을 내지 말라고 그들에게 말했다.]
    ① listening → listening to
    ② violin → the violin / piano → the piano
    ④ loud and clear → loudly and clearly

02. ① There is → There are : 진짜 주어는 several people로 복수형이므로 복수일치를 시켜야 한다.

03. ② discuss about → discuss : discuss는 타동사 전치사는 불필요하다.
    ① board도 family형 : 명사로 개개인들로 보면 복수일치

04. ② says him → says : say는 4형식이 불가능하다. 병치법 상으로는 not A but B에서 A와 B가 대등한 것이 오지 않아서 이상한 것 같지만 영어는 문장을 일찍 부정하려 하기 때문에 야기된 현상으로 병치법 상 문제가 되지 않는다.

05. ③ for us → us : represent는 타동사로 뒤에 전치사 없이 목적어를 취한다.
    ① go on to V : 이어서 ~하다 cf. go on ~ing : 계속해서 ~하다.
    ② who는 전치사 다음에 나온 간접의문문의 의문사이다.

06. ① democracy → democratic : becomes의 보어로 형용사가 와야 한다.
    She became famous. (O) / She became fame. (x)
    ④ see(지각동사) 목적어 + emerge(원형부정사)

07. ① sat → set : sat은 자동사 sit의 과거형으로 목적어를 취할 수 없다.

08. ④ seem은 2형식 동사이므로 형용사가 따라야 한다. lively는 [활기찬, 생기있는]의 뜻의 형용사.

09. ② more beautifully → more beautiful : appears는 2형식동사이므로 뒤에는 형용사가 따른다.

10. ③ seems → seem : make 목적어 다음에는 원형부정사가 따르는 경우이다.
① city는 사람의 집합체에 준하는 것으로 's의 소유격을 쓸 수 있다.

11. ③ to slip → slip : let 목적어 다음에는 원형부정사를 사용한다.

12. ③ enter into → enter : 장소개념이 확실한 경우에는 enter를 사용한다. 추상적 개념이 강하면 enter into를 사용한다. enter for는 ~에 참가하다의 뜻으로 쓰인다.

13. ① helpfully → helpful : seem이 2형식 동사이므로 뒤에는 형용사가 따라야 한다.

14. ③ asked + 간접목적어 + 직접목적어[간접의문문] : 의문사가 없는 경우 whether를 사용한다.
② 뒤에 시간이 나와 있으므로 when은 곤란하다.
④ 의문대명사는 쓰일 자리가 없다.

15. ① from으로 이어지는 형용사는 여기서는 absent from뿐이다.

16. ③ marry with → marry : 타동사이므로 with는 없어야 한다. get married to ~를 쓸 수도 있다.

17. ④ rapid → rapidly : 여기서는 grow가 2형식 동사가 아니다.

18. ① had laid → had lain : [있다, 눕다]의 뜻이므로 자동사 lie의 과거는 lay, 과거분사 lain이다.

19. ② have been grown → have grown : 재배하다의 뜻이 아닌 한 자동사이고 수동태를 써서는 안 된다.

20. ④ enters into → enters : 확실한 장소에 해당되는 것이 따르면 전치사 into는 쓰지 않는다.

21. ① being → to be : feel이 지각동사로 [느끼다]의 뜻이면 [feel 목적어 + 원형부정사]나 [feel 목적어 + 현재분사]를 사용하지만 [~라고 생각하다]의 뜻일 땐 [feel 목적어 + to be ~]를 사용한다.

22. ② [, ~ ,]부분을 빼고 보면 정동사인 offer의 주어가 필요하다.
, all set in the ~ = , which are all set in the ~ : 여기서 which are가 없어진 경우이다.

23. ③ made 목적어 + 원형부정사가 수동태로 전환되면 to부정사가 다시 쓰인다.

24. ③ to close → close : 사역동사 [had 목적어 원형부정사]를 묻는 문제이다.

25. ③ His father is resembled by John. → John resembles his father.
resemble는 상태동사로 수동태가 불가능하다.
② for short : 줄여서
④ 장소수동태 ~ didn't sleep in this bed : [didn't sleep in]을 한 덩어리로 수동태로 만드는 것이 가능하다.

26. ① laid → lay : 자동사 lie[눕다]의 과거형은 lay다.

27. ④ lay → lie : let 목적어 + 원형부정사이고 [소파에 눕다]는 뜻이므로 자동사인 lie down이 사용되어야 한다.

28. ② to feel comfortable → feel comfortable : make 목적어 다음에는 원형부정사가 쓰인다.

29. ③ badly → bad : feel이 [~라는 기분이 들다]란 뜻일 때는 2형식동사이므로 뒤에는 주격보어로 형용사가 따라야 한다.

30. ③ laid down → lay down : 자동사인 [눕다 lie down]의 과거형은 lay down이다.

31. ② surround around → surround : surround는 타동사로 뒤에 around를 쓰지 않아야 한다.

32. ① imperative가 꼭 필요하다는 뜻이므로 뒤에는 (should) appear가 쓰여야 한다.

33. ② marry with → marry : marry는 타동사 : get married to로 쓸 수는 있다.

34. ② disappear는 자동사 (C) : now는 과거시제와 적합지 않음 (A), (D) : 완료수동도 수동이므로 곤란하다.

35. ③ 대부분의 지하철 전동차에서 문들은 각각의 정거장에서 자동으로 열린다. 그러나 파리의 지하철인 메트로를 타면 사정이 다르다. 나는 메트로를 탄 한 남자가 전동차에서 내리려다가 실패하는 것을 지켜보았다. 전동차가 그가 내릴 정거장으로 들어 왔을 때 그는 자리에서 일어나 문이 열리기를 기다리며 문 앞에 끈기 있게 서있었다. 그런 일은 일어지 않았다(문이 열리지 않았다). 전동차는 그저 다시 떠났고 다음 정거장으로 계속 갔다. 메트로에서는 단추를 누르거나 레버를 내리누

르거나 문을 옆으로 밀어서 승객 스스로 문을 열어야 한다.

[해설]

(A)에는 watch가 지각동사이므로 동사 원형인 try가 맞다.

(B)에는 “A가 ~하기를 기다리다”는 뜻이 되려면 “wait for A to ~”를 사용한다. 따라서 to open이 맞다.

(C)는 내용상 pushing a button, depressing a lever와 병렬구조를 이루어야 하기 때문에 sliding이 맞다.

[어휘]

métro 파리의 지하철　depress 내리누르다
lever 지레, 레버　slide 미끄러지듯 움직이다

36. ④ so 다음의 절에는 시제와 수 정보가 포함된 정형동사가 필요하다. their attempts to understand it이 주어이므로 causing을 caused로 바꿔야 한다.

① the Greeks를 대신하는 소유격 대명사이므로 their는 적절하다.

② 수식을 받는 명사구인 a piece of wood가 던지는(toss) 행위의 대상에 해당하므로 과거분사 tossed를 사용한 것은 적절하다.

③ 전치사구인 on the object를 수식하기 위해 부사 exclusively를 사용한 것은 적절하다.

⑤ The notion과 that events always occur in a field of forces는 동격 관계에 있으므로 동격 관계를 이끄는 접속사 that을 사용한 것은 적절하다.

[해석]

그리스인은 두드러진 물체와 그것의 속성에 초점을 맞추느라 인과 관계의 근본적인 성질을 이해하지 못했다. 아리스토텔레스는 돌이 공중에서 떨어지는 것은 돌이 ‘중력’이라는 성질을 가지고 있기 때문이라고 설명했다. 하지만 물론 물에 던져진 나무 조각은 가라앉는 대신 뜬다. 이 현상을 아리스토텔레스는 나무가 ‘가벼움’이라는 성질을 가지고 있기 때문이라고 설명했다! 그 물체 밖에 있는 어떤 힘이 관련 있을지도 모른다는 가능성에 주의를 기울이지 않고, 두 경우 모두 초점은 오로지 그 물체에 있다. 그러나 중국인은 세계를 계속적으로 상호 작용하는 물질로 구성된 것으로 보았고, 그래서 그것을 이해하고자 하는 그들의 시도는 그들로 하여금 전체적인 ‘장(場)’, 즉 전체로서의 맥락이나 환경의 복잡성에 중점을 두도록 했다. 사건은 언제나 여러 힘이 작용하는 장에서 발생한다는 개념은 중국인에게 전적으로 직관적이었을 것이다.

[어휘]

attribute 속성, 자질　causality 인과 관계　property 성질, 속성
gravity 중력　toss (가볍게) 던지다　phenomenon 현상

exclusively 오로지, 배타적으로 relevant 관련 있는
substance 물질 oriented toward ~에 중점을 둔, ~을 지향하는
complexity 복잡성 context 맥락, 전후 사정 notion 개념, 관념
intuitive 직관적인

37. ④가 포함된 문장에서 주어인 persons에 연결되는 동사가 없으므로 ④는 achieve로 바꾸어야 한다.

[해석]

'용기'라는 말이 '심장'을 뜻하는 라틴어의 'cor'에서 파생되었다는 것을 기억한다면, 그 말은 추가되는 의미를 지닌다. 사전은 용기를 '불찬성이나, 적의, 또는 경멸을 유발할 수도 있는 올바른 행동의 과정을 추구하게 되는 특질'로 정의한다. 300년보다 이전에 La Rochefoucauld는 그가 '완전한 용기는 모든 사람 앞에서 당신이 할 수 있는 것을 아무도 보지 않는데서 하는 것이다'라고 말했을 때 한 걸음 더 나갔다. 무관심이나 반대에 직면하여 도덕적 용기를 보여주기는 쉽지 않다. 그러나 진리를 위한 진심어린 입장을 취하는 것에 대담한 사람들은 종종 그들의 기대를 능가하는 결과를 성취한다. 반면에, 마지못해 하는 개인들은 그것이 그들 자신의 이익과 연관이 있을 때조차도 용기가 두드러지지 않는다. 모든 상황에서 용감하게 되는 것은 강한 결단력을 필요로 한다.

[어휘]

disapproval 불찬성 unwitnessed 목격되지 않은
indifference 무관심, 냉담 wholehearted

2. 시제

01. ③ is → has been : 뒤에 since 1797이 있으니까 동사는 현재완료를 사용해야 한다.
① which is a city에서 which is가 빠진 경우이다. 허드슨 강에 인접한 강은 여러 개이므로 부정관사가 쓰인 것이 맞다.
② 강 이름에는 정관사를 붙인다.

02. ② in 1931이 있으므로 과거시제를 사용해야 하고 목적어가 있으므로 능동문이어야 한다.

03. ② eats → is eating : now가 있으므로 습관을 나타내는 현재시제를 쓸 수 없고 진행형을 써야 한다.

04. ③ before → since : ~했던 때 이래로 지금까지여야 앞의 현재완료와 연결될 수 있다.

05. ③ a few years ago가 있으므로 과거시제를 사용해야 한다.

06. ① is → was : 20년전 이므로 강조구문의 시제도 과거로 써야 한다.

07. ④ ~ ago가 나오므로 과거시제가 쓰여야 한다. 5년 전은 발생시점을 나타낸다. 진행시점을 나타내는 것이 아니다.

08. ③ by는 기준시점을 나타낸다. 그 이전에 사건이 발생되면 된다.
② till/until은 그 앞에 지속 개념이 있을 때 사용한다.
Wait for me till tomorrow. (O) / Wait for me by tomorrow. (x)
Finish it by tomorrow. (O) / Finish it till tomorrow. (x)

09. ④ [I guess it is likely that]을 다 빼고 보면 앞에 미래의 기준시점인 By the end of next year가 있으므로 미래완료가 와야 한다.

10. ① since가 나오므로 주절에는 현재완료를 쓰고 일년씩 지나가는 것이므로 복수형으로 본다. cf. Three years is long time to wait.

11. ② will → would : hoped에 걸려 있으므로 과거형을 써야 한다.

12. ① has consisted → consisted : early로 봐서 과거이므로 현재완료를 쓰지 않는다. What we call : 이른바

13. ④ by the time 다음에 나온 주어 동사 이하는 관계절로 the time을 수식하지만 앞에 전치사가 (여기서는 by) 있으면 전체를 부사절처럼 취급한다. 따라서 시간부사절이나 마찬가지로 여기고 현재형으로 미래를 대신해야 한다. I will have reached Busan by the time (that) you leave Seoul. / The time may come when it will be possible for ordinary people to use them as well. 마지막 문장의 경우 떨어져 있지만 when절은 The time을 수식하고 있으며 The time 앞에 전치사가 붙어있지 않고 자체가 명사로 주어 자리에서 쓰이고 있으므로 when절에는 미래를 나타내는 경우이면 will을 사용해야 한다.

14. ③ will take → takes : 시간부사절에서 미래는 현재시제로 대신한다.

15. ③ remain → remains : backbone이 단수이므로 remains를 써야 한다. Indicated로 즉 과거로 나와도 현재 연관성이 있으면 현재형을 쓰는 것이 맞다. 현재 연관성이 없다면 remain을 remained로 바꿔야 한다.

16. ② spread → spreads : 주어가 Key West로 단수이므로 단수일치를 시켜야 한다.
c) 명사를 꾸미는 것이 아니므로 복수형을 쓰는 것이 맞다.
④ 중간에 than이 끼어있을 때는 수가 나와도 fewer보다 less를 선호한다.

17. ④ the past month에 맞추어 과거형이 쓰여야 한다.
① having + 원형은 불가능하다
② had + 원형은 불가능한 결합형이다.

18. ② 양쪽이 지속동사이므로(사건의 발생기간이 대체로 길고 늘어날 수 있는 경우) 그 사건들이 겹치는 것을 나타낼 경우 양쪽을 진행형으로 사용한다.
① 과거완료는 동시시간이 while과 쓰일 수 없다.
④ 가정법 과거완료

19. ③ since 1988이래로 현재까지가 아니고 1969까지이므로 과거완료가 쓰여야 하고 in 1969에 맞춰 과거진행형이 쓰이고 있다.

20. ① by ~는 기준시점을 나타내므로 미래완료가 나와야 한다. 단순 미래가 쓰이려면 in the middle of ~가 쓰여야 한다.

21. ④ was opening → opened : before는 두개의 사건의 전후관계를 나타낼 때 쓴다. 진행형을 쓸 이유가 없다.

22. ① are round → have been around : the better / best part of something = almost all of something : for ~ a decade[거의 10년 내내]가 나와 있으므로 현재완료를 사용해야 한다. 현재형은 과거, 현재, 미래를 포괄할 수 있다.
③ something은 당연히 후치수식

23. ③ 시간부사절 현재형으로 미래를 대신한다.

24. ① 화법상의 시제일치 since가 있으므로 완료형이 쓰여야 하는데 asked에 맞춰 과거완료진행

25. ② have been living → had been living : 앞의 existed가 맞으려면 뒤에는 과거완료여야 한다.

26. ② since → for : since 다음에는 시점이 오고 for 다음에는 기간이 나온다.

27. ④ before → ago : 지금부터 얼마 전은 ago를 사용한다.

28. ① has had → had : when절이 분명한 과거이므로 현재완료는 곤란하고 과거형으로 그냥 had를 써야 한다.

29. ④ dealt → deal : 양쪽이 다 일반적인 이야기를 하는 것이므로 다 현재시제를 사용해야 한다.

30. ② : 시간 부사절에서 현재형이 미래를 대신하는 경우이다.

31. ④ since → for : 기간은 for로 표시한다.

32. ③ will take → takes : 시간부사절 현재형으로 미래를 대신한다.

33. ② will be teaching → will have taught / will have been teaching : 기간이 나와 있으므로 단순 진행형은 안 된다. (단순미래 표시형이든 모습을 상상하는 경우이든)

34. ② by~는 미래완료의 기준시간을 나타낸다.
① will have가 쓰이려면 그냥 this time tomorrow[내일 이맘때]를 사용한다.

35. ③ 조동사가 있을 때 부정어구의 위치는 첫 조동사 다음 자리이다.
have : 첫 조동사, been : 두 번째 조동사, printed : 본동사

36. ② 과거완료의 결과적 용법이 나와야 한다.

37. ③ since가 있으므로 현재완료를 사용한다. suggest A to B : 선행사가 있으므로 주격관계사는 who를 사용한다.

38. ③ by the time they will get to high school → by the time they get to high school : 시간 부사절이고 일반적인 현재를 나타낸다.

39. ③ before → ago : 지금부터 ~만큼 전은 ~ ago를 사용한다.

40. ② since 5 years ago → for 5 years : 완료의 계속 기간은 for ~로 사용한다.

41. ④ has revived → revived : when절이 분명한 과거이므로 현재완료를 쓸 수 없다.

42. ③ is gunning → has been gunning : 앞에 since가 있으므로 그리고 자체가 반복성의 개념이 없으므로 계속성을 강조해서 현재완료진행으로 사용한다.

43. ② is → was : 동사를 had estimated를 쓰고 있고 사실이 아닌 것으로 밝혀진 내

용이므로 was로 시제를 일치시켜야 한다.

44. ② have done → has done : 주어가 단수인 person이므로 단수일치를 시켜야 한다.

45. ⑤ 시간 부사절이므로 현재형으로 미래를 대신한다.

46. ② : during → for : 현재까지의 오랜 기간은 for a very long time을 사용한다.

47. ① has met → met : yesterday는 분명한 과거이므로 현재완료는 쓸 수 없다.

48. ④ was being → was : 이런 경우 be동사는 진행형을 쓸 수 없다.

49. ④ have never taken → never took : 분명한 과거 시점이 나오므로 과거형을 써야 한다.

50. ① be teaching → have been teaching / have taught : will have been teaching /will have taught가 쓰여야 한다. 기간이 있으므로 미래완료진행 또는 미래완료(반복적 사건인 경우 가능)가 쓰여야 한다.

51. ①

[해설]

(A)에는 scrub, mop과 병렬구조를 이루기 위해 동사 원형인 dust가 와야 한다.

(B)에서 keep 동사는 뒤에 목적어와 목적보어가 와서 '~한 상태로 간직하다, 계속 ~하게 하다'라는 뜻이므로 목적보어로서 형용사인 neat가 와야 한다.

(C)는 주어가 everything이므로 동사인 turned가 와야 한다. (C)에서 everything과 she touched 사이에는 관계대명사 that 또는 which가 생략된 형태로서 관계사가 이끄는 형용사 절이다. 따라서 이를 문장의 주어와 본동사로 착각해서는 안 된다.

어머니는 유별나게 청결한 분이셨다. 어머니는 나와 동생에게 아침 식사를 주고서는 모든 물건들을 문지르고, 닦고, 먼지를 털어 내곤 했다. 우리가 나이를 먹자, 어머니는 우리 방을 깨끗이 하는 것으로 우리의 역할을 하라고 강조하셨다. 어머니는 바깥에서 작은 정원을 손질하시곤 했는데, 이웃들은 그 정원을 부러워했다. 어머니의 손이 닿는 모든 것들은 황금으로 변했다. 어머니는 어느 것이든 대충한다는 생각을 하지 않았다. 어머니는 종종 우리에게 우리가 하는 모든 것들에 최선을 다해야 한다고 말씀하시곤 했다.

[어휘]

scrub: 비벼 빨다[씻다]; 북북 문지르다

mop: 자루걸레로 훔치다[닦다], 청소하다; (얼굴 따위를) 닦다
neatly: 산뜻하게, 깨끗이; 말쑥하게.

52. ③

[해설]

아산을 방문한 것은 2001년 여름의 사건이므로 과거 시제를 사용하여야 하므로, has visited를 visited로 고쳐야 한다. 'Habitat for Humanity'는 집이 없는 사람들을 위한 집 지어주기 운동이다.

미국의 전직 대통령이었던 Jimmy Carter는 인류를 위한 주거지를 장려하고 있는데, 1994년 이후로 여러 나라들을 둘러보았다. 2001년 여름에, 그는 한국의 아산에, 집짓기 공사에 참여하려고 방문하였다. 그것은 집이 없는 사람들에게 집을 지어 주려는 인류를 위한 주거지 국제 운동의 일부였다. 그는 이 행사를 위하여 자원봉사자들과 함께 일했는데, 그의 이름을 따서 Jimmy Carter Work Project 2001이라고 이름 붙여졌다.

[어휘]

promote: 진전[진척]시키다, 조장[증진]하다, 장려하다.
participate: 참가하다, 관여하다, 관계하다
volunteer: 지원자, 유지, 독지가
habitat: (생물의) 환경, 주거환경; (특히 동식물의) 서식지

53. ③

[해설]

The fact는 3인칭 단수. 따라서 술어동사는 works가 정답
가난한 마을 주민에게 도움을 줄만큼 어떤 사람이 관심이 있다라는 사실은 종종 놀라운 일을 일으킨다. 그 마을 사람들은 자립하는데 관심을 갖게 된다. 그들은 스스로 더 나은 미래를 만드는데 도움이 될 수 있다라는 사실을 깨달았을 때 덜 상심한다.

[어휘]

work wonders (기적적인)효과가 있다.　discourage 낙심시키다.

3. 조동사

01. ③ will be enable → will enable : enable은 형용사가 아니고 동사이므로 조동사 will 다음에 바로 나와야 한다.

02. ③ should gone → should go : 서법조동사 다음에는 원형이 와야 한다.

03. ③ leaving → leave : had better 다음에는 원형을 사용해야 한다.

04. ③ [~하자는 제안에 따를 것을 동의했다]는 뜻이므로 뒤에는 (should) 원형이 따라야 한다.

05. ① suggested가 "제안했다"의 뜻이므로 뒤에는 (should) 원형이 따라야 한다.

06. ② "~였었음이 틀림없다"는 must have PP로 사용한다. should have PP도 드물게 그런 뜻으로도 사용되지만 보통은 "~했었어야 / ~였었어야 했는데"의 뜻으로 쓰인다.

07. ① 호의를 베풀다 : do 사람 a favor

08. ④ 상대방의 의사를 물어보는 것은 Would you like to V를 사용한다.
③ like to V가 따를 때 will은 쓰지 않는다. 그냥 Will / Won't you go for ~?를 사용한다.

09. ③ insisted가 행동을 요구하는 주장이므로 뒤에는 (should) 원형을 써야 한다.

10. ① tried → (should) try : suggested가 "제안했다"의 뜻으므로 (should)원형을 사용해야 한다.

11. ② suggested가 [제안했다]의 뜻으로 쓰이고 있으므로 (should) 원형이 따라야 한다.

12. ③ Let's 명령문은 부가의문형으로 shall we?를 사용한다.

13. ③ 앞에 동사 require가 있으므로 (should) 원형을 써야 한다.

14. ③ are removed → (should) be removed : demanded가 있으므로 뒤에는 [should 원형] 또는 [원형]이 쓰여야 한다.

15. ⑤

[해설]

⑤ should receive → should have received ; 「~ 했어야 했는데(안했다)」라는 뜻의 과거 행위에 대한 비난·후회를 나타내는 'should have + 과거분사'가 와야 한다.

학교의 기능은 지식이 있는 사람들을 양성하는 것이라고 흔히 믿는다. 그러나 만약 학교가 단지 지식만을 제공한다면 학교는 창의력을 파괴하여 평범한 사람만을 양성할 수도 있다. 우리는 만약에 교육이 창의력에만 초점을 맞추었더라면 위대한 예술

가나 과학자가 될 수 있는 평범한 사람들의 이야기를 흔히 듣는다. 그 교육의 희생자들은 학교에 다닐 때 창의적인 재능을 개발하는 훈련을 받았어야만 했다. 그들이 그러지 못했다는 것이 정말로 애석하다.

4. 가정법

01. ④ in the time we had에서 과거에 대한 것임을 알 수 있고 당연히 과거언급이면 가정법 과거 완료를 써야 한다.

02. ③ 귀결절이 가정법 과거완료이므로 조건절도 가정법 과거완료를 쓴다.

03. ③ recommended(추천하다)는 명령관련 가정법에 해당되므로 that절 속의 동사는 원형 또는 should원형을 써야 하고 finish는 동명사를 목적어로 취해야 한다.
   ② 동명사 앞에 the가 붙으면 최소한 the writing of his essay가 되어야 한다.

04. ① has → had : 주절에 나온 could를 보면 가정법임을 알 수 있고 따라서 가정법 과거형으로 had를 써야 한다.

05. ① studied → had studied : 종속절이 가정법이므로 조건절도 가정법이어야 하는데 last year가 나오는 한 가정법 과거완료여야 한다. 결국 조건절은 가정법 과거완료 귀결절은 가정법과거인 혼합가정법이 쓰이고 있다.

06. ① 귀결절이 가정법 과거완료이므로 조건절도 가정법 과거완료여야 한다.

07. ② don't → didn't : 반복되는 [use Chinese factories]가 생략되어 있는 것이므로 앞 문장에서 still use가 사실이므로 [사용하지 않는다면]은 사실이 아닌 것을 조건으로 하는 것이므로 가정법 과거가 와야 한다.

08. ④ 조건절이 had received로 가정법 과거완료이므로 귀결절도 가정법과거완료가 오는 것이 보통이다. ①②③ 조동사의 과거꼴이 없는 것이 가정법의 귀결절이 될 수 없다.

09. ⑤ last night가 있으므로 가정법 과거완료의 형태가 따라야 한다.

10. ② 귀결절이 가정법 과거완료이므로 조건절은 가정법 과거완료여야 한다. I'm sure는 삽입된 것이므로 가정법과는 무관하다. 앞에 있다고 보아도 무방하다. 즉 I'm sure that if I had ~, I could ~.

11. ③ 가정법 과거의 조건절이 와야 하므로 if it were not for water[물이 없으면]= without water가 쓰여야 한다.

12. ④ have gone → had gone : I wish 다음에는 가정법 과거 또는 가정법 과거완료가 오는데 내용상 이미 발생한 일에 대한 것이므로 가정법 과거완료인 had gone이 쓰여야 한다.

13. ⑤ had hoped that절은 과거의 이룩되지 못한 소망을 나타낸다.
① hope는 S-O 상승을 허용하지 않는 동사다. 즉 I had hoped that she would answer my letter.에서 종속절의 주어인 she를 상위절의 동사인 hoped의 목적어로 끌어올리는 것이 불가능하다.

14. ② 귀결절 would kill로 가정법 과거이므로 조건절은 가정법과거 : 혼합 가정법이라면 조건절은 가정법 과거완료일 수 있지만 여기서는 적합지 않다.

15. ③ 귀결절이 would not have been으로 가정법 과거완료이므로 조건절은 무조건 가정법 과거 완료여야 한다. [베이비시터가 없었었더라면]

16. ① → were

17. ① 가정법에서는 동사를 일치시켜야 한다.

18. ① (were) 가정법에서 was 는 쓰지 않는다.

19. ② (he had come) "would have p.p. + had p.p."

20. ④ 종속절의 동사가 had p.p. 이므로 주절의 동사는 would have p.p. 여야 함.

21. ① 가정법 도치 - 가정법 과거를 나타내는 had p.p. 에서 if 몰 생략한 후 had를 문장 앞으로 끌어내어 다음과 같이 할 수 있다.
If Charles had never lived abroad, English literature would still have turned toward an ideal of simplicity and elegance.
= Had Charles never lived abroad, English literature would still have turned toward an ideal of simplicity and elegance.

22. ② but for 는 전치사이므로 뒤에 명사가 온다.
But for your help, I would not have succeeded.
= Without your help, I would not have succeeded.
= If you had not helped me, I would not have succeeded.

(당신의 도움이 없었더라면, 나는 성공할 수 없었을 텐데.)

23. ① 가정법에서 be 동사의 과거형은 항상 were 이다.

24. ③ (would) 종속절의 동사가 had p.p. 이므로 주절의 동사는 would have p.p.여야 한다. 단, 혼합 시제의 경우 종속절에 had p.p. 가 나오고 주절에 wouid가 쓰인다.

5. 수동태

01. ③ has dumped → is dumped : 하수가 버려진다는 뜻이므로 수동태가 쓰여야 한다.

02. ④ raising → raised : 전통적인 잔디는 값싼 층으로 이루어진 땅으로 교체되어 졌는데 물과 폭포는 높은 곳에 올려져 있다. 풀과 폭포가 올리는 행위를 능동으로 할 수 없으므로 raising은 곤란하다.

03. ③ bilked → were bilked : bilk 사람 of 돈 / 사람 be bilked of 돈(수동태)

04. ④ ever made of ~ current는 후치수식이고 문장이 성립되려면 정동사가 따라야 하고 의미상 수동이어야 한다.

05. ④ to wear → worn : by이하로 보아 수동이어야 한다.

06. ④ calls → is called : 문장의 주어는 study 이하는 관계절이다. 과학연구가 동학을 calls 할 수 없다. 수동으로 ~라고 불리어진다의 뜻이어야 한다.

07. ③ ask to help ~ → be asked to help ~ : 내용상 큰 애들에게 요청하는 것이므로 수동태를 사용해야 한다. to help는 (to) take와 등위되고 있다.

08. ③ 의미상 수동태가 되어야 한다.

09. ① spend → be spent : 돈이 쓰여지는 것이므로 수동이어야 한다.

10. ③ made up of → are made up of : 주어가 Coral atolls[환상산호초]는 [~로 이루어져 있다]이므로 수동태가 되어야 한다.

11. ① marked→ was marked : 뒤의 as이하는 양태의 부사절이고 주절에는 정동사가 있어야 한다. by가 있으므로 수동태이어야 한다. A is marked by B.[A의 뚜렷

한 특징은 B다.] A is characterized by B.[A의 특징은 B다.]
③ were만 쓰면 반복되는 [marked]는 생략할 수 있다

12. ② be increased → increase : increase는 자동사/타동사가 모두 가능하지만 지금의 경우 의미상 그냥 증가하는 것이지 증가당하는 것은 아니므로 수동태로 써서는 안된다.

13. ② be maintaining → be maintained : 타동사 maintain 뒤에 목적어가 없고 의미상 수동이 되어야 한다.

14. ① brought up → was brought up : bring up은 [키우다]란 뜻의 타동사이고 그녀는 [키워졌다]라는 의미이므로 수동태가 쓰여야 한다.

15. ② arrested and charged → was arrested and charged : [체포된 후 기소된다]는 뜻이므로 수동형이 쓰여야 한다.

16. ② would ask → would be asked : 질문이 질문을 할 수는 없고 질문되어지는 것이므로 수동태가 되어야 한다. 보통은 would never be asked지만 never를 강조하면 never would be asked도 가능하다.

17. ③

[해설]

(A)에는 write down이 '동사 + 부사'의 동사구이므로 대명사 목적어인 them은 그 사이에 위치해야 한다. (B)에는 disturb가 '방해하다'의 의미를 지니고 의미상 주어가 you이므로 문맥상 수동형인 be disturbed가 필요하다. (C)에는 Be의 보어가 될 수 있는 말이 와야 하므로 형용사 specific이 적절하다.

아마도 당신이 정한 여러 목표에 집중하는 가장 효과적인 방법은 그것들을 적어두는 것이다. 이것이 당연한 첫 단계라고 들릴지 모르지만 많은 사람들이 무시하는 단계이다. 그 결과 그들의 목표는 흔히 흐지부지 되어 결국 실현되지 못하게 된다. 당신이 방해를 받지 않을 만한 아주 조용한 곳으로 가라. 당신이 정한 모든 목표를 목록으로 만들어라. 자금, 인간관계, 그리고 직업에 관한 목표를 포함시켜라. 될 수 있는 한 구체적으로 작성하라.

[어휘]

effective 효과적인
obvious 명백한
unfocused 집중되지 않은, 흐지부지된
unrealized 실현되지 않은
disturb 방해하다

17. ② <병의 근원이 밝혀지다>는 수동태이므로 be + p.p.가 있는 동사를 답으로 골라야한다. 여기서는 현재완료 수동태를 사용했음.

[해석]

많은 경우에 있어서, 전에는 신비스러웠던 병의 근원들이 현대 과학기술을 통해서 밝혀져 왔다.

6. 관계사

01. ① appears → appear : 선행사가 those men으로 복수형이므로 복수일치를 시켜야 한다.

02. ③ whom the → whose : proposal이 주어이고 won이 동사이고 목적어가 $500 이므로 목적격 관계사가 쓰일 수 없다. his proposal이 whose proposal로 전환되어야 한다.

03. ② I am sure는 삽입되어 있는 것이고 always do의 주격관계사로 선행사가 사람이므로 who를 써야 한다.

04. ③ which는 주격관계사로 두개의 절이 연결된다. 관계절 내에서 정동사인 weighs ~와 is가 등위되고 있다.

④ 간접의문문으로 주절과 연결되지 못한다.

② ~ nail is ~, and weighs ~로 연결되지 못한다. 최소한 and 앞의 comma는 없어야 한다.

05. ① 앞쪽은 was의 보어 역할을 하는 의문사 who가 필요하고 뒤쪽은 의문 방법 부사가 필요하다. 주어 he와 자동사 lived가 있으므로 의문대명사인 who와 what은 곤란하다.

06. ① seems의 주어로 That명사절이 올 수 있다. 문두에서 If ~절은 명사절이 될 수 없다.

③ What과 seems 사이에 if절이 올 수 없다.

07. ① had laid → had lain : [전장에 잠들어 있는]의 뜻이므로 자동사 lie의 과거분사인 lain을 써야 한다. [lie → lay → lain]

08. ③ for what(=the thing which) you did for me

선행사 포함의 관계사 [나를 위해 해 준 일] : thank 사람 for 무엇

09. ① 뒤에 주어[an average of less than ten inches of rain]와 동사[falls]가 있으므로 [in which(=where)]만 쓰면 된다.
②③ 뒤에 주어 동사가 있는데 앞에 주격관계사 + 동사가 또 있으면 연결이 되지 않는다.

10. ④ it ruled → which ruled : 두개의 절이 연결되기 위해서는 it이 주격관계사인 which로 전환되어야 한다.

11. ① of whom the → whose : the red car of her로 쓰지 않는다.
her red car가 바로 whose red car로 바뀐다.

12. ③ people이 must의 주어가 되기 위해서는 관계절이 수식을 해야 한다.
드물게 the many ~는 가능하지만 many the ~(x)는 쓸 수 없다.

13. ② which → where : 관계부사를 써야 한다. 뒤에 명사 빈자리가 없으므로.

14. ③ is의 보어로 장소가 필요하면서 관계절로 이어져야 하므로 선행사 포함의 관계사 where(=the place where)를 사용해야 한다.
② which의 선행사가 없다.
④ where=the place where인데 where는 in which의 뜻이므로 뒤에 나오는 is의 주어가 없어서 곤란하다.

15. ① 의미상 피가 산소를 근육으로 보내는 것이므로 which carry가 맞다. 여기서 which를 없애면 능동인 carry는 carrying이어야 하므로 ②는 곤란하다.
③ 수동태 뒤에 목적어인 it이 따를 수 없다.
④ 정동사 will이 주어도 접속사도 없이 연결될 수 없다.

16. ① whatever its size 다음에 [may be]가 생략된 경우이다. ~ever 양보 부사절에서는 [주어 may be] 또는 [may be]는 흔히 생략 가능하다. 그리고 its size의 보어는 however로는 곤란하다.

17. ① who → which : 선행사가 방콕이므로 관계사는 which가 쓰여야 한다.

18. ⑤ 주어 동사 목적어 목적보어가 다 있으므로 다른 관계대명사는 곤란하다. [whose unique style]이 주어로 쓰일 수 있다.

19. ③ 동사 pleases의 주어인 관계사도 있어야 하고 뒤에 나오는 동사 must의 주어도

필요하므로 선행사 포함의 관계사 what (=the thing which)이 쓰여야 한다.

20. ③ what inconvenient → how inconvenient : what은 의문사로 형용사를 꾸밀 수는 없다.

21. ④ by which가 주격관계사가 아니므로 관계절은 [주어 + 동사 ~]의 어순이어야 한다. Some cultures(S) transmit(V) their values(O).

22. ③ 관계절에 choose, please, like, want, wish가 있을 때 who/whom/which는 ~ever와 같은 형으로 쓰인다.
which educational track = whichever educational track = any educational track that

23. ③ 선행사가 사람이고 주격관계사가 쓰여야 한다.

24. ① 소유격 관계사가 쓰인 whose novels가 describe의 주어로 쓰이고 있다.

25. ① what → that : 선행사가 이미 있으므로 선행사 포함의 관계사 what을 쓰면 안 된다.

26. ② on which → to which : turn to ~에 의지하다.
④ [가까운 미래] 시간적으로 가까운 것은 near를 사용한다.

27. ① that → which : comma가 있으므로 계속적 용법인데 계속적 용법에서는 관계사로 that를 쓸 수 없다.

28. ③ which → in which : 뒤에 born이 있으므로 in which가 쓰여야 한다.

29. ③ which → in which : 관계절이 선행사와 분리된 경우이다. 원래는 a revolution {in which [the first important all-talking picture[주어],The Jazz Singer [동격부], was[동사] a phenomenal success[주격보어]}에서 이 관계절이 너무 길어서 뒤로 보낸 것인데 명사가 쓰일 수 있는 주어와 보어 자리가 채워져 있으므로 관계대명사인 which는 쓸 수 없다. A revolution in information technology is taking place.

30. ② so → such : so는 명사와 연결될 때는 [a]가 있는 경우에만 쓰인다. skills가 복수형이므로 [a]는 쓰일 수가 없다. 따라서 such를 써야 한다.

31. ① has의 주어가 필요하고 선행사가 사람이 아니므로 which가 맞다.

32. ① : 선행사가 없으므로 선행사 포함의 관계사 what을 써야 한다.

33. ② what → that : 선행사가 있으므로 what을 써서는 안 된다.

34. ③ which → from which : recovered from the revolution의 구조이므로 관계사는 from which를 사용해야 한다.

35. ① Which → What : 의문사로는 뜻이 통하지 않고 [경제 성장을 자극하는 것]이 주어가 되어야 하므로 The thing which의 뜻인 What을 사용해야 한다.

36. ② whom → who / that : as you know는 삽입된 형태이고 동사 is의 주격관계사가 필요하다. 선행사는 the only one : only가 있으면 that만 쓴다고 하지만 who도 가능하다. You are the only one who knows who I am.

37. ② who → which : SARS는 사람이 아니고 질병이므로 관계사는 which로 받아야 한다.

38. ③ where → which : borders[접하다]가 동사고 it이 목적어이므로 주격관계사가 필요하다.

39. ③ such → so : such는 단독의 형용사를 수식할 수 없다. change (that is) so breathtaking ~ that ~

40. ① 선행사가 family houses로 장소이고 뒤에 most fire deaths[주어 : 화재로 인한 대부분의 사망자들] occur[자동사]만 나와 있으므로 장소를 나타내는 관계부사인 where를 써야 한다.

41. ③ 선행사가 the day이므로 관계부사는 when을 사용한다.

42. ① women이 talk의 주어이므로 그 앞에 전치사가 온 ②③은 곤란하다.
The impression이 is summed up의 주어이므로 중간부분은 수식하는 부분이 되어야 하는데 The impression that ~ : [~라는 인상]으로 동격의 that절로 연결된다.

43. ② 많은 사회과학자들은 한동안 출생 순서가 성격과 성인기의 삶의 성취에 직접적으로 영향을 미친다고 믿어 왔다. 사실, 사람들은 공격적인 행동과 수동적인 기질과 같은 성격 요인을 설명하기 위해 출생 순서를 사용해 왔다. 사람들은 "아, 나는 세 자매 중에 맏이라서 내가 거만하게 행동하는 것을 피할 수 없어." 또는 "나는 막내라서 형이나 누나보다 덜 적극적이어서 사업에 그다지 성공적이지 못해."라

고 말할 수도 있다. 그러나 최근의 연구에서 이러한 믿음이 잘못된 것이라는 것을 입증해 왔다. 다시 말해, 출생 순서가 가족 내에서 역할을 규정지을 수는 있지만, 다른 사회적 역할을 받아들이면서 성인기로 성숙해 갈 때, 출생 순서는 덜 중요하게 된다.

[해설]

(A) have believed의 목적어가 되는 절을 이끌 수 있는 접속사 that이 적절하다.

(B) ~ and thus I am less aggressive의 문맥이므로 be동사의 보어역할을 할 수 있는 형용사 aggressive가 적절하다.

(C) as you accept other social roles (당신이 다른 사회적인 역할을 받아들이면서)를 분사구문으로 바꾼 형태이므로 accepting이 적절하다.

[어휘]

birth order 출생 순서　　account for ~을 설명하다
aggressive 적극적인, 공격적인　　temperament 기질
overbearing 거만한　　define 정의하다
mature 성숙하다　　insignificant 중요하지 않은

44. ⑤ 일반적으로 어떤 시기에 대한 사람의 기억력은 그것으로부터 멀어짐에 따라 필수적으로 약해진다. 사람들은 계속해서 새로운 사실을 배우며, 옛날 것은 새로운 것들에 자리를 양보하기 위해 떨어져 나가야만 한다. 20살 때, 나는 지금은 전혀 불가능할 정확성으로 내 학창 시절의 역사를 글로 옮길 수도 있었을 것이다. 그러나 사람의 기억력은 긴 시간이 경과한 후에도 훨씬 더 날카로워지는 일이 또한 일어날 수도 있다. 이것은 새로운 눈으로 과거를 보고 이전에는 수많은 다른 것들 사이에서 구별되지 않은 채로 존재했던 사실들을 분리시키고, 말하자면 그 사실들에 주목할 수 있기 때문이다. 어떤 의미에서 내가 기억했지만 아주 최근까지 나에게 이상하거나 흥미롭게 다가오지 않았던 일들이 있다.

[해설]

⑤ what은 앞에 선행사인 things가 있으므로 which로 바꾸어야 한다. 이 which는 remembered의 목적어 역할을 하고 있다. 선행사 things를 수식하는 관계대명사 절이 두 개 연결되고 있는 구조이다.

[어휘]

weaken 약해지다　　make way for ~에 자리를 양보하다
accuracy 정확성　　passage 경과
isolate 분리시키다　　undifferentiated 분화되지 않은

45. ⑤ 슈베르트는 인생을 가난 속에서 보냈다. 그러나 그는 인생에 한 가지 고상한 목적을 가지고 있었다. 그것을 끊임없이 흘러나오는 멜로디로 그의 두뇌로부터 흘

러나오는 듯한 아름다운 음악적 사고를 써 내려가는 것이었다. 가장 생산적인 작곡가 중의 한 명으로서 슈베르트는 다정한 편지를 쓰는 사람만큼이나 자유롭게 음악을 썼다. 그는 그 자신 안에 있는 것을 썼고 우리에게 풍요로운 음악의 보물을 가져다주었다.

[해설]

관계대명사 which는 선행사가 필요하다. 그러나 선행사가 빠져 있으므로 선행사를 포함하고 있는 관계대명사 what이 와야 한다.

[어휘]

poverty 가난, 빈곤 composer 작곡가, 구도자
flow 흐르다(stream); 흘러나오다

7. 분사

01. ① Stand as it is on a hill → Standing as it is on a hill : 분사구문의 강조형이므로 중간의 [as it is]를 빼고도 분사구문이 성립되어야 한다. [정말 언덕 위에 서(있는 것처럼 서) 있어서 경관이 좋다.]정도로 해석된다.

02. ③ change → changing : 분사구문의 계속적 용법이 두개가 병치된 것이다. [causing ~]and [(consequently) changing ~]으로 병치되어야 한다
① every few years : 몇 년마다 : [~마다]의 뜻일 때는 every 복수형 명사가 쓰인다.
② warming of the ocean → [of the]삭제하고 ocean을 앞으로 보내면 → ocean warming cf. global warming : cause 목적어 to V로 혼동하면 안된다.

03. ③ interested → interesting : 흥미를 주다/주지않다의 관계이므로 현재분사 출신을 써야 한다.

04. ④ embedding → embedded : 깊이 박혀있는 먼지이므로 과거분사를 써야 한다.

05. ② If they had chosen ~ = Had they chosen ~

06. ④ when they are eaten = when eaten : 접속사 분사구문을 묻는 문제이다.

07. ① 뒤쪽에 붙은 분사구문으로 주절의 주어가 I이므로 그리고 뒤에 목적어가 따르므로 능동인 현재분사를 써야 한다. [입을 손으로 부채질 하면서]

08. ③ shocking → shocked : 우리가 충격을 주는 것이 아니고 충격을 받아가지고 있

게 되는 것이므로 과거분사 출신을 써야 한다.

09. ② approval (from ~) to field-test plants : plants는 field-test의 목적어로 쓰이고 있다. Plants [which are genetically engineered to resist ~]에서 which are가 생략된 경우이다.

10. ① which are deemed friendly에서 which are가 생략된 형태이다.
deem A (to be) B : A를 B로 여기다.

11. ④ interested → interesting : 목적어와 목적보어의 관계는 주어와 주격보어의 관계와 마찬가지이므로 schoolwork is interested(x)로 볼 수 있는데 흥미를 받아 가지고 있을 수는 없고 흥미를 주는 관계이므로 현재분사 출신을 써야 한다.

12. ① when it is backed에서 [it is]가 빠지고 만들어진 접속사 분사구문이다.

13. ④ amused → amusing : 재미를 주는 솜씨이므로 현재분사출신을 써야 한다. tricks 자체는 재미를 받아 가지고 있을 수 없다.

14. ① Having not → Not having : 분사의 부정은 의미상 주어 이외에는 가장 앞에 온다.

15. ① Information which is collected by satellites에서 [which is]가 운명이 같이 해서 탈락된 형태이다.

16. ② Though it is considered에서 [it is]가 없어지면서 만들어진 접속사 분사구문이다.
①③ It can be 또는 It is ~와 the grizzly bear eats의 두개 절이 연결되지 못한다.

17. ④ damaging → damaged : 파괴하는이 아니고 파손된의 뜻이므로 과거분사를 써야 한다.
③ 명사를 수식하는 것이므로 단수형을 쓰는 것이 맞다.

18. ④ Although it was opened에서 it was가 생략된 경우이다.

19. ① [with 명사 부사]의 with구문 [불을 켠채로]

20. ① While standing → While we were standing : 동일주어원칙에 의해서 Standing의 주어가 airplane이 되어서 곤란하다.

21. ② 자기 말을 이해되어지게 하는 것이므로 과거분사가 쓰여야 한다.

22. ① who used to → used to / who are used to : [컴퓨터를 사용하는데 익숙한 학생들]이므로 who are used to using ~으로 students를 수식해야 한다. 물론 여기서 [who are]를 한꺼번에 생략할 수는 있다.

23. ① covering → covered : 목적어가 뒤따르지 않으므로 수동이어야 하고 따라서 과거분사가 쓰여야 한다.

24. ③ interesting → interested : new students (who were) interested in ~으로 연결되어야 한다. 재미있는 학생들이 아니고 ~에 흥미가 있는 학생들이어야 한다.

25. ④ putting together → put together(=combined) [모두 합해] : 타동사의 현재분사는 능동이므로 목적어가 있어야 하는데 목적어가 없으므로 수동의미인 과거분사를 써야 한다.

① lake ~는 professor와 마찬가지로 관사 없이 그냥 쓴다.

26. ① devices which are attached to box kites에서 which are가 빠진 형태이다.

27. ④ 1800년 대 중반에 북미의 개척지역에 사는 많은 사람들은 bowie knife라고 불리는 무기를 가지고 다녔다.

- carried = (동사)가지고 다녔다. called 앞에 which were 가 생략된 것으로 볼 수 있음.
- on the North American frontier = 개척지는 <경계선, 접선, 국경>등과 같은 개념으로 전치사 on을 사용함.

28. ③ 수학자가 되기 위해서 비싼 실험실이 필요하지는 않다. 수학자의 전형적인 장비는 흑판과 분필이다. 분필은 보다 쉽게 지울 수 있고 수학적인 연구는 흔히 실수로 가득 차있기 때문에 종이 위보다 흑판위에서 수학을 하는 것이 더 낫다. 한 가지 더 해야 한다면 수학에 전념하는 클럽에 가입하는 것이다. 혼자서 작업하는 수학자는 많지 않다. 그들은 그들이 하고 있는 것에 대해 토론할 필요가 있다. 수학자가 되기를 원한다면 새로운 생각을 다른 사람들의 비판에 노출시키는 편이 낫다. 숨어있는 가정을 포함하고 있기가 너무나 쉬워서 다른 사람들에게는 명백한 것을 보지 못하기도 한다.

[해설]

③이 포함된 문장에서 주절의 동사는 is이므로 devotes는 앞의 명사를 수식하는 과거분사로 바꾸어야 한다. a club (which is) devoted to mathematics의 형태로 생각할 수 있다

[어휘]

laboratory 실험실	equipment 장비	expose 노출시키다
criticism 비판	assumption 가정, 가설	

29. ① 해발 1,350미터에 위치하여 반짝거리는 히말라야 산맥이 내다보이는 카트만두 시는 연중 내내 기후가 온화하여 살기 편한 곳이다. 카트만두는 분지의 거의 한 복판에 위치하고 있고, 남북 5㎞, 동서 5㎞의 정사각형을 이루고 있다. 그 곳은 고대 네팔왕국이 있었던 곳이다. 지금은 네팔의 수도로서 네팔의 정치, 경제, 문화의 중심지이다.

[해설]

situate는 '놓다, ~의 위치를 정하다'를 의미하는 동사이므로 '~에 위치하다'라는 의미는 be situated in/on/at ~ 이 된다. Being이 생략된 분사구문이 사용된 점을 고려하면 (A)에는 Situated가 필요하다. (B)에는 makes의 목적어가 되고 목적보어 pleasant가 뒤에 온 구조이므로 동명사 living이 필요하다. to live를 사용하려면 어순을 makes it pleasant to live here로 바꾸어야 한다.

[어휘]

elevation 해발, 고도	basin 분지	quare 정사각형
site 장소, 부지	kingdom 왕국	as such 그러한 자격으로서

8. 부정사

01. ② making → to make : decide는 부정사를 목적으로 취한다.

02. ③ for catching → to catch : 목적표시는 부정사를 사용한다.

03. ③ [의문사 + to 부정사]의 명사적 용법 : I don't know how I should go there.
→ [반복되는 "I"를 삭제하면 정동사인 should도 운명을 같이하여 삭제되고 to 부정사로 바뀐다.
→ I don't know how to go there. 이 문제는 how they should represent ~에서 they should가 없어지면 how to represent ~가 된다.

04. ① until [접속사] 다음에 주어는 its water vapor이고 condenses[응축되다]이고 이런 자연현상 다음에는 계속적 용법으로는 부정사를 사용한다.

05. ① would like 목적어 + to V

06. ④ so weak → too weak : 뒤에 부정사가 따르므로 too를 쓴다.
① be of great interest : 큰 중요성을 갖는다.

07. ② encourage 목적어 + to V

08. ③ of becoming → to become : are more likely (than other children) 다음에는 to부정사가 뒤따라야 한다.

09. ④ performing → perform : continue는 동명사를 목적어로 취하기도 하고 부정사를 목적어로 취하기도 한다. 하지만 앞에 [to work]가 나왔으므로 [(to) perform]으로 병치시켜야 한다. 1) Even when he is exhausted에서 he is가 생략되고 접속사분사구문이 쓰인 형태이다.

10. ① get used to ~ : ~에 익숙해지다.
② used to V : ~하곤 했었다.
③ be used to V : ~하기 위해 사용되다

11. ② 의미상 목적표시의 부사적 용법으로 부정사를 써야 한다.

12. ② taking → to take : 잊지 말고 하라는 뜻이므로 부정사를 써야 한다.
leave home : 집을 떠나다 / leave for home : 집을 향해서 떠나다.

13. ② approaching → to approach : allow 목적어 다음에는 to 부정사가 따라야 한다.
④ 소유격관계사 the boundaries of which = of which the boundaries = whose boundaries.

14. ③ allow 목적어 + to V : flame은 그냥 타는 것이 가능한 것으로 합니다. 수동태 불필요.

15. ③ addressing → address : be available to V : ~할 시간이 있다, 여유가 있다.

16. ③ defining → to define : 과거의 일을 기억하는 것이 아니고 잊지 말고 꼭 하라는 것이므로 부정사가 뒤따라야 한다.

17. ② chopping up → to chop up : be supposed to V : ~하게 되어 있다.
③ more or less : 대체로 /다소 chop up the day into ~ [시, 분, 초로 잘라놓게 되어 있다.] for us는 삽입되어 있고 to chop up의 목적어는 the day다.

18. ④ need to V : 본동사 need는 목적어로 부정사를 취한다.

19. ① permit 목적어 + to부정사

20. ④ redesigning → to redesign : decided의 목적어로 to put wooden ~와 대등한 형태로 병치되어야 한다.

21. ① 해석: 산업용 다이아몬드는 단단한 물질(재료)를 자르는데 사용된다.
be used to V원형 = ~하는데 사용된다. → (때때로 be used for V-ing 의 모양을 be used to V-ing = ~~에 익숙하다.
used to V원형 = 전에 ~하곤 했었다.

9. 동명사

01. ③ forward spending → forward to spending : [~하기를 고대하다]는 [look forward to ~ing]의 형태를 사용한다.

02. ② suggest는 동명사를 목적어로 취할 수 있다.
① ~ encouraged us to quit smoking.
③ ~ advised us to quit smoking.
④ 자체로도 의미가 통하지 않는다.

03. ① suggests는 동명사를 목적어로 취하고 ~에 집중하다는 [focus on]을 사용하면 된다.

04. ② avoid는 동명사를 목적어로 취한다.

05. ④ It is no good ~ing : ~하는 것은 소용없다.

06. ④ 동명사인 seeing의 의미상의 주어는 주절의 주어와 동일하므로 사람이 주절의 주어가 되어야 한다.
⑤ interesting → interested

07. ③ have no difficulty (in) ~ing : ~하는데 어려움을 겪지 않다.
④ It was easy for Nancy to get a job.

08. ② Still이 있으므로 지금도 여전히 기억난다는 뜻이므로 remember 다음에는 ~ing

가 따라야 한다. Feel은 2형식동사로 보어로 형용사나 과거분사가 따를 수 있다.

09. ② look forward to [고대하다]는 전치사 to 나온 후에 동명사를 쓰는 형태입니다.

10. ② difficulty in ~ing : ~ 하는 데 있어서의 어려움 in [assessing the consequences of economic policy](동명사)

11. ④ stop to talk → stop talking : 내용상 그만 말하고 들으라는 뜻이므로 동명사가 쓰여야 한다.
② 원칙적으로 a turn 또는 his turn이 되어야 한다. 항상 관사보다는 구조가 틀린 것을 먼저 답으로 골라야 한다.

12. ① object는 to 사용한 후에 ~ing가 와야 한다.

13. ② to sit → of sitting : capable 다음에는 of ~ing을 사용한다.

14. ② interpreted → interpreting : of 다음에 나오는 전체가 동명사다. 동명사의 내부구조에서 {[printed] and [written] words}가 interpreting의 목적어로 쓰이고 있다. 뜻도 이상하지만 일단 interpreted가 쓰이려면 interpreted 다음에 comma를 사용해서 {[interpreted], [printed] and [written] words}가 되야 한다. 하지만 그래도 뜻이 맞지가 않다.

15. ③ avoid는 동명사를 목적어로 취한다.

16. ① consider는 동명사를 목적어로 취한다.

17. ④ accuse 사람 of ~ing

18. ② to swim → from swimming : prevent 목적어 from ~ing : ~가 ~하는 것을 막다.
④ agree to V : ~하기로 동의하다.

19. ④ to attend → attending : going ~과 병치되는 것이므로 동명사를 써야 한다. 이것들 각각은 the two activities 중의 하나입니다.
② which (of the two activities) to choose로 [의문사 + to부정사]로 훌륭하다.

20. ④ approve of ~ ing : 동명사를 목적으로 취한다.

21. ② to hire → hiring : suggest는 동명사를 목적어로 취한다.
④ 유일직책은 흔히 무관사로 사용할 수 있다.

22. ④ 가까운 거리로 이사하는 것은 너무나 쉬워서 적은 노력으로도 금방 해치울 수 있다고 생각할지 모른다. 당신은 이삿짐 회사의 서비스를 필요로 하지 않는다고 생각하기 때문에 당신 자신의 자동차를 사용하기로 결정할 수도 있다. 그런데 당신의 생각은 틀릴 수도 있다. 당신은 이삿짐을 꾸릴 물건들이 실제로 존재하는 것만큼 많지 않다는 잘못된 생각을 갖고 있다. 당신은 당신의 차가 생각했던 것보다 그다지 많이 실어 나르지 못한다는 사실을 뒤늦게 깨닫는다. 그래서 생각했던 것보다 더 여러 번 새로 이사 갈 집으로 짐을 실어 운반해야 한다. 또한 물건을 훼손할 가능성도 있는데, 물건들 중에는 귀중한 것도 일부 있다. 이러한 모든 것들을 고려해 본다면, 이삿짐 회사에 부탁하는 것이 더 좋을 지도 모른다.

[해설]

④의 damage는 전치사 of의 목적어 역할을 하면서 your stuff를 목적어로 취할 수 있는 동명사 damaging으로 바꾸어야 한다.

[어휘]

impression 인상　　pack 꾸리다, 싸다

possibility 가능성　　stuff 물건

23. ④ 여러분이 어떤 일을 시도해보고 실패하면, 여러분은 왜 의도했던 일에 실패했을까 하고 자문하게 된다. 이 질문에 대해 새롭고도 예상치 못했던 방법으로 답변하는 것은 근본적으로 창조적인 활동이다. 그렇게 하면, 다음번에는 여러분이 성공할 가능성이 높아진다.

[해설]

(A)에서는 주어와 목적어가 같기 때문에 재귀 대명사를 써야 한다.

(B)에서는 동사 is의 주어 역할을 하기 때문에 동명사를 써야 한다.

(C)에서는 앞에 나온 the essential creative act를 가리키므로 단수 대명사이다.

[어휘]

attempt 시도하다, 꾀하다.

intend-할 작정이다, -하려고 생각하다. 의도하다, 기도하다, 고의로 하다.

creative창조적인, 창조력이 있는, 창작적인, 독창적인

10. 접속사

01. ③ and → but : 의미상 대조되는 개념이 이어지므로 but를 사용해야 한다.

02. ① Although → 삭제 : 뒤에 등위접속사 but가 있으므로 앞에 줄쳐진 부사절접속

사는 없어야 한다.

④ all과 both의 경우는 뒤에 한정형 명사구가 따를 때는 of의 사용은 선택적이다. All (of) the major critics / all (of) the books / all (of) his books / all (of) these books / both (of) the books

03. ② 부사절 접속사인 ①②③ 중에서 의미상으로 Because가 적합하다.

04. ② 두개의 절을 연결하기 위해서 접속사가 있어야 한다. [어디에 정착을 하든지 간에]로 주절과 잘 연결된다.

④ [정착했든 아니든 상관없이]로는 의미상 연결이 잘 안 된다.

05. ① its → it's(= it is) : Because 다음에는 주어 동사가 따라야 한다. 소유격인 its를 사용하면 안 된다.

06. ③ and로 연결된 두개의 절을 다시 주절과 연결하기 위해서 when이 쓰이고 있다.

07. ③ 부사절 접속사인 Though와 Since 중에서 의미상 Though가 적합하다.

①, ② 앞에 나오는 경우 접속부사(=부사)여서 다음 절과 연결 기능을 하지 못한다.

08. ③ undergoing → undergoes : 부사절 접속사 when 다음에 주어가 나온 이상 정동사가 따라야 한다.

09. ② because of → because : 뒤에 cures가 주어이고 동사가 will have ~로 이어지고 있으므로 앞에는 접속사가 와야 한다.

10. ④ their travel along → they travel along : as는 접속사이고 뒤에는 주격의 주어가 필요하다.

11. 일치·화법

01. ③ are → is : 엄청나게 긴 일치 방해부가 있지만 주어는 Each로 단수일치를 시켜야 한다.

02. ① 병치된 3개의 명사가 주어이고 뒤에 정동사만 따르면 된다.

03. ④ homework[숙제]는 불가산 명사이고 only는 약간이라도 양을 나타내는 a little에 붙어서 사용되어야 한다.

04. ③ 앞에 not only가 있으므로 뒤에 but가 와야 한다. even은 선택적인 단어이다.

05. ⑤ are → is : 중간에 엄청나게 긴 일치방해부가 있지만 주어는 The woman 따라서 동사는 is가 되어야 한다.
③ little/few/much/many가 있을 때는 항상 so를 사용해서 that절과 연결된다.

06. ① were → was : 전치사구가 일치를 방해하고 있지만 주어는 difficulty이므로 단수 일치 형으로 was를 사용해야 한다.
③ so that 대신 so만 쓰는 것도 가능하다.

07. ② 간접의문문은 의문사 먼저 쓰고 how well 그 뒤에는 평서문의 어순이 되어야 한다.
③ (that) 명사절은 전치사 on에 이어질 수 없다.

08. ① 부정어구가 앞으로 나와서 have [주어] met ~의 어순이 되고 있다.

09. ① three fourth → three fourths : 분자가 복수형이면 분모 뒤에 복수형을 사용한다.

10. ② are → is : of 이하가 길게 일치를 방해하고 있지만 주어는 one이므로 단수로 일치를 시켜야 한다.
③④ provide A with B에서 with는 제공의 with라 한다. Plenty of는 수/량에 대해 모두 쓸 수 있다. Few는 수식어구가 있을 때 the few가 쓰일 수 있다. cf. the happy few

11. ① a number of → the number of : 많은 고위직 여성들을 증가시키는 것이 아니고 고위직 여성들의 숫자를 증가 시키는 것이므로 the number of를 사용해야 한다.

12. ③ asking → to ask : being able에 대하여 to read ~ or to ask로 병치되어야 한다. : as if 다음에도 사실이라고 생각되는 내용이 나오면 직설법이 나올 수 있다.(여기서는 proves가 이에 해당된다.)

13. ② thousands eggs → thousands of eggs : 막연히 수천은 thousands of를 사용한다.

14. ① regulating → to regulate : to produce, to build와 등위된 것이므로 부정사를 사용해야 한다.

15. ④ by what → upon what : [be based upon A rather than upon B]로 병치되어

야 한다.

16. ② are → is : of ~ energy가 길게 나와 일치를 방해하고 있지만 주어는 The efficiency로 단수이므로 단수일치를 시켜야 한다.

17. ④ am living → have lived : 직접화법으로는 How long have you been a resident of the state?으로 물었을 것이므로 당연히 I have lived in this state for five years.로 답하게 됩니다.

18. ③ stayed → (to) stay : used에 병치된 것이므로 부정사를 사용해야 한다. [~하곤 했었다]

19. ④ makes → making : accepting~과 병치되어야 한다.

20. ④ to plant → planting : [plowing ~], [planting ~], and [rotating ~]으로 병치되어야 한다.

21. ② is coming → are coming : and는 더하기 개념으로 지금은 1 + 1 = 2인 경우이므로 복수형으로 일치시켜야 한다.

22. ③ require → requires : of 전치사구 이하가 일치를 방해하고 있어도 주어는 Each and every one으로 단수이므로 단수로 일치를 시켜야 한다.

23. ② keep → keeps : neither A (nor) B nor C로 3개가 병치될 수 있다. 일치는 가장 가까운 것에 맞춰(근자일치) sleet가 단수이므로 단수일치가 되어야 한다.

24. ② Neither A nor B / A or B : 모두 선택의 개념이므로 근자일치로 the children에 맞추어 know를 사용한다. right now가 있으므로 knew는 곤란하다.

25. ① whether to V or to V로 병치되어야 한다.

26. ④ and → or : 앞에 whether가 있으므로 or를 사용해야 한다.

27. ③ vary → varies : 주어가 average로 단수이므로 varies를 써야 한다.

28. ② not only implicated → implicated not only : 부정문도 아니므로 not only 명사 but also 명사로 병치시켜야 한다.

29. ② are based → is based : on which는 주격 관계사가 아니므로 선행사는 일치와 무관하고 관계절 내에서 주어는 system으로 단수이므로 당연히 단수일치가 되

어야 한다.

30. ② have given → has given : in 전치사구가 길게 일치를 방해하고 있지만 주어는 variation 으로 단수이므로 단수일치인 has를 써야 한다.

31. ① facilitate → facilitates : 주어는 단수인 government
③ regarding은 분사출신의 전치사 regarding = concerning = touching : ~에 관하여

32. ① has so far {[consumed ~] and [yielded ~]}로 과거분사끼리 병치되어야 한다.

33. ④ to run → running : 둘 다 동명사로 병치시켜야 한다.

34. ④ brilliant → brilliance : hardness, color, and brilliance로 명사로 병치되어야 한다.

35. ③ he invented → an inventor of : the editor, a diplomatic representative, and an inventor로 명사들로 병치되어야 한다.

36. ④ to find → finding : [locking ~, calling ~, and finding ~]으로 병치되어야 한다.

37. ③ has found → have found : who이하의 관계절이 일치를 방해하고 있지만 주어는 Social scientists로 복수일치가 되어야 한다.

38. ③ has → have : 과거분사의 후치수식과 연결된 관계절이 길게 나와 일치를 방해하고 있어도 주어는 conditions로 복수형이므로 일치되는 동사는 have를 써야 한다.

39. ① have → has : to 부정사가 일치를 방해하고 있어도 주어는 ability로 단수일치를 시킨다.

40. ③ are → is : in전치사구 + 관계절이 길게 일치를 방해하고 있어도 Every ~ space가 주어이므로 단수일치를 시켜야 한다.

41. ③ acts → act : few는 복수형으로 일치시킨다.
② all + 단수형이 가능한 경우이다.

42. ④ facilitated → facilitating : reflecting과 병치되어야 하고 목적어가 있으므로 현재분사가 쓰여야 한다.

43. ④ how to produce → production : government, ownership과 등위되므로 명사를 써야 한다.

44. ② among → between : 두 대상이므로 between을 사용한다. 전치사구가 일치를 방해 하고 있지만 주어는 clashes로 복수형이므로 일치는 have로 맞춘 것이 맞다.

45. ③ both [provides ~] and [uses ~]로 병치되고 있다.

46. ② as both → as : both는 3개의 대상을 연결하지 못한다. ~ the y basic material / the ~ are made of x basic material : y를 same으로 전환하고 x는 as로 전환하고 자기 절의 앞으로 이동시키고 x뒤의 반복되는 basic material을 삭제시키면 the same ~ as가 완성되게 된다.

47. ③ had spent → spent : 과거형 went ~, took ~,and spent ~로 병치되어야 한다.

47. ②

[해설]

의문문이 다른 문장의 일부가 될 때 이를 간접의문문이라고 부르는데, 그 형태는 '의문사 + 주어 + 동사'이다. 그러므로 'where did they have'는 'where she(he) had'을 바꾸어야 한다.

나는 어제 컴퓨터에 관한 책을 사려고 서점에 갔다. 나는 점원에게 컴퓨터에 관한 책이 어디에 있는지 물었다. 그녀는 책들이 2층에 있다고 말했다. 나는 책이 아주 많이 있다는 사실에 놀랐다. 나와 같은 초보자를 위한 책을 찾는데 긴 시간이 걸렸다.

12. 비교

01. ④ as → than : 앞에 more real이 있으므로 뒤에는 than을 써야 한다. more real 앞에 있는 as는 think of A as B의 as일뿐 동등비교와는 아무런 상관이 없다.

02. ② 뒤에 than이 있으므로 앞에 more나 -er이 상관되어야 한다.

03. ④ 뒤에 as가 있으므로 as ~ fish로 동등비교를 만든 후에 배수를 붙인다. 식용으로서 fish는 불가산 명사이므로 much를 사용해야 한다.

04. ④ 일단 앞에 less가 있으므로 뒤에는 than이 따라야 한다. 수업을 종종 빼먹는 사람들과 규칙적으로 출석하는 사람들이 주어로 비교되고 있다.

05. ① high → higher : 뒤에 than이 있으니까 비교급이 쓰여야 한다.

06. ③ effectively가 과거분사 controlled를 앞에서 수식해야 하고 그 앞에 비교급 표시형인 more를 붙여야 한다.

07. ③ rather than → than : 앞에 more가 있으므로 또 비교급인 rather는 쓰지 않아야 한다.

08. ② much important → most important : much는 원급 형용사를 수식하지 못한다.

09. ④ 상관시키기 위해서는 앞쪽에도 as를 두 번 써서 as ~ as / better ~ than으로 써야 한다. 시설들과 비교하는 것이므로 반복되는 새 호텔의 시설들도 복수형 반복회피인 those를 써야 한다.

10. ④ as ~ as 동등비교가 되어야 하고 비교대상이 동류이기 위해서는 that of가 있어야 한다. the social system of honeybees인데 반복을 피해 that of honeybees를 사용한다.

11. ② the better necessary → the more necessary : 원급인 good necessary(x)도 곤란하고 well necessary(x)도 곤란하고 따라서 necessary의 비교급 more necessary를 사용해야 한다.

12. ④ 작년과 비교된 것이므로 비교급이 올 수 있다.
① → All applicants
②③ 양이므로 수에 연결될 수 없다.

13. ② 앞에 the 비교급이 나왔으므로 뒤에도 the 비교급이 나와야 한다. 양쪽에 are가 생략된 경우 이다. The비교급 ~ the 비교급 구문에서는 흔히 be동사는 생략 가능하다. the more sources (are) used ~, the better (are) the chances that ~[동격].

14. ③ favorite 자체가 [가장 좋아하는]의 뜻으로 최상급을 쓸 필요가 없다.

15. ① getting heavy → getting heavier : 뒤에 than이 있으므로 상관형인 heavier를 써야 한다.
③ 피동자동사로 [단추가 채워지다]의 뜻으로 쓰이고 있다.

16. ② 열심히[hard]의 비교급을 써야 한다.

17. ③ very faster → much faster : 비교급은 very로 수식할 수 없다. much가 대표적인 비교급 수식어구이다.

18. ④ the best → the better : 하와이와 알래스카 두 곳의 비교이므로 최상급은 곤란하고 the 비교급을 사용한다.

19. ① The valuablest information → The most valuable information : 3음절이므로 most를 사용한다.

20. ② closely → more closely : 뒤에 than이 있으므로 앞에는 비교급이 나와야 한다.

21. ④ fast as possible as → as fast as : as fast as we can = as fast as possible

22. ② more independent as → as independent as : as ~ as 로 상관되어야 한다.
④ 비교 종속절 도치형이다. as dogs are를 as are dogs로 도치시키는 형이 가능하다.

23. ② as cheap → as cheap as : as와 as는 이처럼 짝으로 쓰여야 한다.

24. ② most hottest → hottest : -est가 이미 최상급이므로 most는 없어야 한다.

25. ③ far worst → far worse : 뒤에 than이 있으므로 비교급으로 상관되어야 한다.

26. ③ as → than : 앞에 more가 있으므로 than과 상관시켜야 한다.

27. ④ that → than : 앞에 more가 있으므로 than과 상관시켜야 한다.

28. ① 앞에 the 비교급이 나왔으므로 뒤에도 the 비교급이 상관되어 나와야 한다.

13. 특수구문

01. ① 부정어구로 인한 도치형 : 원래 He knew little but ~에서 little이 앞으로 나가면서 도치가 발생되어서 Little did he know but ~가 된 경우이다.

02. ② 부정어구인 Rarely가 문두로 선행되면 주어-기능사 도치가 발생되어야 한다. 원래 Meteors rarely blaze ~에서 rarely가 앞으로 가면 의문문이 아니어도 의문문의 어순이 되어야 한다.

03. ① 부정어구 선행에 따른 도치형이다. None / No one attempted to ~ until the

17th century.에서 [Not과 until이하]가 앞으로 선행되고 난 후 의문문이 아니어도 의문문의 어순이어서 [did anyone attempt ~]가 따르게 된다.

04. ④ 부정부사인 rarely는 조동사가 없으면 본동사 앞에 그냥 쓴다.

05. ④ she has → has she : 부정어구인 Not only가 앞으로 나왔으므로 의문문이 아니어도 의문문의 어순이어야 한다. 두 개의 절의 주어가 she로 동일하므로 Not only가 원래 she에 붙은 것일 수는 없다.

06. ④ 뒤에 that절이 있으므로 앞에 [주어 동사]가 있어야 문이 성립된다.
It[가주어] is believed [that 절 : 진주어]

07. ③ A group of Shakers가 settled의 주어이다. 동격부를 완성하는 문제이다.
① 관계사만 홀로 존재할 수 없다.
② 소유격 관계사가 와도 관계절이므로 관계절 내에 정동사가 있어야 한다.
④ who were에서 who만 생략하면 안 된다.

08. ③ was → were : 도치된 문장으로 주어는 뒤에 나오는 복수형인 true artists이므로 복수형으로 일치를 시켜야 한다.

09. ② 앞에 more가 있으니까 than이 쓰여야 한다. 비교종속절에서 than others are를 than are others로 도치해서 쓸 수 있다.

10. ④ 뒤에 가정법 과거완료가 나오므로 조건절도 가정법 과거완료가 쓰여야 한다.
도치형인 Had he studied more = If he had studied more

11. ① 뒤에 that절이 있으므로 앞에 주어와 동사가 있으면 된다. Mary E. Colford was so successful에서 so successful이 앞으로 가고 동사 was나오고 주어가 뒤에 나온 도치형이다.

12. ② hardly never → hardly / never : 부정어구를 두개 써서 이중부정을 만들면 안 된다. 둘 중에서 하나만 쓴다.

13. ③ it leaves → does it leave : 부정어구가 앞으로 나와 있으므로 의문문이 아니어도 의문문의 어순으로(주어-기능사 도치)

14. ② So Steve was. → So was Steve. : [~도 그렇다]의 뜻일 때는 주어는 맨 뒤로 가야 한다.
① 유일 직책의 보어에서 무관사를 사용할 수 있다.

④ did become은 강조형으로 쓰인 것이다.

15. ① This pull was so strong that ~에서 so strong이 앞으로 나오고 was나오고 주어인 this pull이 뒤에 나온 도치형이다.

16. ① 장소를 나타내는 표현 there 이 문장 앞에 오면 주어와 동사가 도치된다. 주어는 little change 이므로 동사는 단수가 옳다.

17. ④ 강조 부사 never 가 문장 앞에 오면 주어와 동사가 도치된다.

18. ③ rarely 가 문두에 오면 주어와 동사는 도치된다.

19. ④ not until 이 문두에 오면 주어와 동사는 도치 된다.

20. ③ so…that 구문에서 so 가 문장 앞에 오면 주어와 동사를 도치시켜야 한다.

14. 대명사

01. ④ gave himself to → gave himself up to : 자수하다의 뜻일 때는 up이 있어야 한다.

02. ③ the → their : 소유격으로 받아할 것을 괜히 the로 받지 않도록 한다.

03. ④ for it → for them : eyes를 받는 것이므로 대명사는 them을 써야 한다.
③ such dark water : water는 불가산 명사이므로 so dark water(x)는 쓸 수 없다.

04. ④ other place → another place

05. ③ such → so : so ~ as to V : 아주 ~해서 ~하다

06. ② 정동사 has의 주어로 간접의문문이 온 경우이다. [물고기가 어떻게 수영을 하느냐가 수세기 동안 과학자들의 관심을 끌어왔다.]

07. ⑤ 간접의문문은 의문사가 먼저 나오고 주어[these shoes], 동사[cost]의 순서여야 한다.

08. ① such brilliant a scientist → such a brilliant scientist / so brilliant a scientist

09. ② their → its : 정부를 집합으로 이해하고 단수[is]로 받고 있으므로 소유격은 단수 일치로 its를 사용한다. 정부의 정책은 집합으로서의 정책들이므로 단수가 맞다.

10. ④ its instinctive → his instinctive : 내용상 the instinctive man을 받는 소유격이므로 his를 써야 한다.

11. ④ It은 가주어 진주어는 when절인데 when절은 간접의문문이므로 when 뒤에 주어 정동사의 어순이 따라야 한다.

12. ② his → him : 둘 다 like의 목적어이므로 목적격을 써야 한다.

13. ③ their → its : 의미상 citadel을 받는 소유격이므로 its를 써야 한다.
① 재료의 질의 변화가 구별하기 어려운 경우에는 of와 from 모두 가능하다.

14. ③ determine의 목적어로 간접의문문이 온 경우이다. 의문사 맨 앞으로 나오고 주어 동사의 어순이다. 참고할 점은 부사 exactly는 흔히 의문사 앞에 쓰여 [정확하게]란 뜻으로 쓰인다는 점이다.

15. ② our professor와 동일한 대상을 지칭하는 것이 목적어로 왔으므로 재귀목적어를 사용해야 한다.

16. ④ they are → it is : 내용상 any statement를 받는 것이므로 대명사는 단수형인 it을 사용해야 한다.
② whatever the source may be에서 may be가 흔히 생략되는 경우이다.

17. ① too → so : 저 뒤에 that가 있으므로 so ~ that ~으로 상관되어야 한다. too ~는 to V로 상관되어야 한다. such as는 [~와 같은]의 뜻으로 such ~ that ~와는 아무 상관이 없다.

18. ② when → that : until같은 특수한 의미를 갖는 전치사는 관계부사 when으로 전환할 수 없으므로 강조구문의 focus에 not until ~이 온 경우에는 It ~ when 강조구문을 쓰지 않고 It ~ that강조 구문을 사용한다.

19. ④ am living → have lived : 직접화법으로는 How long have you been a resident of the state?으로 물었을 것이므로 당연히 I have lived in this state for five years.로 답하게 됩니다.

20. ④ other → others : other는 단독으로 명사로 쓰일 수 없다.
another나 others는 가능하다.(an이나 -s가 있으므로) 물론 the other나 the

others는 쓸 수 있다.

21. ③ 다른 사람들과 잘 지내는 법 : another 단수 / other 복수로 사용한다.
② [다른 민족]의 뜻이어서 곤란하다.
① 나머지 사람들 다를 표시할 필요가 없다. 그냥 막연하게 다른 사람들이면 된다.

22. ③ the fossil record의 반복을 피하는 that이다.

23. ② their → his : 소유격도 일치를 시켜야 하는데 주어가 Either A or B이므로 둘 중에서 선택하여 주어로 생각하면 되는데 선택할 수 있다면 가까운 것에 맞추어 (근자일치) 여기서는 주어를 the electrician으로 보아 소유격은 his가 된다.

24. ④ that of → those of : 개의 귀도 두개로 복수이므로 those를 사용한다.

25. ① significant distinction → significant distinctions : one of 다음에는 복수형이 나와야 한다.

26. ④ Germany → Germany's : Germany's planes의 뜻이므로 Germany's를 써야 한다.
② make sure는 가목적어를 쓰지 않는다. 즉 make it sure로 쓰지 않는다.

27. ① 부정문에 대해 [~도 아니다]이므로 either를 쓰는 것이 맞다.
②③ [neither was I]가 되어야 한다.
④ 보통은 and 없이 [nor was I]를 쓴다. 간혹 [and nor was I]도 쓰기는 한다.

28. ① other는 형용사에 가까운 한정사로 수사보다 뒤에 위치한다. some other things

29. ② its → their : scientists and engineers는 복수형이므로 소유격은 복수형인 their를 사용한다.
① A faced B : A was faced with B ④ 여기서 better는 동사로 [개선하다, 향상시키다]의 뜻이다.

29. ① made plain → made it plain : make it plain that절에서 that절을 대신하는 가목 적어 it은 반드시 써야 한다. see / think fit의 경우에는 가목적어를 쓰지 않는다. She did not see fit to apologize for her behavior.

30. ③ another → other : 뒤에 복수형인 parks가 나오므로 other를 사용한다.

31. ② how → what : think of / about의 경우 의문사는 what을 사용한다. some

idea 다음에는 about 또는 as to가 생략된 것으로 볼 수 있다.

32. ③ a person → a person's : 명사가 형용사 unconscious앞에 올 수 없다. 소유격을 사용해야 한다.
④ bits and pieces : 남은 것들, 부스러기, 잡동사니 ferret [out of ~mind] various bits and pieces of information : [out of ~ mind]가 중간에 삽입된 경우이다.

33. ③ one of 최상급 복수 : 소유격과(John Steinbeck's)과 정관사(the)가 충돌하면 소유격만 사용 된다.

34. ④ 뒤의 to부정사와 연결되기 위해서는 too가 쓰여야 하고 [too 형용사 a 명사]의 어순이어야 한다.

35. ① so → such : so는 단독으로 명사를 수식하지 못한다.
② by no menas = not ~ by any means : 결단코 아니다.

36. ② so a small piece of gold → so small a piece of gold : so ~ that 구문에서 [so 형용사 a 명사]의 어순으로 쓰여야 한다.

37. ② their → its : A small business를 받는 소유격이므로 its를 써야 한다.

38. ③ it's → its : 소유격은 its를 써야 한다. it's = it is 의 축약형이다.

39. ② 복수인 rays의 반복을 피하는 those
① 대명사 it는 관계절이나 분사로 후치수식 불가능
④⑤ 관계사이므로 다음에는 정동사가 필요한데 given은 준동사이므로 곤란

40. ② another → others : 뒤의 their로 받기 위해서는 복수형인 others가 쓰여야 한다.

41. ② its → their : modern radio telescopes를 거꾸로 받는 것이므로 복수형인 their를 쓴다.

42. ① Neither → None : neither는 둘 중에서 둘 다 아닐 때 쓰고 none은 셋 이상에서 다 아닐 때 쓴다. 여기서는 of the three ~가 있으므로 당연히 None을 써야 한다.
② none은 단·복수 일치 모두 가능 하다.

43. ③ and → but : not only A but also B로 연결되어야 한다.

44. ④ 뒤의 that절과 연결되기 위해서는 so만 가능하다.

45. ⑤ neither had food nor shelter → had neither food nor shelter neither A nor B

46. ③ any another → any other : another = an + other : any는 an과 함께 쓰지 못한다.

47. ② them → it : window를 받는 것이므로 단수 대명사 it으로 받아야 한다.

48. ② 이 정원에 들어오자마자 내가 처음 알아차린 것은 발목 높이의 풀이 울타리 반대편의 풀보다 더 푸르다는 것이다. 무수히 다양한 품종의 야생화 수십 그루가 길 양편으로 땅을 덮고 있다. 덩굴 식물들은 윤이 나는 은빛의 대문을 덮고 있고 거품을 내며 흐르는 물소리가 어디에선가 들려온다. 야생화 향기는 공기 중에 가득하고 풀은 산들바람에 춤을 준다. 풀이 들어 있는 큰 바구니가 서쪽 울타리에 기대어 놓여 있다. 나는 이 정원으로 걸어들어 올 때마다 “낙원에 사는 것이 어떤 것인지를 이제야 알겠어.”라고 생각한다.

[해설]

(A) the grass를 받을 수 있는 단수형의 지시대명사 that이 적절하다.

(B) 복수형 명사 앞이므로 both가 적절하다. either 다음에는 단수형 명사가 온다.

(C) 주어인 The perfume에 연결되는 단수형 동사 fills가 적절하다.

[어휘]

ankle-high 발목 높이의 countless 수많은
variety 품종, 변종 polish 품위 있게 하다, 윤이 나다
bubble 거품을 내며 흐르다 perfume 향기
breeze 산들바람

49. ① 나의 아빠가 나에게 자동차 경주에 대해 소개한 것은 내가 다섯 살 때였다. 아빠는 자동차 경주대회에 가는 것이 정상적인 가족 외출이라고 생각했다. 그것은 아내와 아이들과 함께 좋은 시간을 보내는 아빠의 방식이었다. 그는 아들에게 평생도록 계속될 열정을 불어 넣고 있다는 사실을 결코 알지 못했다. 나는 나의 작은 발이 나를 자동차 대회 경기장에 있는 특별관람석으로 이르는 계단으로 이끌었던 5월의 그 날 내가 느꼈던 최고의 감정을 여전히 기억한다.

[해설]

(A) 뒤에 오는 진주어 to go to a car~를 대신할 수 있는 가주어 it이 필요하다.

(B) He little knew that ~에서 부정의 의미를 지닌 부사인 little을 강조하기 위해 문장의 앞부분으로 옮긴 형태이다. He few knew that ~ 이라고 쓰지는 못하므로 little이 적절하다.

(C) 바로 다음에 오는 목적어 me를 취할 수 있는 타동사 carried가 적절하다. my little feet가 carry의 주체이므로 수동태가 필요한 곳이 아니다.

[어휘]

outgoing 외출 passion 열정 awesome 근사한, 멋진 grandstand 특별관람석

50. ⑤ 성공이 거의 손에 닿을 수 있는 곳에 있을 때 얼마나 많은 사람들이 포기를 하는지 궁금하다. 그들은 매일 인내하다가 막 성공하려고 할 때 더 이상 참고 견딜 수 없다고 결정을 내린다. 성공과 실패 사이의 차이점은 그렇게 대단하지 않다. 성공한 사람들은 경기에 승리할 때까지 경기에 계속 남아있는 것의 가치를 배웠던 것이다. 결코 성공하지 못하는 사람들은 너무나 빨리 그만두는 사람들이다. 사물이 가장 어두울 때 성공하는 사람들은 자신들이 그곳에(성공에) 거의 다 왔다는 것을 알기 때문에 포기하기를 거부한다. 일들이 더 좋아지기 전에 최악의 상태인 것처럼 보이는 일이 종종 있다. 산은 정상에서 가장 가파르지만 그것이 되돌아갈 이유는 아니다.

[어휘]

within reach 손이 닿는 곳에, 힘이 미치는 곳에

endure 인내하다, 참다

day after day 매일

make it 성공하다

steep 가파른

summit 정상, 꼭대기

[해설]

⑤가 들어 있는 문장의 주어는 복수(Things)이므로 ⑤는 their가 되어야 한다. at one's worst는 "최악의 상태에"의 뜻이다. "막 ~를 하려 하다"의 뜻을 갖는 be about to의 숙어이므로 ①은 맞다. that이 형용사 great 앞에서 "그렇게"의 뜻을 갖는 부사로 쓰였으므로 ②의 that은 맞다. it가 the game을 받는 대명사이고 win it(=the game)이 수동태가 된 것이므로 ③의 is won은 맞다. Those who never make it의 주어는 it이 아니라 Those이므로 ④의 are는 맞다.

15. 전치사

01. ① Above → Over / More than : above는 부사로 ~이상의 뜻으로 쓰지 못한다.

02. ④ have hard time ~ing : "~하는데 어려움을 겪다 "까지의 뜻이 앞에 지속의 개념이 있으므로 by는 곤란하고 till / until을 사용해야 한다.

03. ④ on his face → on the face : 사람이 목적어로 나오고 그 사람의 신체의 일부분을 전치사 다음에 표시할 때는 정관사를 써야 한다. look him in the face, hit him in the face/on the head, pat him on the shoulder, pull him by the sleeve

04. ③ this 앞에는 전치사를 생략한다. 다른 것들은 관사가 없어서 안 된다.

05. ④ to → with / by : replace A with/by B : A를 B로 교체하다

06. ④ dancing pop music → dancing to pop music
[팝뮤직에 맞춰] 전치사 to가 필요하다.

07. ④ totally above of → totally above : above는 단독으로 전치사로 쓰인다.
② so ~ that ~에서 드물게 that가 생략될 수도 있다.

08. ④ until → by : [끝내다]는 지속개념이 없으므로 전치사는 by를 사용해야 한다.

09. ③ lies in → lies : about는 [약]의 뜻이므로 무시하고 보면 [16 to 32 kilometers]가 전치사인 above를 수식하고 있다. 이처럼 뒤에 전치사가 있으므로 앞에 전치사 in을 사용해서는 안 된다.

10. ② 전치사 + 명사로 잘 연결되고 있다.
① [that 명사절, 주어 + 동사~]로 연결될 수 없다.
③ 맨 앞에 나온 but는 뒤에 나오는 두개의 절을 연결할 수 없다.
④ 두개의 절을 연결하는 접속사가 없다.

11. ② schedule이란 명사가 뒤따를 때 [늦은]의 뜻은 전치사 behind를 사용한다.

12. ④ nearby → near : 뒤에 전치사의 목적어에 해당되는 명사가 따르므로 전치사인 near를 써야 한다. nearby는 장소 부사 또는 형용사(a nearby table)로 쓰인다.
cf) in the near future, near miss / nearly는 [거의]라는 뜻의 부사로 쓰인다.

13. ③ on → to : turn one's attention to ~ : ~로 관심을 돌리다.

14. ③ : 의미상 [불구하고]가 맞다.

15. ② in → with : [도움을 받아서]란 뜻일 때는 전치사를 with를 사용한다.

16. ② 정도 차이를 나타내는 전치사는 by

17. ① accurately → accuracy : 전치사 with 다음에는 명사가 따라야 한다.

18. ④ by → in : 기간이 나오므로 기준 시점을 나타내는 by는 쓸 수 없다. 그리고 지금은 변화를 발생시킨 것이므로 for를 쓰지 않고 in을 사용한다.

19. ④ pressured → pressure : 전치사인 under 다음에는 결국 명사로 끝나야 한다.

20. ③ like은 전치사 / alike은 전치사가 아니다.

21. ① According → According to : 이 경우 전치사를 누락시켜서는 안 된다.

22. ③ on → in : keep 사람 in the picture : 사정을 알게 하다 = keep 사람 posted
Do you get the picture? [사정을 아시겠습니까?]

23. ③ 전치사 다음에 절이 오면 안 되므로 ②,④는 곤란하고 ①는 the related laws와 quantum mechanics가 두개의 명사구로서 동격도 안 되고 전혀 연결되지 못한다.

16. 부사

01. ① reported → reportedly : wants의 주어가 Tokyo이므로 그 사이에 동사가 와서는 안되고 부사가 쓰여야 한다.

02. ④ near → nearly : every에 연결되기 위해서는 almost의 뜻이어야 하므로 nearly가 쓰여야 한다.

03. ③ to be slight larger → to be slightly larger : 비교급을 수식하는 부사가 쓰여야 한다. [약간 더 큰]
① As (it is) observed ~ : [관찰되었을 때] : 접속사 분사구문으로 쓰이고 있다.

04. ④ careful chooses → carefully chooses : 동사를 수식하므로 당연히 부사여야 한다.

05. ③ their new experienced freedoms → their newly experienced freedoms [새로이 경험한]의 뜻으로 experienced를 꾸미기 위해서는 부사여야 한다.

06. ④ about constantly → constantly about : 전치사 about와 명사 the food 사이에 부사가 낄 수 없다.

07. ③ sufficient → sufficiently : 동사인 arrest를 꾸미기 위해서는 부사여야 한다.

08. ③ falling sharp → falling sharply : 동사의 수식은 부사로 한다.

09. ① automatical → automatically : 동사 searches를 수식하려면 부사여야 한다.

10. ① Proper → Properly : 과거분사를 수식하기 위해서는 부사여야 한다.

11. ② lately가 [최근에]란 뜻으로 적합하다.

12. ② practical → practically : practically는 부사로 almost와 같은 뜻으로 명사 all에 이어질 수 있다. 이 경우 형용사인 practical을 쓰면 안 된다. 불가산인 water의 all도 불가산이므로 일치는 단수 일치인 comes가 맞다.

13. ③ hungry → hungrily : quickly와 함께 동사를 수식하므로 부사가 쓰여야 한다.

14. ③ presumable → presumably : [아마, 추측컨대]의 문장 부사를 사용해야 한다.

15. ④ uniform → uniformly : increases를 꾸미기 위해서는 부사를 써야 한다.

16. ① careful → carefully : worded란 과거분사를 수식하기 위해서는 부사여야 한다.

17. ⑤ neat → neatly : 부사가 쓰일 자리다.

18. ③ 대부분의 회사들이 오늘날 정보를 가지고 하고 있는 일들은 몇 년 전에는 불가능했을 것이다. 그때에는 풍부한 정보를 갖는 것은 매우 비용이 많이 들었고, 그것을 분석하기 위한 도구들은 1990년대 초기까지는 이용할 수조차 없었다. 그러나 지금 디지털 시대의 도구들은 새로운 방법으로 정보를 쉽게 얻고, 공유하고, 활용하는 방법을 우리에게 주고 있다.

[해설]

(A)에서 almost는 부사이므로 companies를 수식할 수 없다.

(B)에서는 전치사 for의 목적어이므로 동명사 analyzing이 적절하다.
(C)에서는 get, share, act가 모두 to에 연결되어 있는 병렬구조이므로 act를 써야 한다.
[어휘]
analysis: 분석, 분해 analyze 분석하다, 분해하다.
available 이용할 수 있는, 쓸모 있는
digital 손가락 모양의, 손가락의, 숫자로 표시[계산]하는, 디지털의
share 분배하다, 나누다. (방 따위를) 공유하다.

17. 형용사

01. ① woods moist → moist woods : 형용사가 명사 앞에 와야 한다. Moist[비가 많이 오는/축축한]는 -t로 끝나지만 형용사이므로 조심해야 한다. 명사는 moisture를 쓴다.

02. ③ real only → only real : only는 형용사 보다 앞에 놓여야 한다.

03. ② be동사의 술어가 되는 단독의 형용사는 alike을 사용한다.

04. ④ equitably → equitable : orderly[명사 + ly : 형용사] and equitable로 등위되어 명사 liquidation을 수식해야 한다.

05. ③ 명사를 수식하므로 단수형인 foot와 형용사인 long을 사용한다.

06. ① not enough intelligent to → not intelligent enough to : enough는 형용사나 부사를 수식할 때는 뒤에서 후치 수식한다.

07. ① Alike → Like : Alike은 전치사가 아니다.
③④ to {[heat ~][cook ~], and [(even) run ~]}로 병치된 것이다.
② be used는 수동태로 to heat 이하는 목적용법으로 쓰이고 있다.

08. ① victory → victorious(승리해서 의기양양한) : 이처럼 훌륭한 형용사가 있을 때 명사로 명사를 수식해서는 안된다.

09. ③ clearly → clear : makes 목적어 다음에 오는 목적격보어는 형용사로 쓴다.

10. ③ chemistry → chemical : 명사인 weapons를 수식하기 위해서는 형용사가 쓰여

야 한다.

11. ② influence → influential : 동사가 올 자리가 아니고 형용사인 infulential[유력한]이 쓰여야 한다.

12. ② enough safe → safe enough : 형용사나 부사를 수식할 때 enough는 후치수식을 한다.

13. ② 알맞은 형용사는 chaotic

14. ③ natural → native : 뒤의 명사에 연어(collocation) 관계상 어울리는 형용사가 따라야 한다. [모국어]는 ~ native tongue을 사용한다.

15. ① economic → economical [기름이 덜 드는]

16. ③ permanently → permanent : 명사인 loss를 수식하니까 형용사여야 한다.

17. ③ accessibility → accessible : safe, and fast와 병치되는 형용사여야 한다.

18. ①

[해설]

alike는 서술적 용법으로 사용되는 형용사로서 동명사를 목적어로 취하는 구조에 사용될 수 없다. 따라서 ①의 alike는 전치사 like로 고쳐져야 한다.

사랑에 빠지는 것은 신비한 구름에 싸여 있는 것과 같다. 공기의 느낌이 더 신선해지고, 꽃 냄새가 더 향긋해지고, 음식 맛이 더 좋아지며, 밤하늘의 별이 더 찬란하게 반짝이게 된다. 당신은 마치 인생을 순항하듯이 경쾌하고 행복한 느낌을 갖게 된다. 당신의 고민과 난제들이 갑자기 대수롭지 않은 것으로 보이게 된다. 몸에 활력을 느끼면서 당신은 아침마다 얼굴에 미소를 띤 채 잠자리에서 힘차게 나오게 된다. 당신은 기쁨의 최고의 경지에 도달한다.

[어휘]

wrap 감싸다 magical 마법의, 신비한 challenge 도전, 난제
insignificant 하찮은, 대수롭지 않은 supreme 최고의 delight 기쁨

18. 명사

01. ① number → amount : rice가 불가산 명사이므로 양을 나타내는 amount를 써야 한다.

④ Africa는 대륙명이므로 무관사이다. 앞에 west가 붙어도 마찬가지다. west로 끝나는 것이 아니므로 관사와 west는 무관하다.

02. ③ category → categories : two가 있으므로 복수형이 쓰여야 한다.

03. ② they → it : news는 불가산 명사로 단수 it로 받는다.
Under the heading of ~ : ~의 범주에 들다.

04. ① The increased → The increase : 명사가 나와야 하는 자리이다.

05. ③ advice는 불가산 명사지만 앞에 some이 있으면 가산/불가산을 신경 쓸 필요가 없다. Someone / some people / some coffee
① had been → was born
② Funitures are → Furniture is
③ the tallest → the taller : 둘 중에서 최상급을 쓰지 않는다.

06. ④ 명사를 수식할 경우 단수형을 사용한다. 앞의 a는 assignment에 연결된다.

07. ③ hundred → hundreds : 막연히 [수천의]는 hundreds of를 사용한다.
④ other 불가산 명사는 가능하다.

08. ③ time → times : 시간이 아니고 빈도를 나타내는 것이므로[몇 번] times를 써야 한다.

09. ② many informations → much information
① a little은 불가산 명사 앞에 붙는다.

10. ④ thousand of → thousands of : 수가 없거나 막연한 수가 있을 때는 thousands of를 사용한다. 2만명의 사람들인 경우라면 분명한 숫자이므로 twenty thousand people이 쓰여야 한다.

11. ④ maid → maids : maid[하녀, 가정부]는 가산명사이므로 최소한 복수형이어야 한다.

12. ④ woman → women : 가산명사이므로 복수형으로 써야 한다.

13. ③ few → little : rainfall이 불가산 명사로 쓰이고 있으므로 수를 표시하는 few는 곤란하다.

14. ③ expensive → expensiveness : the 다음에 당연히 명사가 따라야 한다.

15. ④ source → sources : a variety of 복수명사

16. ③ many a 단수는 단수로 일치를 시킨다.
①④ A (great) number of students wish ~
② The number는 아주 예외적인 경우 이외에는 숫자를 나타낸다.
⑤ Most of the students wish ~

17. ③ much → many : of 뒤에 his dance patterns가 나오므로 가산 명사인 many가 쓰여야 한다.
① Early man에서 man은 단수임에도 관사 없이 그냥 대표단수로 쓰인다.

18. ③ inflame → inflammation : [염증]이란 명사가 쓰일 자리이다.

19. ② humor는 불가산 명사이고 유머감각이 있는 사람은 a man with a (great) sense of humor를 쓴다.

20. ④ that → those : 다른 여자애들의 옷은 여러 가지로 다른 것이므로 복수형을 대신하는 those를 써야 한다.

21. ② many → much : knowledge는 불가산 명사이므로 much가 쓰여야 한다.

22. ② few → little : water가 불가산 명사로 쓰이고 있으므로 양을 나타내는 little을 쓴다.

23. ② much → many : 뒤에 복수형이 나오므로 many를 써야 한다.
① 뒤의 may have에서 may를 [it is possible that]으로 빼내면 나머지 부분은 will have difficulty ~가 된다. 그러면 by는 기준시점이 되고 그 이전에[까지는] 어려움을 겪게 된다는 뜻으로 쓰이게 된다. In the beginning을 쓰면 그냥 내년 초에 어려움을 겪게 된다는 뜻이 된다.

24. ③ amount → number : cars가 셀 수 있는 명사이므로 number를 사용해야 한다.

25. ④ my tooths → my teeth : tooth의 복수형은 teeth

26. ③ fishes → fish : 음식으로서의 생선은 불가산 명사로 사용한다.

27. ① much → many : [몇 번이나]는 빈도를 나타내므로 times는 가산명사 당연히 many로 수식해야 한다.

28. ① Although → Despite : 뒤에 명사만 따르므로 전치사가 쓰여야 한다.

29. ① another → other : another + 단수 / other + 복수형 또는 불가산
③ legislation은 불가산 명사

30. ② trillions → trillion : a 다음에 당연히 단수형이 온다.

31. ② 존재문의 명사 부정은 no를 사용한다.
④ not any = no로 any가 없어서 곤란하다.

32. ② most → almost : 정확한 숫자 앞에는 막연한 숫자인 most를 붙이지 않는다. 수사 앞에는 [거의]란 뜻으로 almost를 쓴다. 물론 more than도 가능하다.

33. ④ less → fewer : people이 가산명사이므로 fewer를 사용해야 한다.

34. ③ a five-years contract → a five-year contract : 명사를 수식할 때 명사는 단수형을 쓴다.

35. ④ 전치사 형용사 다음에는 명사가 온다. relax는 동사. 형용사(deep) 다음에 동명사는 곤란하다.

36. ① deep → depth : 명사형을 써야 한다.

37. ② hour → hours : hour는 가산명사이므로 여기서는 복수형이 되어야 한다.

38. ① few → little : clothing은 불가산 명사이므로 few를 쓸 수 없다.

39. ④ subscribe → subscriptions : boast의 목적어이므로 명사가 쓰여야 한다.

40. ① large amount → large number : 가산명사가 따르므로 a large number of를 써야 한다.

41. ① 정확한 숫자가 있을 때는 hundred로 쓴다. 명사를 수식할 때는 단수 명사를 사용한다.

42. ③ informations → information : 대표적 불가산 명사 an도 -s도 붙지 않는다.

43. ① many furnitures → a lot of furniture : furniture는 불가산 명사로 many와 쓰지 못한다
② [존은 오늘은 이상하게 구네.] be동사도 일시적 행위를 나타낼 때는 진행형으로 쓸 수 있다.
John is strange.는 그는 이상한 사람이란 일반적 성격을 나타낸다.

③ 부사의 최상급에서 정관사는 선택적으로 사용된다.
④ make는 3형식으로 전환할 때 for를 사용한다.

19. 관사

01. ④ in different world of words → in a different world of words world는 가산 명사로 최소한 [a]라도 앞에 붙어야 한다.

02. ④ on spot → on the spot : 현장에서, 즉석에서
⑤ not only A but (also) B : also가 나오지 않는 경우도 있다.

03. ④ two-pages → two-page : 명사를 수식할 때 명사는 단수형을 쓴다.

04. ③ rise to top → rise to the top : top이 surface의 뜻으로 쓰이고 있고 [표면]은 하나이므로 정관사를 사용한다.

05. ③ the technology → technology : technology는 가산/불가산 양쪽으로 쓰이는 명사이다. 여기서는 불가산명사로 쓰이고 있으므로 정관사는 불필요하다.

06. ① A size → The size : 대법원의 규모는 유일한 것이므로 the를 사용해야 한다.

07. ④ Amazon River basin → the Amazon River basin : basin은 [유역, 분지]의 뜻으로 정관사와 함께 쓰인다. 최소한 가산명사이므로 복수형이 아닌 한 관사가 없이 나올 수 없다. [the basin of the Amazon River]에서 전치사 of와 두 번째 the를 없애면 Amazon River는 맨 앞의 the와 basin사이에 위치하게 된다. combined = put together : 모두 합쳐의 뜻으로 뒤에서 앞의 명사를 후치 수식한다.

08. ① such beautiful → such a beautiful : day는 가산 명사이므로 부정관사가 있어야 한다.
bring oneself to V : ~할 마음이 들다.

09. ① I am vindictive man → I am a vindictive man : 이런 경우 man은 가산명사이므로 부정관사라도 앞에 있어야 한다.

10. ② early twentieth → the early twentieth : 20 세기는 유일한 것이므로 그 앞에 정관사를 붙여야 한다.

11. ① the twice speed → twice the speed : 배수사인 twice는 관사 앞에 위치시킨다.

12. ④ the wine → wine : 종류가 개입되지 않은 wine은 불가산 명사이므로 여기서는 정관사를 쓸 이유가 없다.

13. ③ by a lightning → by lightning : 불가산 명사로 부정관사를 쓰지 않는다.

14. ① The rice → Rice : 쌀은 불가산 명사이므로 불필요하게 정관사를 쓰지 않는다.

15. ③ a best way → the best way : 최상급 앞에는 정관사를 사용한다.

16. ① New shopping → A new shopping : mall은 가산명사이므로 복수형이 되거나 부정관사라도 있어야 한다.

17. ①의 'water'은 셀 수 없는 명사이므로 부정관사 'a'가 잘못되었다. 참고로 'in hot water'의 직역은 '뜨거운 물에 있는'이다. 뜨거운 물속에 들어가 있으면 견디기 힘들 것이다. 그래서 '곤경에 처해 있는'의 의미가 된다.
②의 'suggesting'은 앞의 명사를 수식하는 현재분사이다.
③의 'of that program'은 앞의 명사에 연결되어 있는 형용사구이다.
④의 'in 4-year-olds'를 주의해야 한다.

저자 약력

■ 박 용 순

- 고려대학교 졸업
- 전) 민병철 어학원
  한샘학원
- 현) 강남 이투스 247

응답하라 영문법

초 판 인쇄 —— 2016년 5월 10일
초 판 발행 —— 2016년 5월 15일
지은이 —— 박 용 순
펴낸이 —— 전 두 표
펴낸곳 —— 도서출판 두남
서울시 강동구 성내로6길 34-16 두남빌딩
신 고 : 제25100-1988-9호
TEL : 02) 478-2065, 2066, 2067, 2311
FAX : 02) 478-2068
E-mail : dunam1@unitel.co.kr
http://www.dunam.co.kr

정가 22,000원

ISBN 978-89-6414-681-1 13740